ミネルヴァ日本評伝選

赤松氏五代

弓矢取って無双の勇士あり

渡邊大門著

ミネルヴァ書房

刊行の趣意

「学問は歴史に極まり候ことに候」とは、先哲荻生徂徠のことばである。

歴史のなかにこそ人間の智恵は宿されている。人間の愚かさもそこにはあらわだ。この歴史を探り、歴史に学んでこそ、人間はようやくみずからの正体を知り、いくらかは賢くなることができる。新しい勇気を得て未来に向かうことができる。徂徠はそう言いたかったのだろう。

「ミネルヴァ日本評伝選」は、私たちの直接の先人について、この人間知を学びなおそうという試みである。日本列島の過去に生きた人々の言行を、深く、くわしく探って、そこに現代への批判を聴きとろうとする試みである。日本人ばかりではない。列島の歴史にかかわった多くの異国の人々の声にも耳を傾けよう。

先人たちの書き残した文章をそのひだにまで立ち入って読み、彼らの旅した跡をたどりなおし、彼らのなしとげた事業を広い文脈のなかで注意深く観察しなおす――そのとき、はじめて先人たちはいまの私たちのかたわらによみがえってくる。彼らのなまの声で歴史の智恵を、また人間であることのよろこびと苦しみを、私たちに伝えてくれもするだろう。

この「評伝選」のつらなりのなかから、列島の歴史はおのずからその複雑さと奥ゆきの深さをもって浮かび上がってくるはずだ。これを読むとき、私たちのなかに新たな自信と勇気が湧いてきて、その矜持と勇気をもって「グローバリゼーション」の世紀に立ち向かってゆくことができる――そのような「ミネルヴァ日本評伝選」にしたいと、私たちは願っている。

平成十五年（二〇〇三）九月

上横手雅敬
芳賀　徹

赤松円心（兵庫県立歴史博物館蔵）

赤松三尊像（いずれも、宝林寺蔵／上郡町教育委員会提供）

赤松円心

赤松則祐

別法和尚（雪村友梅とも）

覚安尼（千種姫）

白旗城跡（上郡町赤松）

城山城跡（たつの市新宮町）（たつの市立埋蔵文化財センター提供）

はじめに

赤松《あかまつ》氏といえば、読者の皆さんはどのようなイメージをお持ちであろうか。戦前には後醍醐天皇を裏切った「逆賊」とされ、研究はもちろんのこと、顕彰することも憚られたという。このことに加えて、嘉吉《かきつ》の乱で赤松満祐《みつすけ》が足利義教《よしのり》を謀殺したことも、印象を悪くしているように思う。むろん現在においては、古い固定観念にとらわれることはないであろうが、未だに悪いイメージをお持ちの方がいらっしゃるかもしれない。また、赤松氏が活躍した兵庫県・岡山県以外の人にとっては、案外印象が薄いのではないだろうか。

戦後の民主化の中においても、決して赤松氏は盛んに研究されたわけではない。参考文献に挙げている通り、基本史料集である『兵庫県史』史料編中世一～九の刊行が始まったのが一九八三年であり、刊行を終えたのが一九九七年のことである。他の主要な史料集（自治体史関係）についても、だいたい一九八〇年代後半から刊行が開始されている。つまり、活字化された史料集の少なさが、研究の進展に悪影響を及ぼしていたのである。そのような事実に加えて、赤松氏を研究する人の数が乏しいのも決定的であった。

そのような状況下、かつて赤松氏について語る材料は、軍記物語や系図に過ぎなかった。豊かな赤松氏像を描くには二次史料を用いるだけでは不十分であり、極めて偏りがあることは言うまでもない。この事態を打開すべく、昭和四十五年（一九七〇）に刊行されたのが高坂好『赤松円心・満祐』（吉川弘文館）である。高坂は当時まだ活字化されていなかった一次史料なども収集し、正しい赤松氏の歴史を語ろうと努力した。名著の誉れが高い同書は、今もって赤松氏に関する基本図書として揺るぎない地位にある。

同書刊行後、約四十年を経過したが、この間中世史研究全般のみならず赤松氏研究の進展は目を見張るものがある。とりわけ先述の『兵庫県史』史料編の刊行が大きな起爆剤になったことは、もちろん言うまでもない。赤松氏研究の専門雑誌である『年報赤松氏研究』の刊行も、その一つのあらわれでもある。したがって、高坂の著作に関しても、見直すべき点があるのは事実である。本書の目的は前著『宇喜多直家・秀家』と同様に、赤松氏に関する豊かな研究成果を用い、できるだけわかりやすく赤松氏の歴史を描くことにある。

本書でも詳しく取り上げるが、赤松氏の歴史は実に豊富である。赤松円心《えんしん》が史上に登場するや、南北朝の動乱を経て播磨国一国を手に入れると、後に赤松氏歴代は中央政界でも活躍した。本書でも触れる通り、赤松氏は侍所所司（長官）の家柄として、室町幕府から重きを置かれた。そして、嘉吉の乱における赤松満祐の横死、長禄の変を経ての赤松氏再興はドラマチックかつスリリングでもある。しかし、「赤松氏は悪党であった」などの説など、見直すべき点も多々ある。赤松氏の違った側面、つまり文芸――和歌・連歌・能――との関わりも重要である。

本書では、赤松氏の五代――円心・則祐《そくゆう》・義則《よしのり》・満祐・政則《まさのり》――に渡るさまざなトピックスを取り上げ、従来の赤松氏に関するイメージを一新することを目標にしたい。そして、政則以降についても、必要最小限であるが、叙述に努めている。単に政治的な動向に止まらず、その庶流の動向や文化史的な側面にも配慮を行った。赤松氏をできるだけ多面的な角度から叙述したつもりである。読者の皆様にそのことを感じていただけたら、望外の喜びである。

なお、副題の言葉は、赤松円心が初めて史上に登場したとき、『太平記』巻六に記されているものである。巻六では円心が護良親王の檄に応じて、華々しく歴史の表舞台に登場した様子が生き生きと描かれている。

赤松氏五代——弓矢取って無双の勇士あり　目次

図版写真一覧

赤松氏略系図

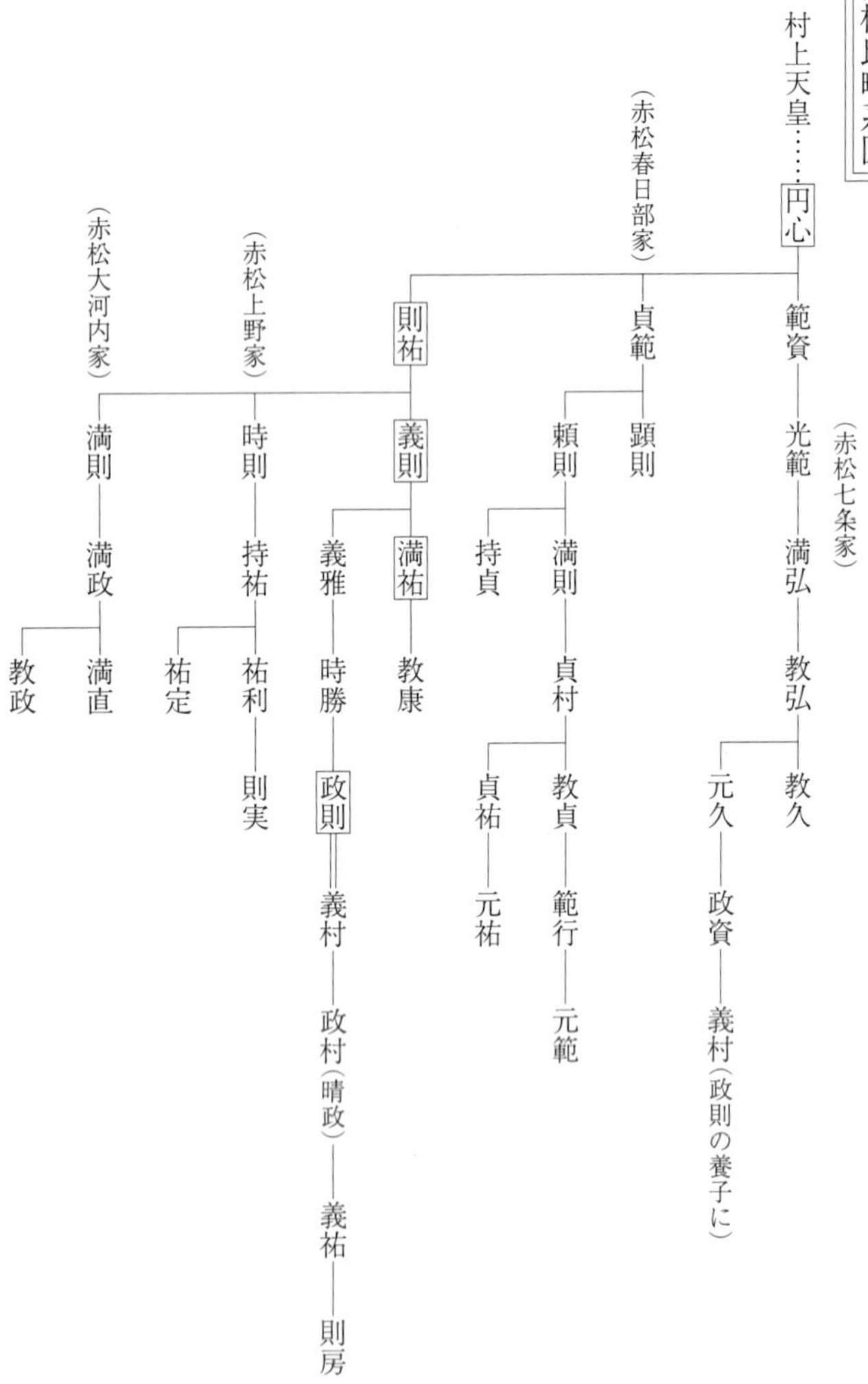
村上天皇……円心
範資
光範
（赤松七条家）
満弘
教弘
教久
元久
政資
義村（政則の養子に）
貞範
（赤松春日部家）
顕則
頼則
満則
持貞
貞村
教貞
貞祐
範行
元祐
元範
則祐
義則
満祐
教康
義雅
時勝
政則
義村
政村（晴政）
義祐
則房
時則
（赤松上野家）
持祐
祐利
祐定
則実
満則
（赤松大河内家）
満政
満直
教政

足利氏略系図

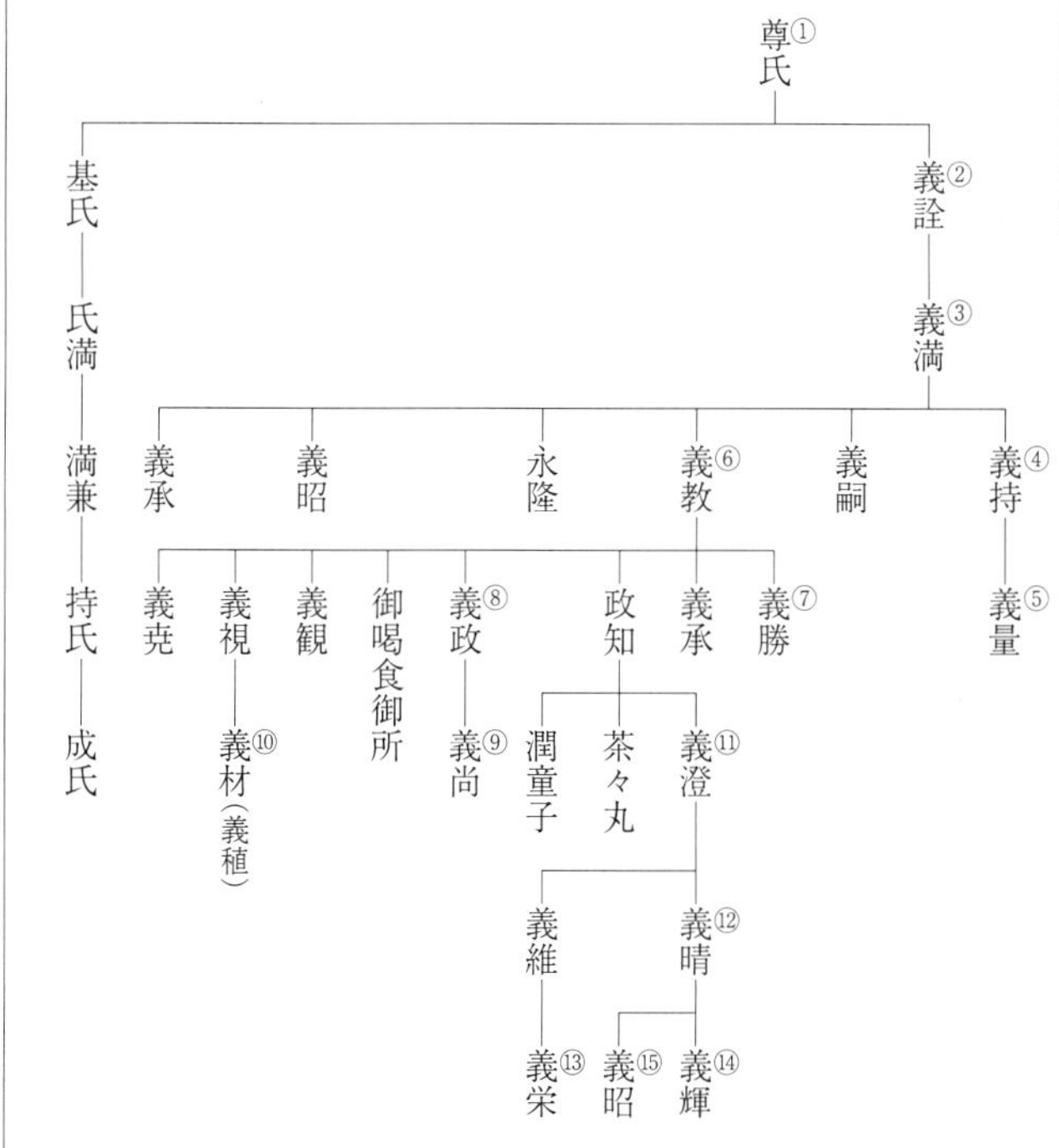

※数字は将軍の代数

細川氏略系図

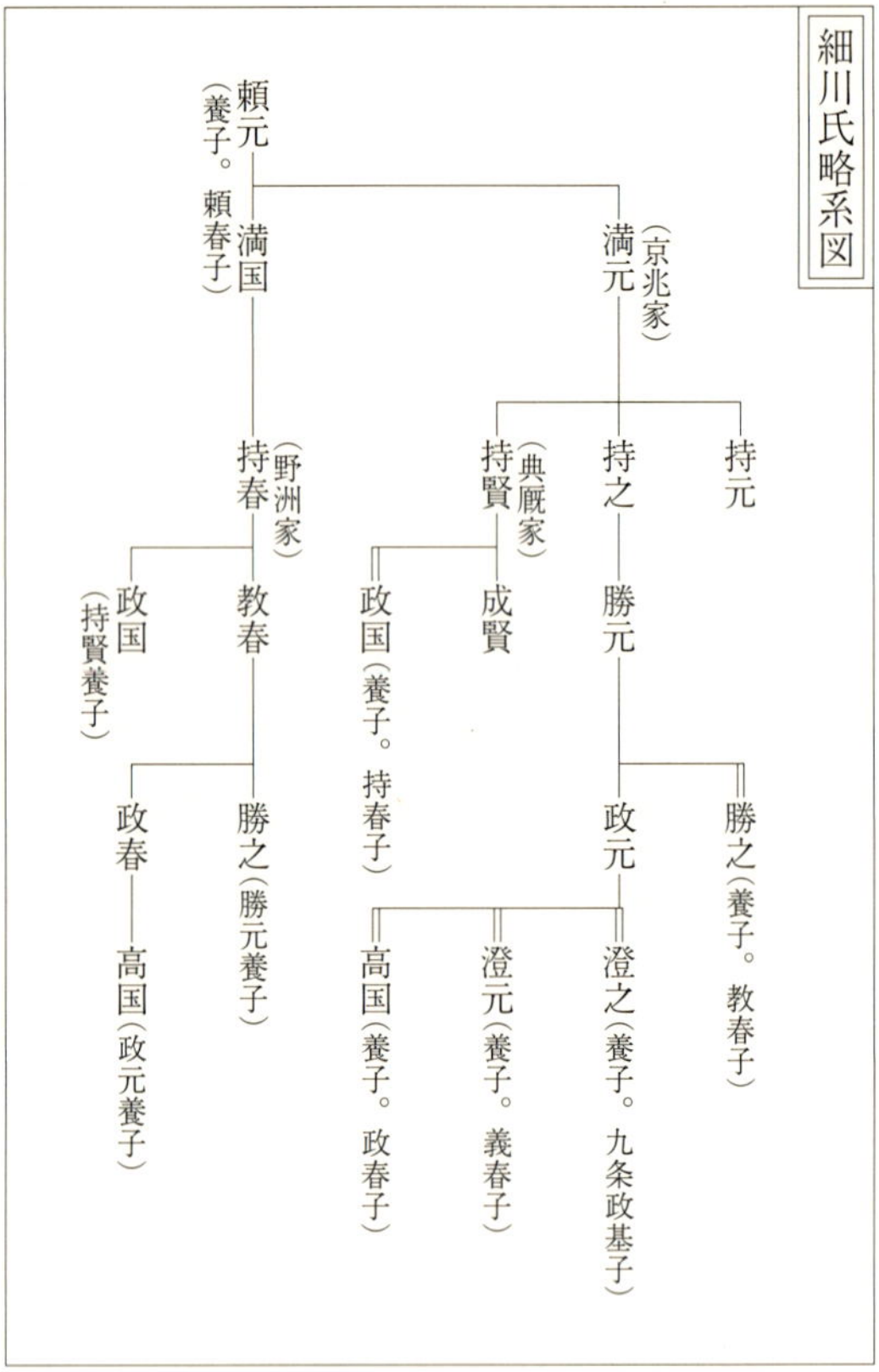
頼元（養子。頼春子）
満元（京兆家）
満国
持元
持之
持賢（典厩家）
持春（野洲家）
勝元
成賢
政国（養子。持春子）
教春
政国（持賢養子）
勝之（養子。教春子）
政元
勝之（勝元養子）
政春
澄之（養子。九条政基子）
澄元（養子。義春子）
高国（養子。政春子）
高国（政元養子）

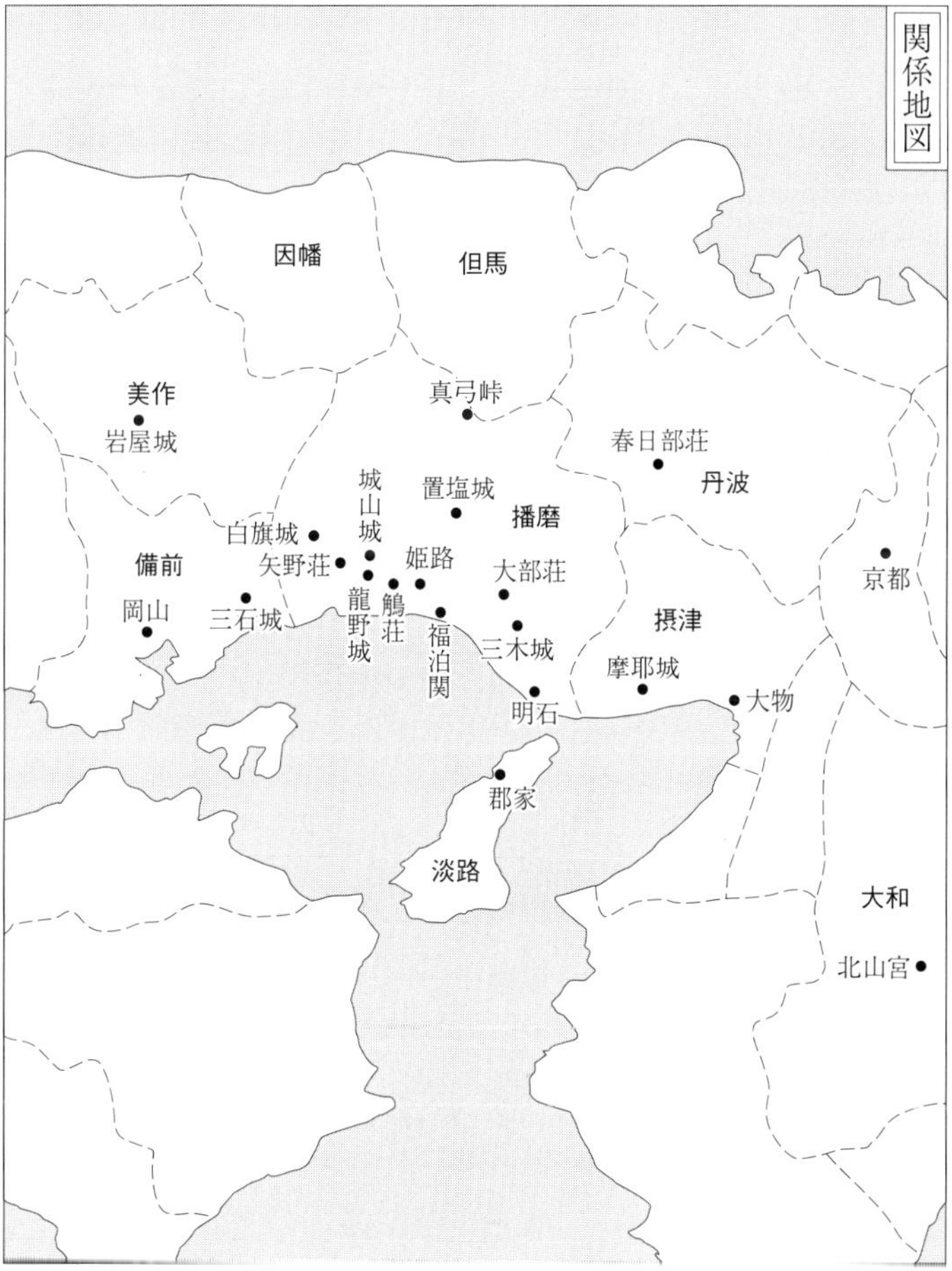
関係地図
因幡
但馬
美作
岩屋城
真弓峠
春日部荘
丹波
置塩城
播磨
城山城
白旗城
備前
矢野荘
姫路
大部荘
京都
岡山
三石城
龍野城
鵤荘
福泊関
三木城
摂津
摩耶城
明石
大物
郡家
淡路
大和
北山宮

第一章　赤松氏の出自と中興の祖円心

1　赤松氏の系譜

南北朝期から戦国時代にかけて活躍した播磨国赤松氏。その出自に関しては、謎のベールに覆われているといっても過言ではない。これまで赤松氏の出自に関しては、様々な説が提唱されてきた。通説としては、赤松氏が村上源氏の流れを汲む悪党ということに落ち着くであろう。しかし、現在では研究が進展し、いくつかの新しい説も提示されている。現在、赤松氏の出自に関しては、どのように考えられているのであろうか。

謎多い赤松氏の系譜

赤松氏の家系については、『太平記』（巻六）に次のような記述がある。

播磨国ノ住人、村上天皇第七御子具平《ともひら》親王六代ノ苗裔、従三位季房《すえふさ》ガ末孫ニ、赤松次郎入道円心《えんしん》ト

苔縄城跡（上郡町苔縄）

テ弓矢取テ無双ノ勇士有リ

この記述は、赤松氏が歴史の表舞台への登場を示す、あまりに有名な場面である。この内容を見ると、赤松氏は伊勢北畠氏と同じく、村上源氏の末裔であると称している。しかも、『太平記』にはこの続きがあり、円心が「人ノ下風ニ立ン事ヲ思ハザリケレバ（中略）名ヲ顕シ忠ヲ抽バヤト思ケルニ」と記されており、野心に満ち溢れる人物として描かれている。系図類も含め、これがごく一般的に知られる赤松氏の系譜なのである。

そして、『太平記』には、赤松氏が佐用荘《さようのしょう》苔縄《こけなわ》に城を築いたと記されている。苔縄村は千種川の中流域、愛宕山東麓に位置し、現在の兵庫県上郡《かみごおり》町に所在する。佐用荘は佐用郡・赤穂郡・宍粟《しそう》郡にまたがる広大な荘園で、九条家領であった。佐用荘には赤松村が含まれており、赤松氏が名字の地にしたと考えられる。この赤松氏が本拠とした上郡町は、今も中世の趣を残しており、赤松氏の菩提寺である法雲寺《ほううんじ》、宝林寺《ほうりんじ》などの関連史跡が豊富に残っている。したがって、赤松氏の行動範囲は、佐用郡・赤穂郡を中心とした、西播磨一帯であったと推測される。

ちなみに村上源氏は、村上天皇の皇子具平親王の子師房《もろふさ》が源姓を与えられることによって始まった一族である。子孫は公家が多く、朝廷に仕えることにより繁栄を築いた。例えば、師房とその子俊《とし》房《ふさ》・顕房《あきふさ》は、絶頂を極めた藤原道長との姻戚関係を結ぶことにより、左・右大臣を歴任している。摂関時代から院政時代にかけて、顕房の系統は朝廷の要職を占めた。数ある源氏の中で、最も家格が高いといわれている。

顕房の曽孫である明雲《みょううん》は、平氏全盛期に天台座主となり、宗教界で重要な地位を占めた。また、

法雲寺（上郡町苔縄）

宝林寺（上郡町河原野）
右奥にあるのが,「赤松三尊像」を安置した円心館である。

鎌倉初期に活躍した顕房の玄孫である通親《みちちか》は、京都政界における反鎌倉派の中心人物として知られており、のちに親鎌倉派で摂関家の九条兼実《かねざね》を失脚させたことで名を成した人物でもある。通親の子孫は、堀川、久我《こが》、土御門《つちみかど》、中院《なかのいん》、六条、千種《ちぐさ》、北畠などの諸家に分かれ、朝廷政治を陰で支えてきた。中でも嫡流である久我家は、大臣・大将を兼ね太政大臣に昇進する家柄の清華《せいが》家の一つであり、長らく源氏長者の地位を独占した。

『太平記』に登場する従三位季房《すえふさ》は、『今鏡』に右大臣顕房の子として確認することができる。季房は丹波守・加賀守を歴任したが、天永二年（一一一一）に播磨国に配流となった。その後の季房の動向は詳らかでなく、子孫がどうなったのかも判然としない。後述する通り、季房から円心に至るまでの赤松氏歴代は単なる系図上の人物に過ぎないのである。したがって、赤松氏が村上源氏の末裔であるかどうかは、十分な史料的根拠を得られていないのが現状といえよう。

一般的に、系図はその始祖を天皇や貴族等の貴種に求めるのが常識であるので、その信憑性については十分に吟味しなくてはならない。赤松氏であっても。それは例外ではないのである。

赤松氏の系図

赤松氏の系図については、実に多種多様なものが伝わっている。例えば、系図集として数多くの家譜を収録している『群書系図部集』（第三巻）には、関係する一族（有馬氏など）のものを含めて十本の赤松氏系図を掲載している。現在、最も利用されている赤松氏系図であろう。しかし、系図には異同も多く、必ずしも記載内容が一致しているわけではない。

近世播磨の郷土史家である天川友親《あまかわともちか》の手になる『赤松諸家大系図』は、赤松氏一族の系譜を網羅的に収録したことで知られている。天川友親は、飾東郡御着《ごちゃく》村（姫路市御国野町御着）の人であり、『播陽万宝知恵袋』の著者として知られている。天川友親自身は赤松氏の子孫であるため、赤松氏に高い関心を寄せていたと指摘されている。『赤松諸家大系図』は赤松氏一族を網羅しているだけに、非常に便利な系図であるが、生没年などに誤りも認められ、注意が必要である。なお同系図は、在野の赤松氏研究家である藤本哲によって翻刻された。

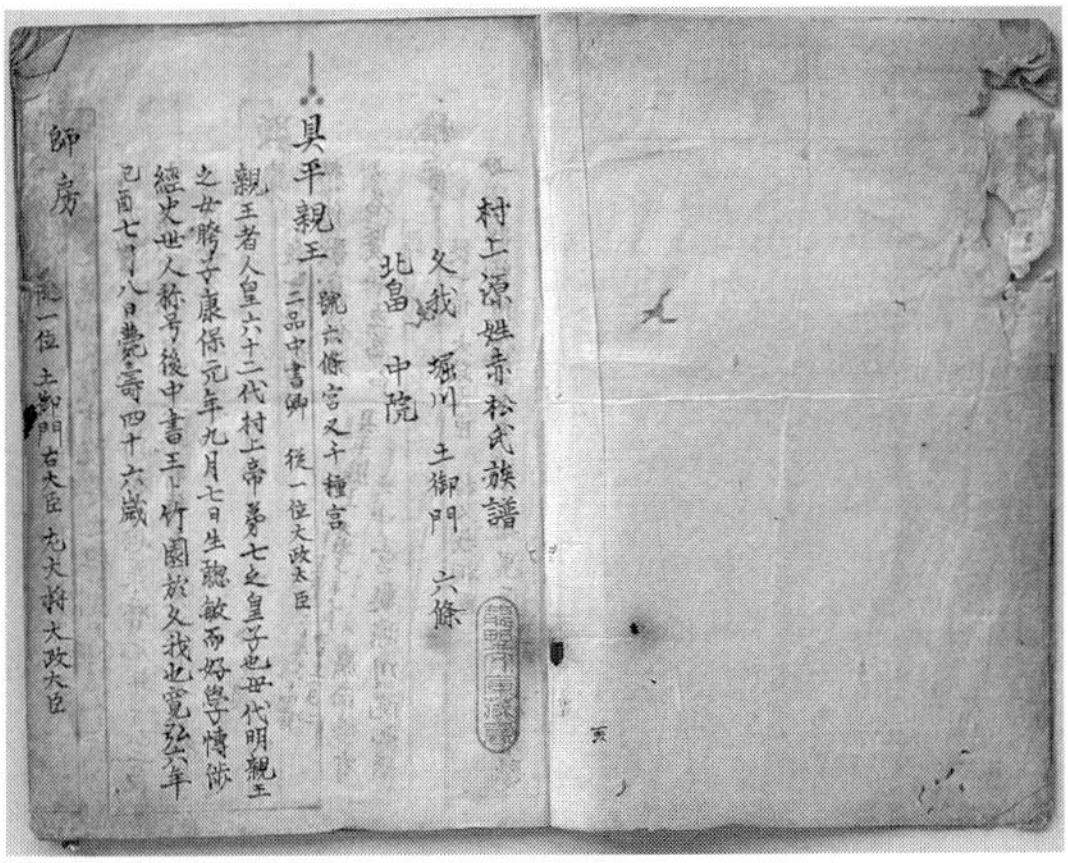

『赤松氏族譜』（たつの市立龍野歴史文化資料館蔵）

　また、活字化されていないが、他には『赤松氏族譜』（たつの市立龍野歴史文化資料館所蔵）もよく知られる系図であり、高坂好《こうさかこのむ》も高い評価を与えている。『赤松諸家大系図』『赤松氏族譜』とも近世に成立したものである。恐らく、これ以外にも活字化されていない赤松氏系図は、想像できないくらいあるものと推測される。いずれにしても、系図の内容はそのまま鵜呑みにすることができないので、同時代の古文書・古記録による照合が必要である。

高坂好の説⑴

　『太平記』や各種赤松氏系図以外に、赤松氏の系譜をたどった研究はないのであろうか。『赤松円心・満祐』（吉川弘文館）や『中世播磨と赤松氏』（臨川書店）の著者として知られる高坂は、別の方法で赤松氏の系譜を検証した。高坂は、景徐周麟《けいじょしゅうりん》の語録『翰林葫蘆集《かんりんころしゅう》』（巻十四）を活用し、その記載内容を積極的に採用しているのである。こうした禅宗関係の史料を活用した研究は、これまでにないものであった。

この語録には、文亀二年（一五〇二）に宝林寺宝所庵で、赤松政則七周忌の法要が行われたときの記録がある。その中で景徐周麟が赤松氏の系譜に触れた箇所があり、家範《いえのり》が初めて「赤松」を号したと述べているのである。家範は、季房から数えて三代目にあたり、あとで触れる山田則景《のりかげ》の末子といわれている人物である。

高坂は「家範が始めて「赤松」を号した」という説について、当時赤松氏に伝承されてきた説であることから、最も権威ある家系説と述べている。さらに、家範が則景の末子であることから、その流れを汲む円心は赤松氏一族の本流とは言えず、その優れた武勇と人柄によって一族を統率するに至ったと指摘した。つまり、もともと本流は宇野氏であり、赤松氏はそこから枝分かれした支族であるということである。

以上の点をもう少し踏み込んで考えてみよう。高坂は景徐周麟の語録『翰林葫蘆集』の説をもとに、先の山田則景を軸に据えて、さらに自説を発展させている。まず高坂は、『赤松氏族譜』に記された、季房の曾孫山田伊豆守入道則景に注目する。その系図には、則景が佐用荘地頭職に任じられ、北条義時の娘を娶ったと記されている。この山田則景は、別の系図に宇野則景と記されており、本姓が宇野氏であったと指摘する。

高坂は、山田氏の子息らに「景」の字が多く使われていることから、その背後に当時播磨国守護であった梶原景時の存在に注意を払っている。景時は、鎌倉幕府草創期の寿永二年（一一八四）二月から正治元年（一一九九）十二月の間、播磨国守護を務めていた。そして、則景は梶原氏の猶子となって、「景」の偏諱をもらい、その尽力によって義時から佐用荘地頭職に任じられたと結論づけた。高坂は則景と北条義時との血縁関係、および播磨国守護の梶原景時との関係を重視しているのである。そうした関係もあって、正治二年（一二〇〇）一月に梶原景時が失脚した後も、鎌倉幕府は義時の娘を娶った則景を解任できなかったとする。

高坂が想像と断っている通り、史料的な裏づけに乏しく、今後さらに検討を要する説である。鎌倉期の一次史料には、高坂説を補強する材料が存在しない。鎌倉期における赤松氏に関する史料は、大変乏しいのである。

高坂好の説(2)

ところで、高坂は別の説も提示しているので紹介しておきたい。高坂は、建武元年八月に円心が時沢名を寄進した史料を根拠として、赤松氏が山名氏と同様に上野国出身の関東御家人ではないかとの説を提示している（「古文書纂」）。つまり、時沢名を上野国勢多郡（群馬県前橋市）の所在と比定して、推論を試みたのである。播磨国には櫛橋《くしはし》氏、糟谷《かすや》氏など、もともと関東に在住していた御家人がかなり在住していた。彼らは関東から西国へ移住したので、西遷《せいせん》御家人と称されている。高坂は、赤松氏もその一つの一族と考えたのである。

しかし、最近刊行された『上郡町史』第三巻・史料編Iでは、高坂氏の提示した史料を「古文書纂」ではなく、「猪熊信男氏所蔵文書」の影写本から引用している。そこには、「時沢名」ではなく、「時藤名」と記されている。残念ながら、時藤名の位置は不明であり、播磨国や上野国以外の地域の可能性も否定できない。もし仮に、時藤名が正しいのであるならば、高坂の赤松氏上野国出身説には、再考の余地があるといえよう。

高坂説を補強するかのように、赤松氏が関東に所領を保持していたとの指摘がある。永島福太郎は、文和元年（一三五二）または同二年に発給されたと考えられる足利尊氏書状をあげて、赤松氏の所領が関東にあったのではないかと指摘している（『日本古文書学講座』四巻、雄山閣出版）。この尊氏書状は、当時関東に在住していた子息の義詮《よしあきら》に宛てたものであるが、書状の中に「あか《（赤）》松の律師所り《（領）》やうとも、こなたに候を」と記されている。「あか《（赤）》松の律師」とは、則祐《そくゆう》のことである。「こなたに」の意味は、義詮が住む関東方面を指すものと考えてよいであろう。具体的な場所がわからないだけに、永島も慎重な態度を取っているが、大変興味深い史料である。

以上の通り、高坂は円心以前の系譜について精力的に研究を続けてきた。しかし、系図類の記載は信の置けないものもあり、特に傍注に付された履歴や官途等の記載はそのまま信じるわけにはいかないであろう。また、関東御家人説は、近年有力視される説であるが、高坂の段階ではいささか状況証拠が乏しいといわざるを得ない。いずれにしても円心より以前――鎌倉期――の赤松氏の系譜や動向については、実に不明な点が多く、古文書・古記録等での確認も難しいのが実状である。

2　鎌倉期における赤松氏の動向

このように出自すら判然とせず、史上に突然あらわれた赤松氏は、どのように叙述されてきたのであろうか。赤松氏に関しては、古くから著作・論文が刊行されてきたが、この問題に触れた研究は先述の高坂以外にそう多くはない。むしろ、系図や軍記の記載を無意識のうちに採用し、語られることが多かったと言えよう。円心登場以前については、関係史料の少なさを述べたところであるが、いくつか一次史料が残っている。その点を確認しておきたい。

鎌倉期における赤松氏

鎌倉期における赤松氏関係史料で、まず挙げなくてはならないのは、上総国長生《ちょうせい》郡茂原《もばら》（千葉県茂原市）の日蓮宗妙光寺（藻原寺）が所蔵する日静《にっせい》書状である。一二月二六日の日付を持つ日静書状は、正慶元年（一三三二）に推定され、岡見正雄によってその意義を見出されたことで知られる（『太平記』巻一・角川文庫）。この史料の年紀は、元徳三年（一三三一）もしくは正慶二年（一三三三）の可能性があると指摘されている。

日静書状が示す赤松氏の関係部分は、おおむね次のように要約できる。十二月九日から護良《もりよし》親王の配下の者が、摂津国三島郡芥川（大阪府高槻市）から山崎方面に進出していた。宇都宮氏と赤松氏（円心か）は、討手としてこれを追い返したのである。宇都宮氏は、下野国の御家人である。岡見は、赤松氏が護良親王の軍を攻撃していることから、当初鎌倉幕府に与していたことを指摘した。これまで円心は後醍醐に従って挙兵したと言われてきたので、全く逆の評価である。

つまり、赤松氏は当初鎌倉幕府方にあったが、後に護良親王の令旨《りょうじ》によって、後醍醐天皇側に応じたのである(「太山寺文書」)。従来、赤松氏は史上に突然現れ、後醍醐天皇に味方した悪党の典型として捉えられてきたが、この史料の出現により再考を迫られることになった。この史料は、高坂没後に知られるようになったが、赤松氏関東御家人説を裏づける有力な証拠となったのである。

状況証拠の発掘

この史料を吟味した依藤保《よりふじたもつ》は、さらに状況証拠となる史料を博捜し、円心が六波羅配下の関東御家人であったとの説を展開した。そして、従来説を一新する問題提起を行った。この説については、次の項目で触れることとしたい。

順序は前後するが、赤松氏を語るうえで欠かすことができない史料に、「嘉暦元年九月日摂津国長洲荘代官等連署起請文」がある(「大覚寺文書」)。この史料は、現在の兵庫県尼崎市の大覚寺に所蔵されている。史料の内容は、御本尊の御威光を軽んじないことをはじめ、五ヵ条にわたる内容について起請したものである。注目されるのは、署判を加えている者の中に「惣追捕使貞範《さだのり》」と「執行範資《のりすけ》」の名が見えることである。

この両名は、明らかに赤松貞範と範資のことである。『兵庫県史』第一巻では、赤松貞範と範資の両名および連署した者について、海上活動の拠点としての尼崎を守備させるため、海賊的な武士集団の頭目たちを傭兵として組織したのではないかと推測している。たしかに当時、海上交通の要衝に悪党が存在し、不法行為を重ねたことはよく知られている。しかし、この見解に対して依藤は、むしろ海賊対策として、先の両名が六波羅から送りこまれたと指摘する。赤松氏が御家人であるとするならば、全く逆の解釈が成り立つ。

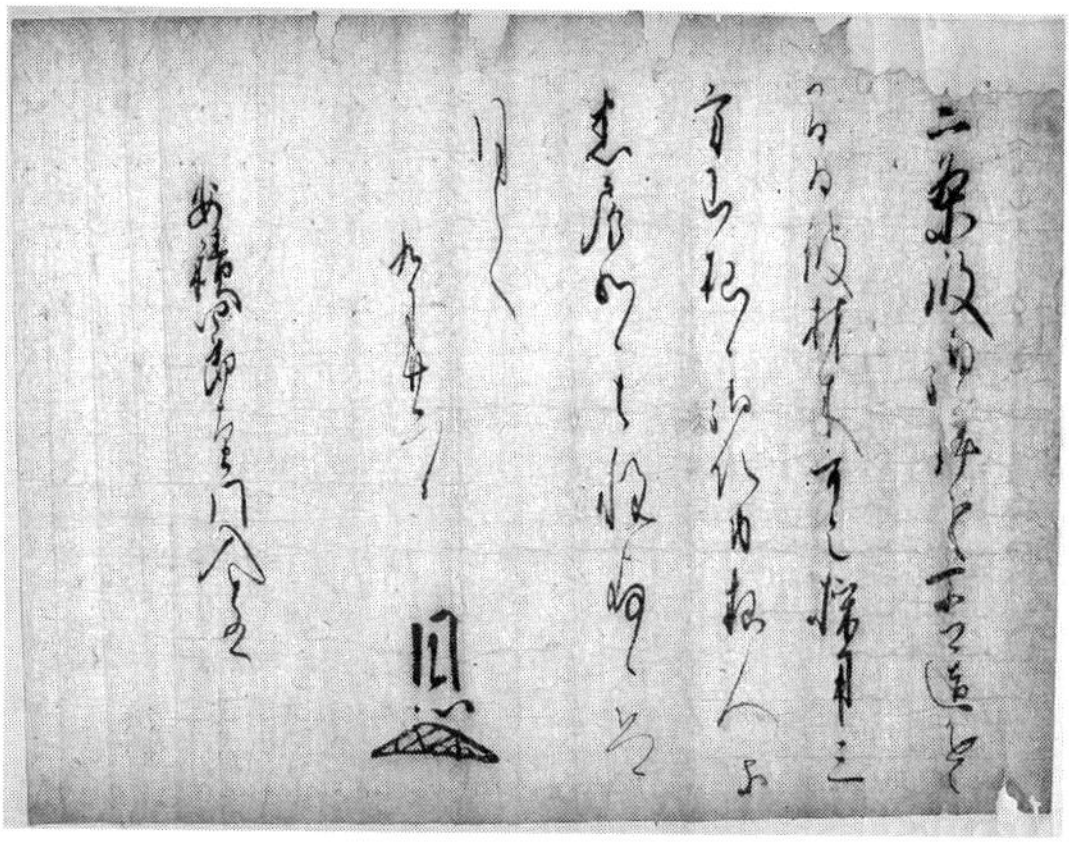

年未詳九月二十二日赤松円心書状
（安積文書／兵庫県立歴史博物館提供）

円心の発給文書の初見は、摂津国滝安《りゅうあん》寺（大阪府箕面市）に所蔵する正慶二年（一三三三）閏二月二五日の日付を持つ書状である（「滝安寺文書」）。以後、円心を含め赤松氏一族の関係史料は、古文書・古記録等の一級史料にたびたびあらわれることになる。

円心登場以前の鎌倉期の赤松氏関係史料は、これ以上見つけることは困難かもしれないが、今後視点を変えて、史料を検討することも必要であろう。そのような意味で、先の二通の史料については、今後関係史料の調査と相俟って、新たな解釈が可能となるかもしれない。

赤松氏像の見直し

近年、赤松氏の出自に関しては、先述の通り依藤保の精力的な研究が発表され、赤松氏の出自に関する新しい見解が提示された（「赤松円心私論――悪党的商人像見直しのためのノート」）。この論文は、従前の赤松氏＝悪党的商人像に再検討を迫った意欲作である。それは、どのような内容なのであろうか。以下、紹介することにしたい。

鎌倉中・後期から南北朝期の播磨は、悪党が活躍した時代であった。荘園史研究の分野でも、矢野荘（相生市）・大部《おおべ》荘（小野市）で悪党が跳梁跋扈《ちょうりょうばっこ》したことが指摘されている。特に、南北朝期に成立した播磨の地誌『峯相記《みねあいき》』には、その様相が詳しく記されている。それでは、悪党とはいかなる存在だったのであろうか。

悪党とは簡単に言えば、鎌倉中・後期から南北朝内乱期にかけて、反幕府、反荘園体制的行動をとった在地領主、新興商人、有力農民らの集団のことを示す。鎌倉幕府は、悪党を山賊、海賊と同じく、鎮圧の対象としたのである。鎌倉幕府の追加法において、何度もその行為は禁止されており、その横行ぶりがうかがえるところである。

悪党は、(1)荘園領主による代官職の否認、(2)得宗（北条）政権による御家人所領（地頭職）の否定、(3)得宗政権の経済政策（港湾・都市など独占）の強行、(4)支配下農民との矛盾対立、(5)蒙古襲来を契機とする社会経済情勢の急激な変化、などを要因として発生したと言われる。彼らは悪党張本を中心に、一族、下人、所従など血縁関係者を集め、さらに近隣の在地領主層と連携して、当該地域における分業、流通の支配を目指し、数百人に及ぶ傭兵を組織することもあった。

従前の赤松氏研究では、『楠木合戦注文・博多日記』の「播磨国の悪党蜂起、言語同断に候」という記述に基づき、円心もまた広義の悪党的商人と考えられてきた。近年、研究の進んだ城郭研究の分野では、円心が悪党出身であるがゆえ、赤松氏城郭の築城・縄張りをゲリラ的な発想で考察すべきとの意見も出されている。高坂好のように、赤松氏を関東御家人とする説を提示する論者もいたが、十分な傍証を得られていなかった。

こうした中で、赤松氏の悪党的性格に見直しを迫ったのが、依藤保である。結論から言えば、赤松氏は佐用荘赤松村を本貫地とした、六波羅配下の関東御家人であったとする。それらの論拠は状況証拠に限られるが、(1)九条家領佐用荘が鎌倉期に関東御領となり、荘内に預所として関東武士が置かれたこと、(2)またそれらが北方探題（播磨国守護）の料所として被官らに給与されたこと、(3)赤松氏は鎌倉初期に関東御家人某が佐用荘に入り、「赤松」を名字としたこと、(4)円心が播磨国守護常葉範貞と被官関係を結んだこと、等を丁寧に論証している。

元弘の乱発生時、赤松氏は当初北条方で活動していたが、やがて鎌倉幕府を裏切った。赤松氏が悪党と言われる所以は、反幕府行動にあったと依藤は指摘する。赤松氏が関東御家人ではないかという指摘は、高坂によってなされていたが、決して十分な裏づけを提示したわけではない。一連の依藤の研究は、先行研究や史料を丹念に洗い出した成果であり、従来の赤松氏研究に再検討を迫る貴重な研究成果である。

3　悪党の時代

赤松氏が登場する前後、播磨国で跳梁跋扈していたのが悪党であった。赤松氏登場以前の時代背景を知るうえで、悪党の存在は欠かすことができない。悪党については、現在に至るまで膨大な研究がなされているので、少し詳しく説明をしておきたい。

悪党の横行と播磨

悪党という言葉の意味は、悪事をはたらく者の集団や個人、そして人を罵って呼ぶ言葉として理解されている。実際の史料での用例を見ると、社会秩序を乱す悪者、つまり山賊・夜盗・強盗等を指す言葉として使われている。悪党そのものは、身分・階層・職業を示すものではなく、紛争の当事者あるいは第三者からの呼称である。その実体についても、時代や地域によって様々であり、個別事例の検証を欠かすことができない。

悪党を見る全体の観点に関しても、多様なものがある。悪党を執権政治から得宗専制への移行の中で捉える政治史的な観点、在地領主や地侍という特定の階級ではなく、鎌倉末期の社会全般の矛盾の表現として捉える観点、また悪党と分業・流通の関係に着目する観点等多くの指摘がなされている。それゆえに、悪党の解釈そのものが多岐に渡るため、扱う論者によって、悪党の位置づけは実に様々である。

石母田正は伊賀国黒田荘悪党の研究を通して、黒田荘悪党の主体が御家人を中核とした在地武士団であるとした。しかし、その行動の倫理的な頽廃により、荘民全体を取り込んだ運動になり得ず敗北したとの指摘を行っている。稲垣泰彦は悪党が惣領制度や鎌倉幕府の御家人制から離脱し、地域的領主結合を遂げる中で、公家政権や鎌倉幕府に反抗する勢力と位置づけた。

網野善彦は、悪党が略奪によって富を蓄積することや、荘園の預所職や代官職を争奪しているところから、彼らに地域的封建領主への志向が見られないと論じている。その一方で佐藤和彦は、悪党が国人領主制に向かって試行錯誤を続ける存在と位置づけた。悪党をめぐる評価は、その存在形態や研究対象によって大きく見解が異なり、積極的に位置づける論者とそうでない論者との間に温度差が見られる。

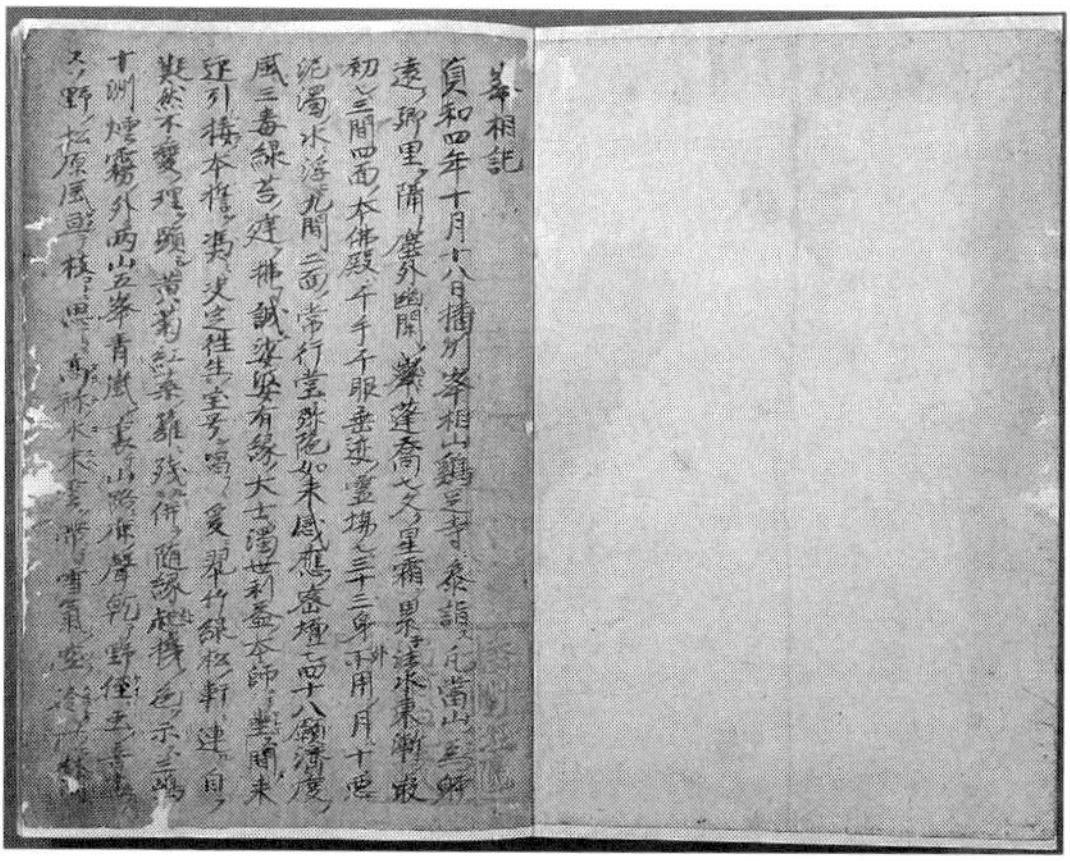
峯相記
貞和四年十月十八日播州峯相山鶏足寺

『峯相記』（斑鳩寺蔵／太子町立歴史資料館提供）

播磨における悪党の行動を活写した史料として、『峯相記《みねあいき》』（『兵庫県史』史料編中世四）の存在が知られている。『峯相記』は、南北朝期の作とされ、播磨国峯相山鶏足《けいそく》寺を訪ねた僧侶と寺僧との問答形式をとっている。内容は、仏教各派の宗旨の概略、播磨の寺院・神社の縁起、郡郷・田数、故事・伝承、戦乱等実に豊富である。

『峯相記』は古代の『播磨国風土記』と近世の『播磨鑑』との間にあって、中世における地誌として貴重な史料である。永正八年（一五一一）の奥書を持つ、斑鳩寺（太子町）所蔵本が『峯相記』の最古の写本である。『峯相記』に描かれた悪党像がすべてではないが、その一典型を示していると思われるので、以下その概要を示すことにしたい。

正安・寛元（一二九九〜一三〇三）の頃から、播磨国で悪党はその行動を活発化した。彼らの風体は、柿帷《かきかたびら》に六方笠、烏帽子・袴を着し、柄鞘のはげた太刀を帯び、撮棒・杖を持った異類異形の集団であった。彼らは博打を好み、小盗を業とする一方、一〇〜二〇人の集団で合戦に加わることもあった。さらに、約束を守らず、引き入れや返り忠を常とし、武士方の沙汰や守護の制禁にも応じることがなかったとされる。ここに、服装や行動等の悪党の特徴がよく表現されており、社会的にもマイナスのイメージがあったことがわかる。

幕府は元応元年（一三一九）の春頃から、播磨国に鎮定の使者を派遣し、守護代とともに悪党の在所二〇余ヵ所を焼き払い、悪党五一人を注進した。さらに、両使を定めて地頭御家人を結番し、明石・投石《なげいし》の両浦を警護させている。この一連の対策により、悪党の活動は沈静化したのである。ところが、ことは簡単に収束しなかった。

正中・嘉暦（一三二四〜一三二九）の頃になると、悪党の活動が再び活発化し、遠く丹波・因幡・伯耆などの遠方からもやって来るようになった。彼らは壮麗な武具を身につけ、五〇騎から一〇〇騎の隊列をなし、自分の関係ない論所であっても、一方の味方と称して諸所を押領したのである。この事実は、悪党が一国レベルに止まらず、近隣諸国からも集まったことを示しており、活動が広範にわたったことを示している。

悪党に対する守護の対応は弱気といわざるを得ず、悪党の威勢を恐れ、追罰の武士も憚りをなす様相であった。そのため、悪党の蛮行はますます盛んになり、追捕狼藉・苅田・苅畠・打入奪取が行われた。幕府はたびたび悪党鎮圧の命令を下したが、使者は悪党の賄賂を受けるか、武勇を恐れて命令を無視する有様であった。幕府が悪党対策に奔走しても、結局現地では悪党の威を恐れるか仲間に引き込まれていたのである。

悪党については、すでに触れたようにその存在を積極的に評価する立場と、そうでない立場があるが、いずれにしても政治や社会に不安を引き起こす存在であったのである。

『峯相記』の記述にあるように、播磨国は悪党が跳梁跋扈する地域であった。それらは、研究の素材として取り上げられ、多くの研究論文としてまとめられている。とりわけ有名なのが、東大寺領大部荘、東寺領矢野荘、福泊関の悪党である。ここでは、播磨国の悪党の実態について述べることにしよう。

東大寺領大部荘の悪党

大部《おおべ》荘は、現在の兵庫県小野市に所在する東大寺領荘園である。もともと播磨国内の東大寺領は、垂水《たるみ》荘、粟生《あお》荘、赤穂荘の三荘であったが、十二世紀の半ばにその替わりとして、大部荘が寺領となった。途中、国衙《こくが》に収公されることもあったが、正治

旧大部荘にある大荒神（小野市葉多町）

二年（一二〇〇）には重源《ちょうげん》の尽力によって、再び寺領となった。しかし、寺家の荘園支配は不安定であり、地頭代の不法行為がたびたび問題となった。寛喜二年（一二三〇）、地頭代は自ら地頭領を設定し、百姓を譴責するなどの行為に及んだ。

これに対する幕府の対応は期待できず、寺家では在地の有力者を雑掌に任命し、大仏八幡供料に充てる年貢三〇〇石の収納を期待した。ところが、事態は寺家の期待通りに進まなかった。最初に雑掌に補任した讃岐公は、楠河内入道や宗円らを率い、百姓の追捕・拷問を行い年貢を納入しないなど、非法行為を行った。楠河内入道は、楠木正成《まさしげ》の先祖と考えられている人物である。

その後、寺家は垂水繁昌《はんじょう》を雑掌に補任し、事態を打開しようとした。繁昌は志染《しじみ》保雑掌職を兼ねており、大部荘に隣接する明石郡垂水荘、美嚢郡久留美荘内に所領を有する在地の有力者であった。しかし、事態は一向に改善されることがなかった。永仁二年（一二九四）、寺家が雑掌職解任を伝えると、数百人の悪党を率いて荘内に乱入し、年貢・牛馬・資材の奪取、百姓の絡め取り、稲の刈り取り等の濫妨狼藉に及んだのである。

矢野荘や福泊関の事例で見た通り、繁昌が雑掌職を解任されても、不法行為は止まらず、逆にその活動が激化するのは共通している。それどころか、近隣荘園等の諸勢力が繁昌に与同して、ますますその不法行為は盛んになった。寺家が幕府に訴えても、その行為は止まらず、悪党は幕府の命令を無視したのである。

南北朝期以降、大部荘では守護代までもが、悪党行為に加担することになる。康永二年（一三四三）、播磨国守護代宇野頼季《よりすえ》は、将軍家御湯治料として、大部荘に人夫役を課した。つまり、摂津国有馬の湯を汲むように命じたのである。しかし、これを拒絶すると、守護使以下が乱入し、譴責を行っている。実は、これ以前から守護方による乱入、供米奪取が行われており、問題が表面化していた。

貞和年間の大部荘の悪党交名によると、守護代自らが勢力を率いて、荘内に乱入したことが知られる。これによると、悪党は宇野頼季と考えられる播磨国守護代の他に、安保氏・長浜氏・上月氏等の播磨の有力国人、太田垣氏・八代氏等の但馬の有力国人、さらには江見氏のような美作の有力国人を勢力に含んでいた。守護代を頂点とし、近隣諸国の諸勢力を包含したこのグループは、従来の悪党とは異なった陣容と言えるであろう。

東寺領矢野荘の悪党

東寺領矢野荘は、現在の兵庫県相生市に所在した荘園である。矢野荘の史料の大半は、東寺百合文書、教王護国寺文書に収められ、古くから活発に研究された荘園である。

矢野荘はもともと久富《ひさとみ》保と称しており、この地方の有力者秦氏が私領化していた。十一世紀後半には、赤穂郡司秦為辰《ためとき》が郡内の人夫を動員しさらに開発を進めている。嘉保元年（一〇九四）、久富保は

旧矢野荘（相生市矢野）

白河上皇の近臣藤原顕季に寄進され、その四年後には秦為辰から子息為包《ためかね》に久富保公文職と重次名地主職が譲られた。私領を上級権力に寄進し、在地での権益を職という形で留保したのである。久富保が立券荘号され、矢野荘となったのは、保延三年（一一三七）十月のことである。その後の矢野荘は、複雑な伝領の過程を経て、南禅寺領の別名と東寺領例名領家方とに分かれる。

この矢野荘で猛威を振るったのは、公文寺田氏であった。公文とは、下司に次ぐ地位であり、文書の取扱いや年貢の徴収を主な職掌としていた。寺田氏は開発領主秦氏の跡を受け継ぐ矢野荘の最有力者であり、文治年間に重藤名の地頭として御家人に列せられていた。つまり、寺田氏は荘園領主と鎌倉幕府に所属したことになる。

この頃の荘地頭は、海老名《えびな》氏が務めており、荘園領主に対する年貢抑留を行っていた。領家は、その支配が困難になったため幕府に訴え、正安元年（一二九九）に下地中分《したじちゅうぶん》を行った。田畠の約半分を地頭領とし、その荘園侵略を阻止しようとしたのである。しかし、公文寺田氏はこの一件に介入し、下地中分の際に地頭海老名氏と折衝を行った。寺田法念は、職権を濫用して百姓名を自領に編入し、領家方の過半数の田畠および労働地代を進止下に置いたのである。こうして押領行為を繰り返した寺田氏は、十四世紀の初頭に矢野荘を制圧するほどの勢力となっていた。

正和三年（一三一四）、寺田法念は矢野荘別名（南禅寺領）の矢野氏住宅に討ち入った。その翌年、法念は孫の範長以下数百人を率いて別名に侵攻し、政所や民家を焼き払い、年貢を奪い取り、城郭を構えて悪党を籠め置くという行為に及んだのである。この寺田悪党の構成員は、どのようになっていたのであろうか。

寺田悪党は、(1)法念の血縁・婚姻関係者からなる一族、(2)近隣荘園の地頭＝御家人勢力、(3)高利貸資本のグループ、の三つの要素から成り立っていた。特に、(2)に関しては、婚姻関係が認められる場合がある。つまり、寺田悪党は(1)を主軸としつつも、共通利害を持った(2)(3)を取り込むことによって形成されていたのである。

南禅寺は、荘園領主の政所を焼き討ち、年貢を奪取するという行為について、東寺に訴えた。文保二年（一三一八）、東寺は重藤名預所に信性を補任し、法念以下の寺田悪党と内通しないことを確認している。公文と鎌倉幕府の御家人を兼ねていた寺田氏は、東寺にとって荘園支配の障害となり、排除しなければならない存在であった。しかし、逆に言えば、寺田氏にとって寺家預所の存在が勢力拡大にとって、大きな障害となることは明白であった。以後、荘園領主東寺と寺田氏は、対決を深めることになる。

寺田氏の跡を受け継いだのは、飽間光泰《あくまみつやす》である。飽間氏は、播磨国守護赤松氏の配下として、南北朝期に各地を転戦した。飽間氏は康永元年（一三四二）以降、重藤名以下を押領したため、幕府は鎮圧命令を守護赤松氏にたびたび下したが、赤松氏は形式的に遵行命令を下すのみで、全く実効性がなかった。さすがに延文元年（一三五六）、赤松氏は守護代宇野氏に対して、飽間氏の濫妨狼藉を停止するように命じた。

しかし、宇野氏はただ飽間氏の主張を取り次ぐのみで、解決には至らなかった。不法行為が止まなかったのは、飽間氏が守護被官であることが要因であったが、以後飽間氏の濫妨狼藉は恒常的なものになる。さらに延文五年（一三六〇）、飽間氏は守護方から兵粮料所を預けられたと主張し、公然と重藤名以下を知行した。

東寺からの抗議に対し、守護方は公文の罪科の跡として被官に宛がったと回答した。幕府もこの措置に賛意を示さず、守護赤松氏に撤回を求めたが、赤松氏は被官小河氏に預けることとし、守護方が知行するよう処置した。以後、東寺からの抗議に関わらず、矢野荘例名三分一を兵粮料所に設定したのである。

福泊関の悪党

古代から瀬戸内海における船の寄港地として、播磨国室津《むろつ》、同福泊《ふくどまり》、同魚住泊《うおずみのとまり》、摂津国兵庫、同河尻《かわじり》の五泊が設置されていた。福泊は、以前韓泊《からどまり》と称されていた。魚住泊が軽視されていたのに対し、福泊は兵庫と同様に重要視され、『峯相記』にその築島の様子が記されている。築島したのは、北条氏得宗家の被官＝御内人であり、摂津国守護代として同国の得宗領の支配にあたった安東蓮性《れんしょう》である。安東氏は、高利貸を兼業する富裕者であり、福泊の整備に努めた。その結果、福泊は大規模な港となり、商人が集住するなど、寄港する船も多くなった。

福泊では、寄港船に修築料升米を課していた。この修築料升米徴収権をめぐって、延慶三年（一三一〇）に僧一円と梵証が相論となった。この一件については、幕府が六波羅に対し、両人以外の器量の人を選び、関務に従事させるよう、西園寺公衡《きみひら》に申し入れるように命じている。関務には、相当な収益があがったものと推測される。

旧福泊関にある福泊神社（姫路市的形町福泊）

元応二年（一三二〇）、福泊の関務は、御宇多天皇から西園寺実衡《さねひら》を通して、興福寺の僧律明《りつめい》に委任したと幕府に申入れがあった。幕府はこれを承認し、律明は良基を関務代官に任命し、修築料升米の徴収に従事させた。律明の没後も、修築料升米徴収権は興福寺の僧に受け継がれ、幕府に認められた。しかし、福泊は砂の堆積によって、大型船の寄港が難しくなり、それに伴って修築料升米の徴収も困難となった。やがて、こうした事態は、兵庫関との紛争へと繋がってゆく。
嘉暦二年（一三二七）、福泊関の関務にあたっていた良基と明円らは、大山崎の神人と語らい、兵庫関へ乱入した。彼らは、兵庫関の津料徴収を妨害し、往来する船に狼藉を働いたため、六波羅探題に訴えられた。彼らが濫妨狼藉を働いた理由は、船が福泊に寄港しないからであった。それゆえに彼らは、不法行為に及んだのである。六波羅探題は、不法行為を禁止するとともに、播磨国守護代小串氏にその旨を命令した。しかし、福泊に寄港する船の減少は押さえられず、嘉暦三年（一三二八）以降、悪党活動がますます活発となる。

実はこれ以前に、律明と良基との間に関務を巡る争いがあり、律明は幕府に訴訟を起こしている。この訴えは、律明の主張が認められ、良基の代官職解任が播磨守護常葉氏に命じられている。しかし、良基の代官職が解任されたにも関わらず、以降も兵庫関乱入を企てた。正慶元年（一三三二）には、興福寺一切経料所と称し、兵庫関で升米を押し取った。さらに、良基は守護代小串氏を味方に引入れ、関務の濫妨を行った。幕府から悪党鎮圧の命令があっても、守護代自らが加担しているため、収まることがなかった。

このように悪党行為は、代官職を梃子にして関務に携わり、解任されても押領行為を止めなかった。さらに、守護代を味方に引き入れるなど、悪質さを見せるようになったのである。

4　南北朝の動乱と赤松円心

後醍醐天皇の倒幕活動

赤松氏が登場する契機となったのは、一連の南北朝の動乱であった。次に、南北朝の動乱における赤松氏の動向について触れておこう。

鎌倉後期から朝廷では、持明院《じみょういん》統と大覚寺《だいかくじ》統とに分かれ、交互に政権を担っていた。これを両統《りょうとう》迭立《てつりつ》という。しかし、文保二年（一三一八）に後醍醐天皇が即位すると、元亨元年（一三二一）に院政を廃止し、天皇親政による政治が行われた。これまでの両統迭立という了解事項は、反故にされたのである。さらに後醍醐は、吉田定房《さだふさ》や北畠親房《ちかふさ》を登用した政治改革を進め、鎌倉幕府打倒の計画を目論んでいる。

後醍醐天皇は密かに倒幕を実行に移しつつあったが、正中《しょうちゅう》の変（正中元年・一三二四）により、幕府打倒の計画は頓挫した。正中の変とは、後醍醐天皇が日野資朝《すけとも》、俊基《としもと》と倒幕計画を画策した事件である。後醍醐天皇は山伏姿に身をやつした俊基に、各地の情勢を探らせるとともに、無礼講と称する会合を開き、具体的な倒幕計画を練り上げた。

その内容とは、九月二十三日の北野祭で例年起こる喧嘩に乗じ、六波羅探題北条範貞《のりさだ》を殺害し、山門・南都の衆徒に命じて、宇治・勢多を固めるというものである。しかし、この計画は幕府に露見し、九月十九日に味方となる土岐・多治見の両氏が六波羅軍に敗退すると、日野資朝、俊基の両名も捕らえられた。その後の措置は、資朝が佐渡への流罪となったが、俊基は罪を逃れている。後醍醐天皇は、万里小路《までのこうじ》宣房《のぶふさ》を幕府に陳弁に遣わし、その罪を辛うじて逃れた。

正中の変において、辛うじて罪を逃れた後醍醐天皇であったが、その後も密かに倒幕計画が計画された。いわゆる元弘の変である。その背景には、幕府による政治的な混乱のほかに、幕府から皇太子を持明院統の量仁《かずひと》親王を推されるなど、後醍醐の意思に反するものがあった。嘉暦二年（一三二七）に後醍醐が護良親王を天台座主に任じ、また南都北嶺の寺院勢力と積極的に繋がったのは、その布石であった。信任の厚い僧侶の円観《えんかん》や文観《もんかん》に関東調伏の祈禱も行わせている。

元弘元年（一三三一）四月、後醍醐天皇の身を案じた吉田定房は、倒幕計画を幕府に通報した。定房は、急進派の動きを憂慮したのである。通報を受けた幕府は、首謀者である日野俊基・文観を捕らえ、厳しく追及を行った。同年八月、後醍醐天皇は京都を脱出し山城国笠置《かさぎ》に籠もるが、幕府勢の攻撃により敗退した。敗退した後醍醐天皇は藤原藤房と脱出し、山城国の有王山中を彷徨中に捕らえられたのである。

捕らえられた後醍醐天皇は、隠岐に配流された。佐渡に流された日野資朝、鎌倉に送られた日野俊基は、ともに幕府の手によって処刑されている。隠岐に配流された後醍醐は、正慶二年（一三三三）閏二月に隠岐を脱出し、伯耆国の名和長年《なわながとし》を頼った。一方で、一時身を潜めていた河内国の楠木正成《まさしげ》や護良親王は、挙兵して幕府に執拗に抵抗した。そして、後醍醐は伯耆国船上山《せんじょうさん》に拠って、鎌倉幕府倒幕の綸旨《りんじ》を発したのである。元弘三年（一三三三）二月のことであった。

建武政権樹立に至る間、後醍醐方の倒幕勢力は、後醍醐側近の改革派貴族を中心に楠木正成ら畿内近国の武士らがその中核を担っていた。改革派貴族は、吉田定房や北畠親房に代表されるように、下級貴族で構成されていた。楠木氏にしても、その出自が現段階で十分明らかにされていない。この勢力に新田義貞や足利尊氏らの外様有力御家人が加わり、倒幕活動を展開することになる。後醍醐天皇の勢力は、様々な階層から成り立っていたことに特色がある。もちろん、赤松氏もその一人であったといえよう。

赤松円心の挙兵

正慶二年（一三三三）二月、後醍醐の子息大塔宮護良親王は、太山寺《たいさんじ》（神戸市）に令旨を発し、打倒北条氏の檄を飛ばした（「太山寺文書」）。具体的にいえば、北条高時がターゲットであった。この令旨の礼紙には、軍勢を率いて赤松城に馳せ参じるよう記されている。史料中の赤松城は苔縄城のことと考えられるが、播磨における倒幕の拠点が赤松氏の本拠にあったことをうかがわせる。これ以前の同年二月、『大乗院日記目録』に「赤松円心蜂起」の記述が見えることから、赤松氏が早くから護良親王に内応していたと考えられる。このとき円心は、五十五歳になっていた。

合戦の舞台になった船坂峠（上郡町梨ケ原）

護良の令旨は赤松則祐《そくゆう》を通じて、円心の手元にも届いたことが『太平記』に見える。令旨には、委細の事書が一七ヵ条にわたって記されていた。『太平記』には円心がこの機会に功遂げ、名を挙げようとしたことが記されており、佐用荘苔縄城に勢力を結集したとある。その勢力は、たちまち一千騎に及んだという。円心が播磨における反幕の拠点となったことは、明らかであろう。やがて円心は、杉坂・山里に関を構え、山陽道・山陰道を塞ぎ、上洛する勢力に備えた。

『太平記』によると、円心は備前国三石《みついし》城の伊東氏を生け捕りにし、続けて備前国守護加地氏との戦いに勝利を得た。これには、赤松貞範《さだのり》の助力を得ている。さらに、高田兵庫助を討ち取ると、その勢力は路次の軍勢が馳せ加わり、やがて七千騎ほどに膨れ上がった。円心は兵庫摩耶《まや》山（神戸市）に城を築き、赤松城と称して拠点とした。

『大乗院日記目録』によると、同年三月に六波羅軍が赤松氏の籠もる摩耶城に発向したことが記されている。しかし、六波羅勢は連戦して赤松氏に敗北を喫しており、厳しい戦いを強いられていた。勝利を得た円心は箕面寺衆徒に対して、武士の乱入や狼藉があれば、交名注進せよと命じている（「滝安寺文書」）。円心の勢力が徐々に摂津に広がりつつあることを示している。

この事態を重く見た鎌倉幕府は、六波羅御教書を発し、摂津国勝尾寺衆徒に円心の討伐を命じた（「勝尾寺文書」）。この史料では、円心を「播磨国謀叛人」と記しており、明確に反幕勢力に位置づけている。先に、赤松氏が関東御家人ではないかとの説を紹介したが、「謀反人」という文言からも本来御家人であった円心が叛旗を翻した様子がうかがえる。円心は小田時信らを大将とする六波羅軍を撃破し、京都南部の山崎を経て、京都に突入することになる。

正慶二年（一三三三）三月、円心は一通の書下を山城国宝積寺《ほうしゃくじ》に宛てている（「宝積寺旧蔵文書」）。その内容は、後醍醐の命によって北条高時を征伐することを記し、宝積寺に祈禱を行うことを依頼している。史料中には、「円心依奉　勅」とあり、円心が後醍醐天皇の命を受けていることが記されている。円心は倒幕勢力の中核を占めていたのである。

円心が倒幕勢力の中心的な存在であったことは、後藤氏あるいは山内氏の軍忠状に「一見了」とサインをしていることが示している。軍忠状とは、合戦における活躍（討ち取った敵の人数等）を報告する文書であり、のちに恩賞をもらうための証明書であった。その証明には、味方の大将や軍奉行が証判を加える必要がある。この事実が倒幕軍における、円心の高い地位を示している（「後藤文書」「山内首藤家文書」）。

例えば、播磨国の後藤基景《もとかげ》の場合は、正慶二年（一三三三）三月二十八日に山崎に到着し、四月三日の西七条の合戦で中間《ちゅうげん》の孫六を討ち死にで失い、孫五郎が傷を追った。続く同月八日の竹田河原合戦では、捨て身の戦いで軍忠を挙げたという。一連の基景の軍功は、摂津国多田院の御家人近藤氏や同国の住人葦屋氏、寺田氏、位部氏が確認していたという。こうした報告や関係者への確認によって、軍忠状は作成されたのである。

四月以降の後の円心の活動を確認しておこう。円心軍は山崎を出発すると、軍勢を鳥羽から東七条に向かわせ、自らは桂に陣を置いた。円心軍は水嵩《みずかさ》の増した桂川を渡り切ると、一気に京都へ突入したのである。京都での円心軍の活躍は目覚しく、大宮・猪熊・堀川に火をかけ、東山の蓮華王院まで攻め込んだ。しかし、その後の六波羅軍の抵抗もあり、一時は京都南部まで撤退したが、逆に京都への物流を押さえた。物流の止まった京都では、六波羅軍の疲弊が目立ち、諸国から馳せ参じた武士の中には帰国する者もあった。

以後、丹波の千種忠顕《ちくさただあき》らの軍勢が京都に攻め入るが、六波羅勢に敗れるなど、一進一退の攻防が続いた。この時、重要な役割を果たしたのが、足利高氏である。高氏はその名の通り、北条高時から

「高」字を拝領するなど、もとは幕府方の有力御家人であった。高氏は名越高家《なごえたかいえ》とともに上洛し、六波羅軍の救援に駆けつけた。しかし、高家軍が敗退するのを見た高氏は、いったん丹波に退却すると、篠村八幡宮で倒幕軍に加わる決意を表明したのである。丹波・但馬の御家人の加勢を得て、高氏は再び都に入り、六波羅軍と交戦した。

高氏の反乱により、同年五月に六波羅軍は敗退した。六波羅探題の北条仲時《なかとき》は後伏見、花園の両上皇と光厳天皇を奉じて逃亡したが、近江国番場《ばんば》宿（米原市）で一族・郎党とも自害して果てた。その過去帳は、今も残っている。

六波羅探題消滅後、ほどなく新田義貞が鎌倉に侵攻し、高時以下北条氏一門は鎌倉の東勝寺《とうしょうじ》で自害した。高時の死をもって、鎌倉幕府は滅亡したのである。

戦後処理と赤松氏

正慶三年（一三三四）正月、年号が「建武」に改められ、後醍醐天皇による新政が始まった。これを「建武新政」という。建武新政の特徴を一言で言うならば、天皇独裁体制を打ちたてようとするものであった。新政のもとでは、八省の長官に公卿の上位者を配し、天皇直属の執政官に位置づけた。そして、特定家系による官司請負制を否定し、国司の任免も自由に行い、知行国制度を破壊するという革新的なものである。

いずれにしても、後醍醐は先例や家格秩序を破壊し、貴族層の伝統的秩序にメスを入れた。さらに、所領政策では「個別安堵法」を採用し、所領に関わることは天皇親政つまり綸旨に絶対的な効力が与えられた。しかし、このような政策が受け入れられる余地は無く、やがて建武政権は行き詰まりを見せることになる。

建武政権下において、諸将の功が賞された。建武政権では、諸国に国司と守護が配置され、地方行政の要とした。国司と守護を併置した理由は、十分明らかにされていないが、相互に牽制するためという説が有力である。

足利尊氏は武蔵国司と共に武蔵・上総の両守護職が与えられ、新田義貞にも上野・越後両国司と共に越後守護職に任ぜられた。円心には、播磨国守護職が与えられた。播磨国国司には、当初後醍醐の腹心である園基隆《そのもとたか》が任ぜられ、その補佐役に新田義貞が当たった。円心が播磨国守護職を与えられたことは、「金井文書」により明らかである。しかし、のちに播磨国司は園基隆に代わって、新田義貞が任命された。

華々しくスタートを切った建武政権であったが、その政策は早々に行き詰まりを見せた。中でも所領政策では不満を持つ者が多く、徐々に人々の心は建武政権から離れていった。もちろんそれだけではない。建武元年（一三三四）十月、足利尊氏と護良親王との対立が表面化すると、後醍醐は名和長年らに命じて護良親王を幽閉したのである。その後、護良親王は鎌倉に配流されることになった。

円心が播磨守護職を解任され、佐用荘地頭職のみが安堵されたのもこの頃である。解任の理由は、よくわかっていない。『太平記』によれば、後醍醐の側近万里小路藤房《までのこうじふじふさ》が円心を弁護したが、受け入れられず出家遁世したとある。この点を考慮すると、円心に手落ちがあったわけでなく、後醍醐との感情的なもつれがあったとも推測される。円心と後醍醐との間には、いったい何があったのであろうか。

次章の則祐のところでも述べるが、則祐は護良親王とともに比叡山にあった（『太平記』）。それゆえに、円心は則祐を通して護良と良好な関係を築き、様々な情報を得ていたと考えられている。しかし、後醍醐と護良との意思統一は必ずしも図られていたわけでなく、後に反目するに至った。建武元年（一三三四）十月、護良は後醍醐に対する謀反の嫌疑をかけられ、尊氏によって鎌倉に送られた。その翌年七月、護良は直義《ただよし》（尊氏の弟）に毒殺され、その生涯を終えている。

円心は護良を慕っていた可能性が高く、それが後醍醐への反発へとつながったのではないだろうか。後醍醐もそれを察知して、円心の播磨国守護解任に至ったと考えられる。

その後、足利尊氏が後醍醐天皇に叛旗を翻し、南北朝内乱へと発展していくのである。そこに至るまでには、史料に明確に記されているわけではないが、円心の後醍醐に対する大きな不信感があったのではないかと推測されるのである。円心は後醍醐に叛旗を翻し、尊氏に従うことによって、道が開けることになる。

円心と尊氏の反乱

建武二年（一三三五）七月、反建武政権の狼煙があがった。北条高時の遺児である時行《ときゆき》が信濃国で挙兵し、鎌倉で成良《なりよし》親王を奉じていた直義を襲撃したのである。この事件を中先代《なかせんだい》の乱という。鎌倉を落とされた直義は、三河国へと敗走した。直義の敗報を受けた尊氏は、後醍醐の制止を振り切って東下し、三河国で直義軍と合流すると、一気に鎌倉へ侵攻し陥落に成功したのである。この一事が後醍醐と尊氏との決定的な決裂となった。

一連の戦いで、円心は尊氏の出兵要請に応じて、三男の貞範を派遣している。以下、『太平記』によって、戦いの経過を確認しておこう。

建武二年（一三三五）八月、足利軍は遠江国佐夜《さよ》（静岡県掛川市）で北条軍を撃破した。敗北を喫した北条軍は、峻厳な地として名高い箱根の水飲峠（静岡県三島市）に退却した。同所は東海道随一の難所であったが、ここで活躍したのが貞範である。貞範は短剣を持った兵に険しい山道を進ませると、やがて北条軍と合戦におよび、大崩（神奈川県箱根町）まで軍勢を進軍させた。

北条軍は相模川が増水しているのを見て、足利軍が攻めてこないと考え、軍勢を休ませることにした。しかし、相模川の上流では高師泰《もろやす》が、中流では貞範が、下流では佐々木導誉《どうよ》がそれぞれ兵を進めており、北条軍を襲撃したのである。北条軍は総崩れとなり、鎌倉を目指して落ち延びていった。戦いでは貞範の見事な活躍も貢献した。その後、後醍醐の命令を受けた新田義貞が尊氏討伐のため、鎌倉を目指して下向した。同年十二月に箱根竹ノ下（静岡県小山町）で尊氏と義貞は交戦しているが、このときも貞範は尊氏方で参陣しているのである。

箱根竹ノ下の戦いでは尊氏軍が勝利を収め、義貞はむなしく西国へと敗走した。勢いづいた尊氏は、建武三年（一三三六）一月に入京している。しかし、尊氏の追討命令を受けた北畠顕家《あきいえ》が入京すると、たちまち敗北し丹波から摂津へと敗走した。尊氏は摂津にたどりつくと、兵庫から室津（たつの市）を経て周防国（山口県下関市）から九州に向かったのである。このとき、円心が西国で軍勢を建て直し、光厳天皇の院宣を拝領して朝敵にならないよう助言した話は有名である（『梅松論』）。

坂本城跡（姫路市書写）

ところで、尊氏が室津に逃れたとき、今後の方針を定めるべく軍議が催されたという（『梅松論』）。西国方面の各国には、国大将と守護が併置された。例えば、長門国は国大将が斯波《しば》高経《たかつね》であり、守護が厚東《こうとう》武実《たけざね》という具合である。播磨国に関しては、赤松円心としか記されていない。したがって、これまでの貢献度などを考慮して、円心は国大将と守護を兼務したと考えるべきであろう。つまり、尊氏は円心に対し、大きな信頼を寄せていたのである。

尊氏が九州に逃れて以降、後醍醐は間髪入れず、新田義貞に尊氏の追討を命じた。円心は居城である白旗《しらはた》城（口絵参照）の防備を固めると、備前・美作の武士らも多くが尊氏に加担した。建武三年（一三三六）三月、義貞の先発部隊である江田《えだ》行義《ゆきよし》・大館《おおだち》氏明《うじあきら》の率いる軍勢が坂本（姫路市）に着陣し、室山（たつの市）で赤松軍と交戦した。この戦いは、鵤《いかるが》（太子町）付近まで戦いが広がっていたことが知られる（「越前島津家文書」）。しかし、結果は赤松軍の無残な敗北であった。

新田義貞は病気などの理由によって出陣が遅れていたが、約五万といわれる兵を率いて京都を出発した。途中、諸国の軍兵が義貞軍に加わったため、加古川あたりではその数が約六万にまで膨らんだという。そして、義貞は鵤に陣を置くと、赤松氏の籠もる白旗城攻撃に焦点を合わせたのである。もはや赤松氏の運命は、風前の灯のように思えた。

『太平記』によると、義貞は約六万の軍勢で白旗城を取り囲み、昼夜を問わず五十日余にわたって攻め続けたと記されている。しかし、義貞が考えるほど、白旗城の攻略は甘くなかった。白旗城は周囲が峻厳な地形となっており、また城内には十分な水と食糧が蓄えられていた。円心の籠城の準備は、万端に整っていたのである。

この戦いの様子は、軍記物語である『太平記』だけに止まらず、多くの古文書によっても確認することができる。

石見国から新田義貞のもとに参陣した周布《すふ》兼宗《かねむね》は、軍忠状を残している（「萩藩閥閲録」）。それによると、兼宗は三月十六日に着陣し、同月末日には白旗城での合戦に臨んでいる。そして、翌四月一日、二日、四日、十一日、十七日と戦った。兼宗自身も左手に矢によって、怪我をしたと記されている。したがって、戦いが長期に及んだのは間違いないところであり、先述の諸国の軍勢には遠く石見国も含まれているのであった。

赤松軍では、下揖保《しもいぼ》荘の島津忠兼《ただかね》が多くの関連史料を残している（「越前島津家文書」）。例えば、建武三年五月十九日の軍忠状は、赤松貞範が忠兼の戦功を確認したことがわかる。その甲斐もあって、忠兼は翌月末に尊氏から軍功を称える御教書を拝領した。その後、尊氏の上洛に伴って、忠兼は各地において多くの戦功を挙げているのである。

義貞は白旗城攻略に腐心したが、結局落とすことができなかった。その間、九州に逃れていた尊氏が息を吹き返し、東上の途についた。その一報を受けた義貞は、軍勢を割いて備前・備中方面に配備している。しかし、尊氏の軍勢には勢いがあり、義貞は白旗城から撤兵せざるを得なくなった。その後、尊氏は湊川の戦いで名将・楠木正成率いる軍勢を打ち破り、六月になると悲願の京都奪還を果たしている。そして、八月に光明天皇を擁立すると、十一月に「建武式目」を制定した。室町幕府の成立である。後醍醐はいったん尊氏と和を結んだが、しばらくして吉野に落ち延びた。

円心は室町幕府成立の立役者として、尊氏を支えたことがわかる。このあとも播磨や摂津では各地で合戦が続いたが、円心は南朝に属する金谷経氏《かなやつねうじ》、多田源蔵人《ただげんくろうど》、吉川経清《きっかわつねきよ》を相手にして、丹生山《にゅうさん》（神戸市）、下端城《しもはし》（神戸市）、押部《おしべ》（神戸市）、志染《しじみ》（三木市）、東条城（小野市）、淡河荘《おうご》（神戸市）、安志城《あじ》（姫路市）で戦いを繰り広げたのである。

円心の播磨国支配

次章で取り上げる則祐が守護に就任して以降、赤松氏の領国支配の体制は、守護代、奉行人による統治が発達するようになる。円心の頃には守護代の姿を見ることができるが、まだ奉行人制までは整っていない。ここでは、円心による萌芽期の播磨国支配を確認することにしたい。

円心が守護として活動したことを示す史料は、「高野山文書」に収める発給文書で、建武三年（一三三六）十一月四日のものである。以後、貞和五年（一三四九）四月までの期間、円心の守護職権に関わる発給文書を確認することができるが、それほど分量は多くない。

円心在世期における守護代は、建武四年（一三三七）二月の史料にあらわれる（「高野山文書」）。高野山金剛三昧院雑掌の慶意が在田上荘（加西市）の所務について幕府に訴えたところ、御教書により澄海を退け、沙汰を雑掌に付すよう命令があった。幕府の命を受けた円心は、その遵行を柏原入道覚意に伝えているのである。命を受けた覚意は、早速遵行状を発給している。この覚意が守護代としての活動をしていることは、疑いないところである。

柏原氏は『太平記』に赤松氏の軍勢としてあらわれ、『赤松家風条々録』によると「御一家衆」に次ぐ「御一族衆」であったことがわかる。「御一族衆」は赤松氏の血縁に連なり、その多くが守護代、郡代を務めていた。覚意が守護代を務めていた例は、これだけではない。暦応二年（一三三九）八月、播磨国須富《すとみ》荘（加西市）北方地頭職をめぐって相論があった（「八坂神社文書」）。このときの足利直義裁許状案には、「当国守護代柏原兵衛三郎入道覚意」と記されている。以下、覚意が建武四年（一三三七）二月十五日に文書を発したとあるので、建武四年段階で守護代を務めていたことを確認できる。

柏原氏以降は、宇野氏が守護代職を継承した。康永二年（一三四三）九月、宇野頼季は「将軍家御湯治料」と称して、大部荘（小野市）の荘民に湯を汲む人夫を徴発した（「東大寺文書」）。こうした行為が、東大寺側の反発を買ったことはいうまでもない。この史料には、残念ながら頼季の姓が記されていない。しかし、則祐の代に宇野頼季が守護代として活動しており、同一人物とみなして問題ないと考えられる。宇野氏も「御一家衆」である。なお、頼季は貞和三年（一三四七）にも円心のもとで守護代として活動していた（「松雲寺文書」）。

貞和四・五年（一三四八・四九）になると、宇野三郎左衛門尉の名前が登場する（「東寺百合文書」）。宇野三郎左衛門尉は実名が記されておらず、頼季との関係も不明である。ただ、宇野という姓から見て、「御一族衆」であることは疑いないところである。則祐の代に再び頼季は登場するが、三郎左衛門尉は円心の代で姿を消すようである。

円心は播磨国支配を本格化させるにあたり、一族を登用して守護代に任用していた。以後、円心の方針は脈々と受け継がれることになる。

ところで、円心の発給した文書を見ると、南北朝の動乱期にあったことから、軍忠状などの軍事関係の文書が非常に多いといえる。また、矢野荘、大部荘、福井荘では荘園を侵略する勢力が存在したことから、幕府の命令を受けて、彼らの違乱を退けることがたびたびあった。したがって、円心が播磨国守護職を得た段階は、未だ戦いが止まない中にあって、十分な支配体制が整っていなかったといえるのである。

円心の死とその周辺

円心が亡くなったのは、貞和六年（一三五〇）一月十一日のことである。『常楽記』には、単に「赤松入道円心他界　七十四」とあるのみである。詳しい死因は、特に記されていない。円心は禅宗に深く帰依しただけに、誠に残念といわざるを得ない。

円心の名前について、少々触れておきたい。円心は父を茂範（則）とするが、父のことはほとんど知られていない。そして、円心の実名については、多くの系図が「則村」としている。

(1)『尊卑分脈』――則村（法名・円心）。
(2)『赤松氏系図（高野山赤松院蔵）』――則村（法名・月潭円心）。

ほかにも多くの「赤松氏系図」があるものの、この(1)(2)に集約できるところである。実際のところ、「則村」の署名による発給文書は確認できていない。したがって、円心が史上に登場した時点で五十五歳という年齢であったことから、もう少し若い時期に出家して、則村から円心を号したと考えるのが自然であろうと思う。

次に、円心の子供たちについて触れておきたい。円心には、範資、貞範、則祐、氏範という男子がおり、次章で述べる通り大いに活躍した。しかし、一女として覚安尼《かくあんに》があったことは、案外知られていない。

覚安尼（千種姫）の墓（宝林寺境内）

宝林寺（上郡町）には、赤松三尊像の一つとして、覚安尼の木像が残っている（ほかは円心、則祐。口絵参照）。『播磨鑑』によると、覚安尼は則祐の娘とあるが、「按則村女」とあるように、円心の娘と考えるほうが自然である。覚安尼は非常に容姿が美しかったが、やがて仏教に深く帰依し、諸国の霊場を訪れるようになったという。そして、甲斐国塩野山の抜隊和尚のもとで剃髪し、出家することになったが、覚安尼があまりに美しすぎるため、自ら額に焼鏝《やきごて》をあてたといわれている。あえて容姿を醜くしたのである。

『播磨鑑』という後世の編纂物にしか記されておらず、ほかに裏づけとなる史料はない。しかし、今も宝林寺に残る覚安尼の木像が、その事実を物語っているのではないだろうか。

5　赤松円心の人物像

赤松円心の人物像については、史料的な制約が大きく不明な点が多い。しかし、『太平記』のような文学作品等の記述から、ある程度探ることは可能である。両史料を中心に活用しながら、円心の人物像を見ることとしたい。

赤松円心の知略

最初に掲出したように、『太平記』に「赤松次郎入道円心トテ弓矢取テ無双ノ勇士有リ」とある。この記述の後半部分にあるように、円心は武勇に秀でた豪傑として描かれている。後の円心の活躍を予言するかのような誉めようである。

円心の性格については、「元来其心闊如《かつじょ》トシテ、人ノ下風ニ立ン事ヲ思ハザリケレバ（中略）名ヲ顕シ忠ヲ抽バヤト思ケルニ」とある。闊如とは、小さなことにこだわらない、心の大きいことを示している。ここでも、円心は心が大きく、かつ野心家として描かれている。さらに『太平記』には、苔縄山に城を構えて与力を招いたところ、やがて近国にその威が広まり、たちまち千騎が集まったとある。ここにも豪傑としての円心が、人心収攬に長けていた側面を物語っている。

赤松氏が合戦に巧みであったことも、いくつかのエピソードから窺い知ることができる。円心が後醍醐方から寝返ったとき、新田義貞の軍勢が円心籠もる白旗城に迫った。円心は小寺氏を使者として、義貞に播磨国守護職を拝領するならば、味方として馳せ参じ忠節を尽くすと申し入れた。円心は後醍醐方で活躍したにもかかわらず、恩賞が少なかったことに不満を感じていたからである。しかし、これは時間を稼ぐための作戦であった。

義貞はすぐにこの要求に応じ、京都に飛脚を送り、播磨国守護職補任の綸旨を取寄せたが、その間二十日余りを要した。円心はその綸旨に対して、播磨国守護職・国司は将軍足利尊氏からもらったので、手の平を返すような綸旨は不要であると言い放った。このように、一見すれば人を騙すような行為であるが、戦略家としての円心を垣間見ることができる。

同様に京都から湊川に逃れ、再起を期した尊氏に対し、円心は二つの提案を行っている（『梅松論』）。一つ目は、西国に移って軍勢を休養し、態勢を整えてから上洛すべきことである。二つ目は、持明院統の院宣を手に入れ、朝敵の名を免れることである。特に後者に関しては、当時の風潮からして非常に重要な点であるといえよう。このエピソードは、円心が大局からものごとを判断できる能力を持ったことを示している。

このように円心の人物像は、後世の史料に拠るところが多い。やや誇張している側面も禁じえないが、おおむね当たっているのではないかと思われる。

『太平記』では、武勇に秀で人心収攬に長け、しかも優れた戦略家としての円心を見てきた。しかし、禅宗関係の史料では、違う円心像を提示している。景徐周麟の語録『翰林葫蘆集』によると、若かりし円心が雪村友梅《せっそんゆうばい》に出会った際、友梅が円心にあなたは将来必ず偉くなるであろうと言ったと記されている。円心はこれに対して、もしそうなったら貴僧の徳を忘れませんと答えた。

円心と雪村友梅

ところで、雪村友梅とはいかなる人物なのであろうか。友梅は正応三年（一二九〇）、越後国白鳥（新潟県長岡市）の地で誕生した。幼少のとき、鎌倉で中国僧の一山一寧《いちざんいちねい》の侍童となり、「友梅」の名を与えられた。これが機縁となって修行に励み、鎌倉末期から南北朝期にかけて活躍することになった。一山一寧の法を嗣いだ臨済宗の高僧として知られている。

徳治二年（一三〇七）、友梅は十八歳の若さで元《げん》に渡ると、諸方の祖跡をことごとく巡拝したという。その交流は禅僧に止まらず、廟堂の士大夫にも及んだ。また詩作にも打ち込み、在元中に詩文集『岷《びん》峨《が》集《しゅう》』を著している。在元期間は二三年にわたったが、その間には間諜の嫌疑を受けて斬罪に処せられようとすることもあった。しかし、友梅は無学祖元の「臨剣頌」を唱えて難を免れたという。罪を許されると、友梅は長安の翠微寺の住持となり、元より宝覚真空禅師の号を特賜された。

友梅は元徳元年（一三二九）に帰国すると、翌年には師の一山を嗣いで信濃国の慈雲寺の住持になった。康永二年（一三四三）、友梅は朝廷および足利尊氏、直義らの招きに応じて、京都五山の万寿寺に入院している。そして、貞和元年（一三四五）には、建仁寺の第三十世になった。貞和三年（一三四七）十一月、友梅は法要中に倒れ、翌月に示寂した。主要な著作には、『宝覚真空禅師語録』があり、その事績を記したものには『雪村大和尚行道記』がある。

法雲寺の建立

のちに円心は苔縄に法雲寺を建立し、開山住持として雪村友梅を招いた。やがて、法雲寺は官寺となり、諸山に列せられている。円心は法雲寺に、高田荘と竹万《ちくま》荘を寄進した。また貞和元年（一三四五）、雪村友梅が建仁寺で没すると、同寺に塔を築き大龍庵と名づけ、大津荘を寄進した。晩年、円心はこの大龍庵の隣に私邸を建て、雪村友梅を偲んだという（『雪村大和尚行道記』など）。このように、円心は信仰心が厚く、寺社への崇拝を怠らなかった人物であるともいえる。

建仁寺（京都市東山区小松町）

円心の信仰を裏づける史料として、暦応三年（一三四〇）の赤松円心置文《おきぶみ》がある（「横山家文書」）。これは法雲寺に与えられたもので、赤松荘苔縄村の四至を定めたものである。四至は上使によって検地されており、法雲寺の末永い管理が認められるというものであった。この史料は、長らく横山家に伝わったが、秘蔵されていたようである。しかし、法雲寺再興の際、この史料に補修が加えられ、軸装されたという。正徳五年（一七一五）九月のことであった。

円心の道号

円心の道号は「月潭《げったん》」といったが、その道号頌は東福寺の乾峰士曇《けんぽうしどん》のもの（『広智国師語録』）と万寿寺の鉄舟徳済《てっしゅうとくさい》のもの（『閻浮集』）がある。頌とは、一般に韻文体の歌謡、詩句、聖歌を意味し、この場合も「月潭」という道号にちなんで、四行詩にまとめられている。

乾峰士曇は筑前博多出身の臨済宗の僧で、諡号を広智国師という。最初、鎌倉崇寿寺の住持となり、さらに東福寺の第一七世、南禅寺の第二十世になった高僧である。延文二年（一三五七）には、後光厳天皇の勅を承け、内裏で諸経を講義したこともある。

一方の鉄舟徳済は下野出身の禅僧、画家として知られる。中国の至元年間（一三三五～四一）に渡元して竺田悟心《じくでんごしん》、古智慶哲《こちけいてつ》、古林清茂《くりんせいも》、南楚師説《なんそしせつ》、月江正印《げっこうしょういん》らに学び、元の順宗皇帝から円通大師の号を特賜されたほどである。帰国後は阿波の補陀寺に住し、さらに万寿寺第二十九世になった。水墨画、特に墨蘭の名手としても名を馳せた人物である。

このように円心は、厚い信仰心を持っており、多くの高僧とも交わっていた。そして、円心の信仰心は、没後も子孫に受け継がれるのである。

第二章　南北朝の争乱と範資・則祐

1　赤松範資の登場

赤松円心の没後、その跡を継承したのが長男の範資《のりすけ》である。範資は跡を継いですぐに亡くなったため、その活動は詳しく知られていない。そこで、最初に範資の事績について触れることにしよう。

後継者・赤松範資

残念なことに、範資の生年はわかっていない。父である円心の二十代前後の子とすれば、一二九〇年代に生まれたと考えてよいであろう。範資が観応二年（一三五一）四月に亡くなったのは「太清録」の記事により明らかなので、六十歳前後で赤松氏の家督を継いだことになる。当時としては、比較的に長命の部類に入るであろう。なお、高野山所蔵の「赤松氏系図」では範資が七十二歳で没したとあるが、父円心の没年齢を考慮すると到底信用できない。

範資が円心から名実ともに家督を継承したことは、観応元年（一三五〇）十二月に発給された足利尊氏袖判下文案より明らかである（「黒板勝美氏所蔵文書」）。この下文では、円心の遺領などの支配を許されている。具体的に示すと、次のようになる。

(1)遺領――播磨国佐用荘内赤松上村・三川村、江川郷太田方・広瀬方・弘岡方・本位田・下得久
　播磨国五箇荘内宿村（下司公文政所名）・木村・大津村
　播磨国淡河荘内下村
　伯耆国八橋郡内大井下郷
(2)神主職――播磨国白幡鎮守八幡春日両社神主職

九条家領佐用荘赤松は円心のところで触れた通り、赤松氏の本拠であった。江川郷は佐用荘に含まれるとされ、広瀬、弘（広）岡などはのちに赤松氏庶流が名字とした。五箇荘は現在の加古川市、淡河荘は現在の神戸市北区に所在した荘園である。伯耆国八橋郡内大井下郷（鳥取県）に関しては、所在の問題もさることながら、なぜ円心がこのような遠隔地に所領を保持しえたのか不明であるといわざるを得ない。

白旗鎮守八幡は、赤松氏の居城である白旗城下にあったといわれているが、今はその痕跡すら留めていない。春日神社については不明である。当時、惣領は根本所領の鎮守を祭り、これを族的な結合

としたことが指摘されている。赤松氏に関していえば、氏神の神主職を兼帯することは、一族の祭祀権を掌握するものとして、惣領の重要な権限だったのである。神仏に対する崇敬の念は、赤松氏も共有していたのであった。

このように範資は円心から赤松氏の根本所領や祭祀権を継承することによって、惣領として認められるに至ったのである。しかし、尊氏の下文には「早く今年七月二十八日の状に任せ」とあるので、実際には七月に家督継承が認められていたのである。

摂津国守護としての範資

ところで、範資は赤松氏の家督を受け継ぐ以前、すでに摂津国守護職を得ていた。摂津国は、現在の大阪府の西部、兵庫県の東部を含む地域であった。

前章でも触れたが、建武三年（一三三六）二月に尊氏の情勢が不利になると、円心はいったん西国に下り、再起を期することを進言した。その際、円心は「中国、摂津、播磨両国を支配したい」と尊氏に述べたという。摂津、播磨は都からも近く、地理的にも重要な場所に位置していた。円心は、早い段階から両国を配下に収めたいと念願していたのであろう。しかし、摂津国に関しては、円心ではなく、範資に守護職が与えられた。

範資が摂津国守護職の地位にあったことは、建武四年（一三三七）八月になって確認することができる。暦応四年（一三四一）に発給された足利直義の下知状は、仁和寺領である摂津国吉志《きし》荘（吹田市）の相論に関わるものであるが、その文中に「守護人赤松美作権守範資」と記されている（「仁和寺文書」）。範資が任じられた理由は、赤松氏一族が尊氏を支えた勲功によることは間違いない。加えて前章で触れた通り、範資は摂津国長洲荘に関わっていたことも影響しているであろう。その点で、適任と見込まれたのかもしれない。

こののち範資が摂津国守護を務めていたことは、暦応二年（一三三九）五月まで確認することができる。その活動ぶりは、忍頂寺（茨木市）、勝尾寺（箕面市）、渡辺・神崎（大阪市）、水無瀬神宮《みなせ》（島本町）など、主に現在の大阪府下で垣間見ることができる。いずれも幕府の命を受けており、水無瀬神宮の例でいえば、摂津国守護使以下による兵糧譴責の停止を命じられている。また、範資の配下には、守護代として円道の存在が認められる。残念ながら円道の出自などは不明であるが、後述する通り姓は河江氏であった。

約二年近く範資は摂津国守護を務めたが、暦応二年（一三三九）七月になると仁木義有《にっきよしあり》が野鞍荘の遵行命令を幕府から受けており、摂津国守護であったことが確認できる（「醍醐寺文書」）。仁木氏は足利氏一族の名族であり、尊氏を支えた功労者でもあった。「勝尾寺文書」によると、建武三年（一三三六）九月以前から義有は摂津国大将に任じられていたことがわかる。つまり、建武四年（一三三七）八月から暦応二年（一三三九）五月の期間は、摂津国守護を赤松範資が、摂津国大将を仁木義有がそれぞれ務めていたことになる。

ところが、仁木義有の摂津国守護在任は、わずかな期間しか続かなかった。翌暦応三年（一三四〇）三月になると、範資が再任されているのである。同年五月、範資は南郷穂積村住人らが山賊・狼藉の行為に及んでいる件について、勝尾寺住侶から訴えのあったことを幕府に注進した（「勝尾寺文書」）。

範資はいったん裁判手続きを行ったが、順調に運ばないため幕府の検断機関に判断を委ねるようにしているのである。

この他にも例はあるが、暦応三年三月から範資が没する観応二年（一三五一）四月まで、摂津国守護の地位にあったのである。そして、その配下には、守護代である河江右衛門太郎入道円道なる人物が存在した（「広田神社旧記」など）。ただし、先行研究では中央政局が極めて流動的であり、特に貞和・観応年間については、範資以外の人物に摂津国守護職が渡った可能性があるとしている。この点には、注意すべきであろう。

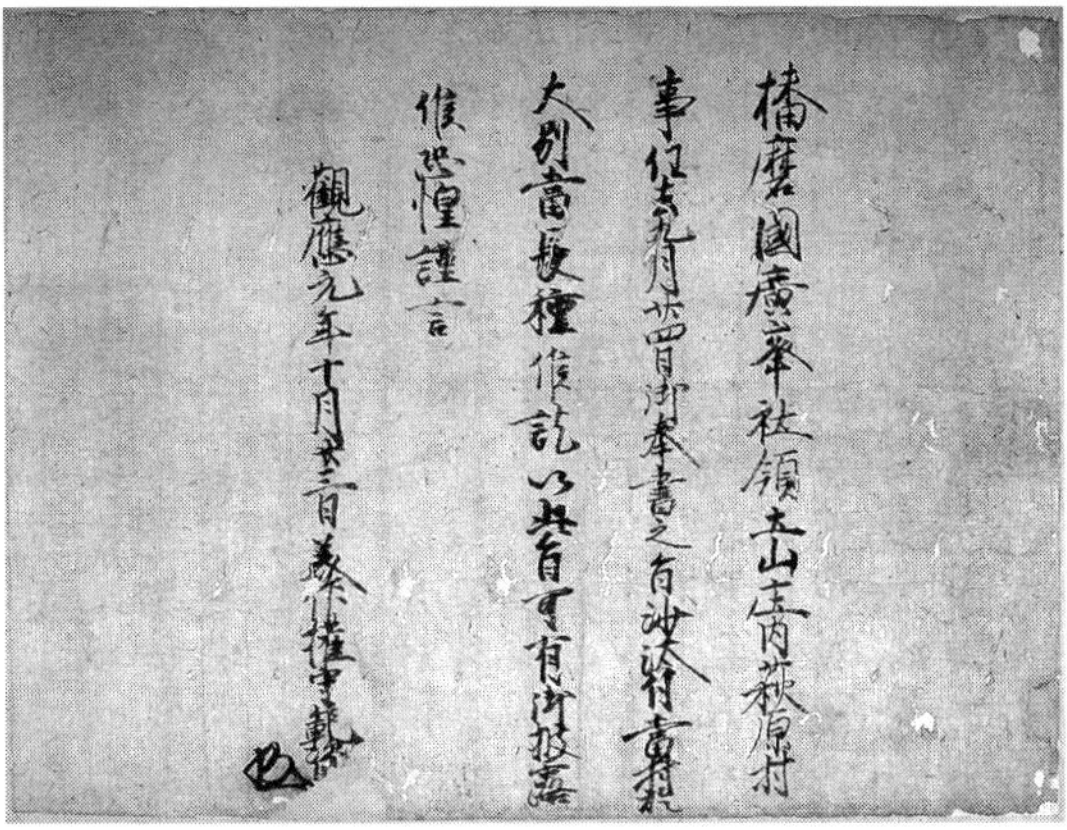

観応元年十月二十三日赤松範資請文
（広峯神社文書／兵庫県立歴史博物館提供）

播磨国守護としての範資

範資の摂津国守護として活動は、比較的豊富であるといえる。しかし、播磨国における守護としての形跡は在任期間が短いこともあって、それほど多いとはいえない。それゆえ事例は乏しいが、以下確認することにしよう。

観応元年（一三五〇）四月、久我家領這田荘《ほうだ》で東条郷公文の堯観《ぎょうかん》が狼藉を働いたため、室町幕府は範資に対して、その城郭を破却し堯観以下の狼藉人を追い出すように命じている（「久我家文書」）。這田荘は、現在の西脇市に所在した荘園である。この命を受けて、範資は城郭を破却したことなどを幕府に報告をしている。同年一月に円心が亡くなっているので、三カ月後のことであった。この事実によって、範資が円心の後継者たることを証明できる。

もう一つ事例を挙げておこう。同年十月、範資は広峯社領である土山荘内萩原村について、去る九月二十四日の室町幕府奉行人奉書の旨に任せ、広峯長種に支配を命じたことがわかる（「広峯神社文書（広峯神社所蔵分）」）。土山荘は、現在の加古川市に所在した広峯社領であった。実際のところ、たしかに九月二十四日には浦上三郎入道宗恵らが濫妨狼藉に及んでおり、幕府は彼らを退けるよう範資に命じたことを確認できる（「広峯文書（広嶺忠昭氏所蔵分）」）。

ところで、範資在世期における播磨国では守護代を確認できないが、実際には存在したと考えてよいであろう。その点は、今後の課題でもある。

2　赤松則祐の登場

範資の死と後継者

円心没後、範資は幕府とともにいかなる行動を取ったのであろうか。その点は、範資の後継者である則祐《そくゆう》のところで詳しく触れることとし、ここでは範資の死とその後継者（赤松七条家）について述べることにしよう。

先述の通り、観応二年（一三五一）四月に範資は亡くなった（「太清録」）。法名は世範、摸叟とも号した（「赤松系図」）。「太清録」の著者は太清宗渭といい、円心と縁の深い雪村友梅の印可を受けた人物である。のちに天龍寺、南禅寺、相国寺の住持を務めた人物である。「太清録」は範資の三十三回忌の模様を記しており、その人徳を称えている。範資を称えるのは多少割り引く必要があるかもしれないが、信仰心の厚い人物であったことがうかがえる。

範資没後、赤松氏惣領家と播磨国守護職を継承したのは、円心の三男である則祐であった。そして、摂津国守護職を継承したのは、範資の子息光範《みつのり》である。範資の流れを汲む赤松氏の一流は、赤松七条家と称された。その理由は、京都七条に邸宅を構えたからである。以後、赤松惣領家は、三男である則祐の系統が代々継承することになる。光範に関しては、ほかの赤松氏庶流とともに、のちに詳述することにする。

範資の子である光範でなく、円心の三男である則祐が赤松氏の家督を継いだ理由はあるのであろうか。赤松氏の勃興以来、範資と則祐は父の円心に従って、戦功を挙げてきた。その点で、光範の業績は、十分でなかったといえる。何より重要なのは、則祐の妻が佐々木導誉《どうよ》（高氏）の妻だったことである。佐々木氏は近江国佐々木源氏の流れを汲む名門であり、室町幕府内の有力者であった。こうした姻戚関係も、則祐の家督継承に大きく影響したことであろう。

加えて、興味深い説を二つほど挙げておきたい。後世の編纂物ではあるが、『嘉吉之記』という史料がある。同書には、比叡山にいた頃の則祐について、次のように記している。

三男の則祐は比叡山に入れられて法師となり、帥律師則祐と号した。ところで、則祐は顕密の二教に心を任せ、『呉子』『孫子』を好み、『三略』『六韜』を学び、太刀打ちの早業の修行で日を過ごした。

この史料を見ると、則祐は赤松氏の家督継承が困難であったため、比叡山に入れられたと考えられる。則祐はまさしく文武両道であり、中国の軍学書を好んで読み、自ら太刀を取って修行に打ち込んだ。後世の史料なので、やや割り引いて考える必要はあるが、則祐の軍功や信仰心を考慮すると、おおむね妥当と考えてよいであろう。その後、護良親王との知遇を得て、従ったことは先述の通りである。則祐は生まれながらにして、有能な人材であったことがうかがえる。

『蔗軒日録』文明十八年十二月十一日条には、次の興味深い逸話が記録されている。その内容とは、「赤松の妙善律師則祐は、円心の三郎（三男）である。惣領の第一は範資、第二は貞範である。しかし、兄二人は尊氏に不忠であり嫌われていたので、三男の則祐が惣領を務めた」というものである。則祐が赤松氏の家督を継いだ理由を示すエピソードの一つであるが、尊氏の信頼を得ていたと考えられる点は、誠に興味深いところである。ただ、かなりのちに書かれたものであり、参考に留めるべきものかもしれない。

赤松氏惣領家を継いだ則祐の誕生年に関しては、次の二つの説がある。

(1)『花営三代記』――応安四年（一三七八）十一月に則祐が亡くなった年齢を六十歳とするので、生年は元応元年（一三一九）となる。

(2)『吉田家日次記』――則祐が亡くなった年齢を六十一歳とするので、生年は文保二年（一三一八）となる。『太清録』も六十一歳で没したとする。

史料的な性質を考慮すると、同時代史料である『吉田家日次記』の方が事実を伝えている可能性が高い。『花営三代記』は室町幕府に関する記録を編纂したもので、三巻から成っている。もとは、別に成立した二書をあわせて一書としたという。書名は、花営（花の御所＝室町幕府）の三代（足利義満・義持・義量）の記録を収めたことにより、「武家日記」「室町記」「室町三代記」ともいう。しかし、則祐がいかに赤松氏の家督の地位にあったとはいえ、『花営三代記』が正しく没年を伝えているかはやや疑問なところがある。したがって、則祐は文保二年（一三一八）に誕生し応安四年（一三七八）に没したとするのが妥当であろう。則祐は、円心が四十歳前後の子であった。

ところが、則祐は範資のように、赤松氏惣領家の根本所領や鎮守の神主職を譲られた史料が残っていない。これは史料の残存度の問題とも考えられるが、則祐が播磨国で守護としての活動を認められるのは、範資の死後から約六カ月を経た観応二年（一三五一）十月のことであった（「冷泉家文書」）。この辺りの遅れた事情は、いかに考えるべきであろうか。この問題を解決するには、当時の室町幕府をめぐる政治情勢を検討することが必要である。

成立期の室町幕府は、尊氏が主従権支配を掌握し、統治権支配は弟の直義に任されるという二頭政治によって運営されていた。当初、この体制は円滑に運営されていたものの、観応の擾乱《じょうらん》により破滅の道をたどることになる。では、観応の擾乱とは、いかなる事件なのか確認することにしよう。

観応の擾乱と赤松氏

北朝と南朝との抗争がくすぶり続ける貞和三年（一三四七）九月、足利直義派の細川顕氏《あきうじ》ら率いる軍勢は、京都奪還を目指す南朝方の楠木正行《まさつら》と河内・和泉で交戦し敗北を喫した。その後、山名時氏も応援に駆けつけるが、やはり正行の前に敗退した。彼らに代わって起用されたのが、執事を務めていた高師直《こうのもろなお》と弟の師泰《もろやす》である。二人の兄弟は尊氏に仕えて軍功が目覚しく、室町幕府の立役者といっても決して過言ではなかった。

翌貞和四年（一三四八）一月、尊氏の命を受けた師直・師泰兄弟は、正行を討伐すべく河内国へと向かった。そして、四条畷において見事に正行率いる軍勢を打ち破り、南朝に大打撃を与えたのである。事実、南朝はこの戦いで主力である正行を失い、大和国賀名生《あのう》へと逃れざるを得なくなった。直義は面目をつぶされる反面、師直の名声は一気に高まったといってもよい。そうした事情から、直義は室町幕府内における師直の勢力伸張を恐れるようになったのである。

貞和五年（一三四九）閏六月、意を決した直義は兄尊氏に対して、師直の執事職の罷免を迫った。この話は師直の知るところとなり、直義は思わぬ逆襲を受けることになった。同年八月、師直は軍勢を整えると直義が逃げ込んだ尊氏邸を包囲し、尊氏に次の二つの要求を行った。

(1)直義の政務、引付、安堵方、問注所担当を罷免すること。
(2)尊氏の子である義詮を関東から上洛させ、政務に就かせること。

そして、師直は直義派の重鎮である上杉重能、畠山直宗を配流とし、のちに殺害した。直義は、一気に窮地に立たされたのである。翌観応元年（一三五〇）十月、優勢になった尊氏と師直は、九州に勢力を築いた直冬（直義の養子）を討伐すべく西国方面へと向かった。同年八月、直冬は豊後国詫摩氏に対して、播磨国五箇荘（赤松円心跡）と遠江国浜松荘（高師直跡）などを勲功の賞として与えている（「詫摩文書」）。先述の通り、播磨国五箇荘は赤松氏の根本所領の一つであった。この時点で、赤松氏は尊氏に与しており、直冬の敵対勢力であったことがわかる。

尊氏の軍勢は播磨を経て備前へ入国すると、福岡城へ入城を果たした。そして、同年十二月二日、播磨の後藤基景は則祐に従い戦うことを申し出、尊氏の証判を乞うている。同月二十日、尊氏は基景に対して、西国凶徒を退治するため則祐とともに忠節を尽くすように求めた（以上「後藤文書」）。以後、基景は則祐に従って、各地を転戦することになる。則祐は尊氏与党として、重要な戦力であった。しかし、播磨の諸勢力が必ずしも、尊氏方＝則祐に従ったわけではない。安積氏などは、直義から軍勢催促を受けているのである（「安積文書」）。

このように尊氏が着々と軍勢を進める中、直義は隙をついて大和国へ脱出した。そして、北畠親房を介して、南朝の後村上天皇に降参するという意外な行動に出る。勢いを得た直義は軍勢を率い、摂津・河内まで出陣をした。直義は、留守を預ける義詮のいる京都を目指したのである。一報を受けた尊氏は直ちに引き返し、事態に対応せざるを得なくなった。西国方面への進出は、いったん中止になったのである。

範資・則祐の戦い

観応二年（一三五一）一月、尊氏に従った範資は、山崎大渡（京都府大山崎町）で直義の軍勢と交戦したが（「園太暦」）、尊氏は京都で直義の軍勢に敗れ、丹波を経て播磨の書写山円教寺（姫路市）へ逃れるなど、厳しい状況に追い込まれていた。さらに播磨では、直義に属する石塔頼房が滝野城（加東市）に着陣するというありさまであった。同年二月、尊氏は滝野城を攻撃し、則祐の軍勢もこれに加わった。この戦いは、滝野城付近にあった光明寺にちなんで、光明寺合戦という。しかし、戦いは膠着状態に陥り、則祐はいったん居城の白旗城に引き返したといわれている（「大乗院日記目録」）。

尊氏方が形勢不利の中、摂津の湊川城（神戸市）にいた範資から、直義の軍勢が摂津に攻め寄せるとの報告が届いている。尊氏は直ちに摂津兵庫から打出浜に向かい、二月十七日に直義の軍勢と交戦したが、結果は無残な敗北であった。その結果、尊氏と直義は、師直・師泰兄弟を出家させることを条件にして和睦を結んだ。しかし、直義にとって師直・師泰兄弟は不倶戴天の敵であり、のちに二人の兄弟は暗殺されたのである。

3　則祐の活躍

則祐は南朝と結んだのか

こうした状況の中で、注目されるのが則祐の動向である。尊氏と直義は和を結んだものの、同年七月には再び対立する様相を見せた。このとき、義詮は赤松村にいた則祐を討伐する名目で、京都から出陣をしている。これまで則祐は尊氏方にあったが、一転して敵対勢力になったのであろうか。直義はこの動きを察知し、京都から北陸へと落ちていった。このとき赤松二郎左衛門尉（詳細不詳）なる人物が従った点は、注目されるところである（「本郷文書」）。同時に尊氏は、南朝との講和を目論んでいたことが判明する。

同年七月、則祐は不穏な動きを見せている。『太平記』巻三十によると、則祐は故護良親王の子息である若宮を擁立して大将となし、近国の兵を集めて、和田氏、楠木氏らとともに都に攻め上るという噂がにわかに広まったのである。若宮は、赤松宮と呼ばれていた。このことは、『園太暦』にも記されている。事実、則祐は南朝方の年号である「正平」を用いていることが指摘されている。義詮が急遽播磨への出陣をしたのは、このことと関係あるであろう。

同年八月、足利直冬は尊氏の命を受け、則祐を討伐すべく九州を発向している（「園太暦」など）。後藤基景の軍忠状によると、同年九月から十二月にかけて、播磨、摂津国内を転戦している様子がうかがえる（「後藤文書」）。この点は広峯氏も同じであり、ともに則祐から軍忠状に「承候了」という文言とサインを与えられている。少なからず則祐は、播磨、摂津などで交戦状態にあり、九月から十二月頃まで膠着状態にあったのである。

このような則祐の行動は、どのように捉えられてきたのだろうか。『太平記』の記述によると、則祐が赤松宮を推戴したことは、すでに尊氏も了解済みであったという。尊氏・義詮を支えるための則祐の作戦であった。則祐は南朝方を利用し、尊氏と直義との争乱を終結させ、やがては南北朝の統一を目論んだのである。それは、則祐の独断ではなく、尊氏や義理の父佐々木導誉の政治的判断が多分に影響していると指摘されている（『上郡町史』）。結論を端的にいえば、則祐は尊氏を寝返って、南朝方に与していないということである。

ところが、観応二年（一三五一）八月、播磨の武士である広峯、中村、英保、佐谷、志方の諸氏が、当時越前国敦賀に逃れていた直義に馳せ参じていることを確認できる（「広峯文書」など）。こうした例は、尊氏と直義の勢力が拮抗する中で、赤松氏に従った武士らに動揺が広がり、にわかに直義方へ寝返る勢力があったことをうかがわせる。『園太暦』観応二年八月二十日条には、則祐が播磨で決起し、入京するとの風聞が流れている。つまり、則祐は播磨国内の武士の突き上げによって、赤松宮をいただき蜂起した可能性がある。

円心の子息の一人に、氏範《うじのり》という人物が存在する。氏範は則祐の弟でもあり、最初は則祐に従って各地を転戦していた。その活躍ぶりは、『太平記』で随所に見ることができる。しかし、円心が亡くなると、氏範は南朝に与するところとなった。兄則祐との仲違いが原因であったと考えられている。

以降、氏範は南朝方の楠木正儀《まさのり》、山名時氏らと行動し、その無双の人力は世に知られるところとなった。以上の点から、兄弟間に不和があったと推測されているものの、則祐には南朝とのパイプがあったと考えられる。

南北朝合一の進展

同年九月、尊氏は南朝との和睦を進めるため、法勝寺の恵鎮上人を吉野に遣わせたが、交渉は不調に終わった（『園太暦』）。注目すべきは、同時に二階堂行綱らを使者として、則祐のもとに遣わせていることである。『園太暦』には「頗る御許諾」の風聞があったと記されている。「許諾」とは、文字どおり許すことであるが、このとき尊氏は播磨で挙兵した則祐と和を結んだと考えてよい。翌月の十月、尊氏が南朝に降参の意を示し、和睦の交渉が行われた。

南北朝合一の交渉において、重要な役割を果たしたのが則祐である。同年十一月、尊氏と南朝との交渉の件が話題にのぼっているが、そのためにわざわざ則祐が播磨から上洛している（『園太暦』）。赤松宮を推戴した則祐は、南朝方のキーマンであった可能性が高い。先述の通り、則祐は南朝年号（正平）を用いた文書を後藤氏らに発給しており、十二月頃まで播磨国内で戦いがあったことを示している。つまり、十一・十二月の段階において、則祐は南朝方にあったのが確実である。

『園太暦』同年十二月七日条の「播州苔縄城没落すべきの由その説あり。ただし実否不分明のこと也」というのは、播磨国内の争乱を示すものであろう。したがって、播磨国内には、南朝、北朝の勢力が入り組んでいたことも想定される。さかのぼった同年十月、則祐は足利義詮の御判の御教書により、蔭山荘などにおける後藤氏らの濫妨狼藉を止めさせるよう命じられている（「冷泉家文書」）。一方、赤松宮は令旨を則祐に発給し、神護寺領福井荘領家職を雑掌に沙汰させるよう命じている（「色色証文」）。このように則祐が半ば両属している状況は、複雑な立場を示しており興味深い。

後述する通り則祐は赤松宮をいただき、南朝支援の立場にありながら、のちに裏切って尊氏のもとに走った。こうした点について高坂好は、『太平記』に南朝に味方した則祐が考えを改めて、北朝に走ったとあるのを批判し、次のように述べている。

則祐の南北合体についての考えは、決して南朝方の北畠親房の如き復古政治の理想を承認したものではなく、武家政治の存続の下に、不幸にして分裂した皇室や公家をもとのように一つにし、天下の平和をもたらそうとしたところにあったと思われる。

このように述べたうえで、『太平記』の解釈はあたらないと指摘している。しかし、この見解は則祐をいささか過大評価しすぎのようである。当該期においては、尊氏・直義の不和も相俟って、政治情勢が流動的であった。則祐が何らかの契機に南朝と通じて赤松宮を擁立し、南朝に走った可能性は大いにあるといえる。そこには当初から南朝方にあった、氏範の存在も大きいといえるのである。尊氏・直義間の和睦と、尊氏の南朝への帰服を通して、則祐の立場は大きくクローズ・アップされた。それは、則祐の判断のみならず、播磨国内の武士の意見なども考慮されたと考えられる。

再び争乱へ

こうして尊氏は南朝との和睦を結び、後村上天皇から直義追討の綸旨を与えられた。これを「正平《しょうへい》の一統」という。明くる文和元年（一三五二）一月、綸旨を得た尊氏は、弟の直義を討伐すべく関東へ向かった。尊氏率いる軍勢は東海道を東下し、次々と直義軍を撃破すると、直義を捕らえて鎌倉に幽閉している。翌二月、捕らえられた直義は、何者かによって毒殺された。尊氏・直義間の争いは、こうして決着したのである。

一方で、尊氏が関東で直義討伐を行っている間、南朝との和睦はあっけなく破られた。同年閏二月、南朝はこの間隙を突いて京都を襲撃し、義詮は近江へと逃れている。翌月には義詮が京都に攻め込むと、則祐は播磨の諸勢力とともに支援に動いた（「後藤文書」など）。摂津国守護を務めていた光範も同じく義詮に従っている。その結果、南朝方は現在の八幡市に逃れ、五月になると賀名生へとさらに後退している。則祐は、完全に尊氏与党へと復帰したのである。

尊氏は依然として関東の地に留まり、上洛する様子がなかった。以後も則祐は、南朝勢力と播磨国内で交戦し

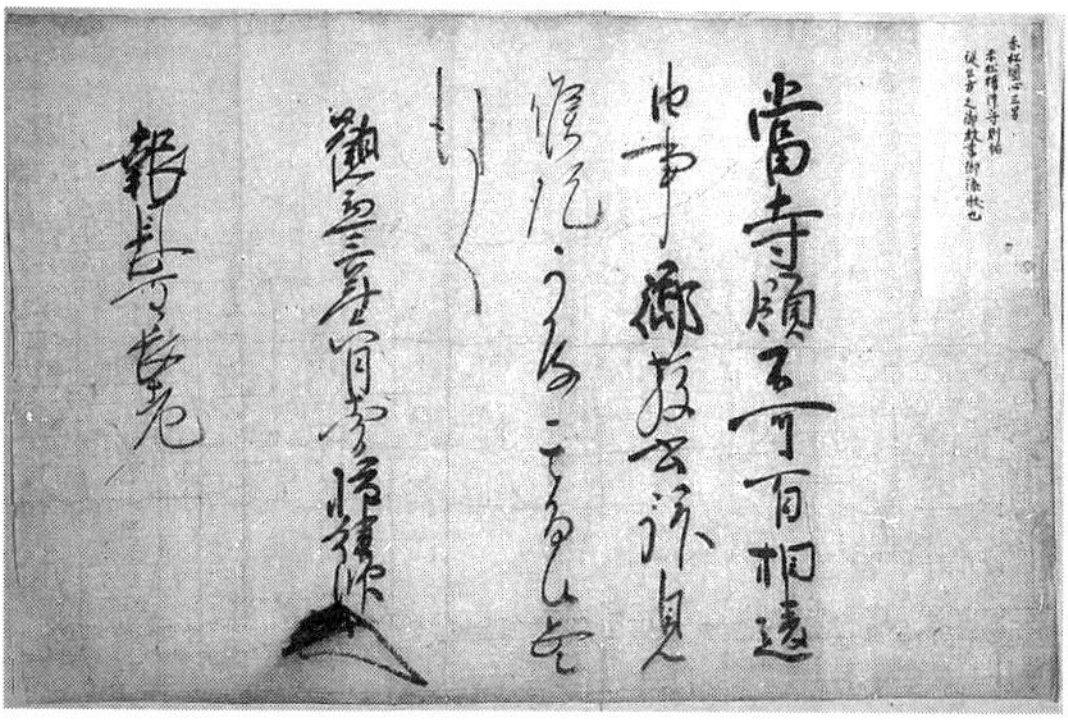

観応三年六月十四日赤松則祐副状
（報恩寺文書／兵庫県立歴史博物館提供）

ていた。同年九月と十二月、則祐に従った安積盛兼は、賀屋新荘（姫路市）で南朝の勢力と戦っている。戦いは翌年二月に高岡南条（福崎町）、同じく三月に蔭山荘（姫路市）でも行われた（「安積文書」）。安積氏の軍忠状によると、戦いの様子は赤松四郎兵衛尉と宇野弾正忠が確認しており、則祐が文書の袖に「承了」と記し花押を加えている。

むろん戦いの舞台は、播磨だけではなかった。摂津国守護の光範は、同国北部で楠木正儀との間で厳しい戦いを強いられている。文和二年（一三五三）二月、美作国英田城《あいだ》（美作市）では赤松貞範が南朝勢力と交戦していた（「上月文書」）。貞範に従って戦った上月源七は、足利尊氏の御判御教書によって忠節を称えられている。同年二月には、但馬・丹波の勢力（山名氏）が播磨に乱入し、後藤氏、広峯氏は防戦に努めたことを確認できる（「広峯文書」など）。このように西播磨を舞台に戦いが繰り広げられ、一部は備前東部・美作まで及んだ。則祐が三石（備前市）の光明寺に禁制を掲げているのは、その証左となろう（「前田家所蔵武家手鑑」）。

文和二年（一三五三）六月、楠木正儀・山名時氏・石塔頼房が京都を攻撃し、義詮は神楽岡、吉田河原で敗退した。敗れた義詮は後光厳天皇とともに、近江坂本（大津市）を経て、美濃国へ逃れている。則祐は義詮を救出しようとし、備前国守護の松田盛朝とともに上洛するが、一歩間に合わなかった。このとき、いったん則祐は播磨へ引き退いたが、七月になると石橋和義とともに摂津に入り、再度上洛を試みている。結果、南朝方の山名氏らは京都から撤退した。そして九月になると、約二年ぶりに尊氏が関東から上洛を果たしたのである。

一進一退の攻防を繰り返す中で、尊氏方は徐々に優勢へと転じた。しかし、多くの有力武将を失った南朝では、尊氏の実子でのちに直義の養子になった直冬が中心となり、巻き返しを図っていた。直冬は養父直義が毒殺されると、尊氏から追討される立場になり、九州から長門へと逃れた。その後、直冬は南朝に帰順すると、惣追捕使に任命されている。文和三年（一三五四）、直冬は上洛を試みると、同じく南朝の山名時氏がこれに従った。

幕府では直冬、時氏の動きを封じるため、義詮が播磨国弘山（たつの市）まで出陣した（「安積文書」）。安積盛兼は、出陣した義詮を警護している。このとき播磨に攻め寄せたのは、但馬国の石塔頼房であった。戦いの舞台は大屋荘（養父市）であり、同年十月・十一月の間に合戦が行われている。安積氏の軍功は目覚しく、同荘の城郭から石塔氏の勢力を追い払い、家々を焼き払ったという。翌年一月以降は、摂津国宿河原、山城国山崎へと舞台を東に移し、安積氏は戦っている。

文和四年（一三五五）、直冬ら南朝勢力は、一時的に京都を占拠することに成功した。尊氏は京都を離れ、比叡山に逃れているが、それは先述した則祐の東上にあわせたものであった。つまり、西からは尊氏が、東から義詮率いる則祐を主力とする軍勢が進軍し、京都で挟撃するという作戦である。以上のように、両軍は京都やその周辺で激しく武力衝突をした。その数ある戦いの中で、則祐が目覚しい活躍をしたのが神内山合戦（神南山とも）である。

神内山合戦

神内山は現在の高槻市神内に所在し、西国街道沿いにおける交通の要衝地であった。文和四年（一三五五）二月六日、義詮率いる幕府軍と南朝軍はここで激戦を繰り広げたのである。この戦いで南朝軍の主力である山名・楠木両氏の軍勢が多く討たれ、南朝方は敗北を喫した。戦いで大活躍したのが、ほかならぬ則祐の軍勢であった。則祐は一族を率いると、敗勢濃い幕府軍を強力に支援し、窮地に陥った義詮を救ったという（『太平記』）。この一戦で幕府軍は京都を再び奪還し、南朝を追い落とすことに成功している。

このように一進一退の戦いを繰り返しながら、その後も両者の戦いは延々と続くことになる。そして、延文三年（一三五八）四月、室町幕府を創設した足利尊氏が没した。後継者は、子息の義詮であった。将軍が交代したものの、則祐は幕府の重臣として、また播磨国の守護を務めるなどし、室町幕府を支えることになる。

禅律方引付頭人として

則祐が幕府方にあって、多大な貢献をしたことは先述の通りである。やがて、則祐は幕府内においても、重要な職責を与えられることになる。その一つが禅律方引付頭人《ぜんりつかたひきつけとうにん》の就任である。『花営三代記』応安三年九月二日条には、禅律方引付頭人に則祐を任命したとの記事がある。では、禅律方とは、いかなる機関なのであろうか。

禅律方は室町幕府の成立期において、足利直義所管のもと、禅宗・律宗寺院や僧侶関係の訴訟を担当する機関として誕生した。複数の頭人が確認されるが、その設置目的や機能などについては、あまりわかっていないのが実情である。禅律方頭人として、活動が比較的明らかなのは、直義のもとで頭人を務めた藤原有範である。禅律方は直義の意思を直接反映させる機関であり、有範はある意味で忠実に従っていた。また、直義は禅宗・律宗を同等に扱っており、禅宗の特定の宗派に肩入れするようなこともなかったという。

観応の擾乱を経て直義が没すると、禅律方の活動はほとんどわからなくなる。いかに直義の影響力が強かったのかを物語っている。その後、幕府が禅宗の統制や整備に乗り出すと、禅宗内部からも組織を整備する動きがあらわれ、やがて僧録を基盤とする五山制度が確立した。こうした展開もあって、禅律方の存在は形骸化していったと考えられている。したがって、禅律方が最も活発であったのは、直義生存中の観応年間頃まであったと指摘されている。

いかに形骸化していたとはいえ、則祐が禅律方頭人を命じられたのは、これまでの軍功とともに禅宗への造詣の深さにあったことであろう。則祐が室町幕府からの信頼と期待を得ていた証左でもある。そのような事情もあってか、則祐は著名な禅宗の僧侶との交友関係を築いており、史料上でも確認することができる。

貞治六年（一三六七）四月、則祐は義堂周信に書を贈っている（『空華日用工夫略集』）。義堂周信は夢窓疎石に師事し、のちに足利義満に重用されるなど、有能なブレーンとして活躍した人物である。その六年前の康安元年（一三六一）、義堂周信は則祐に偈《げ》を贈った（『空華集』）。偈とは、経典の中で詩句の形式を通り、仏徳の賛嘆や教理を述べたものである。受け取った則祐の高い教養をうかがい知ることができよう。こうした交友関係は、次に示す義満との強い関係が大きく作用していると考えられるのである。

則祐と足利義満

則祐が幕府から厚い信頼を得ていた事実は、義詮の子息である春王（のちの義満。以下、義満で統一）を播磨で擁護した点にも認められる。以下、『黙雲稿《もくうんこう》』によって述べることにしよう。

康安元年（一三六一）になると、幕府方にあった仁木義長、細川清氏が南朝に走った。十二月に南朝方の楠木正儀は勢いを得て京都に攻め込み、義詮は後光厳天皇を奉じて近江へと逃れた。問題は、まだ当時四歳に過ぎなかった義満のことである。当時、義満は伊勢貞継に養育されていたが、危機に瀕した義詮は建仁寺大龍庵の蘭洲良芳《らんしゅうりょうほう》に義満を託した。蘭洲は法衣で義満の姿を隠し、人目に触れないように注意深く行動したという。

蘭洲良芳は、赤松氏と縁の深い雪村友梅の法系に連なる人物であった。そうした縁もあったのか、蘭洲良芳はかねてから親交のあった北野（喜多野）行綱に義満を託している。喜多野氏は播磨国揖東郡神岡郷（たつの市）の出身で、赤松氏の配下で奉行人を務めた人物である。当初は新田義貞に従っていたが、自身が帰依した蘭洲良芳の執り成しもあって、則祐に仕え本領を安堵されたという。蘭洲良芳は行綱に命じ、義満を旅人に変装させると、則祐の居城である白旗城に届けさせた。その後、義満は三カ月にわたって播磨に滞在したという。そのような事情から、則祐は神岡郷内に大義寺、金剛寺を建立したのである（『弘宗定智禅師行状』）。

白旗城滞在中の義満にとって、播磨は田舎でもあり、都とは比較にならないほど退屈であったに違いない。一計を案じた則祐は、円心の命日である一月十三日（康安二年・一三六二）に家臣らに命じて、風流を演じて義満を慰めた。風流とは、仮装した人々が笛や太鼓を鳴らし、踊りを披露する民俗芸能の一種である。のちにこの風流は、「赤松ばやし」または単に「松ばやし」と称されるようになる。播磨に避難していた義満にとって、実に印象深いものがあった。

幼い義満が播磨下向中に「松ばやし」を楽しんだことは、次に示す『満済准后日記』永享元年一月十三日条により明らかである。

この「松ばやし」のことは、義満殿がご幼少（六歳か）のときに播磨国へ下向した際、赤松氏の者たちが慰めようとして風流を催したといいます。それ以来、一月十三日を佳例として、赤松邸で毎年松ばやしを行うことになったのです。

こうした事情もあって、毎年一月十三日を迎えると、赤松邸において「松ばやし」が催されることになったのである。そして、のちには室町邸でも行われるようになり、将軍をはじめ側近・幕臣そして僧侶らが見物するようになった。「松ばやし」は、この頃から京都で正月に行われるようになり、主として下位の者が上位の者のところへ出向いて披露したという。義満は幼少のころから則祐の邸宅を訪ねるなど、親密な関係にあった。大外記の中原師夏《もろなつ》は、自身の日記『師夏記』貞治四年六月二十七日条の中で「則祐の養君」と記している。つまり、則祐は義満を養っていたということになろう。

余談にはなるが、則祐と将軍家との関係を示す例をもう一つ挙げることにしたい。応安四年（一三七一）四月、則祐は義詮らの妻である紀良子ら一行とともに、有馬温泉に入湯している（『祇園執行日記』）。同地で宿舎を提供したのは、則祐であった。則祐の所領は摂津国に散在しており、山口荘（西宮市）もその一つである。則祐はこの例以外にも、将軍家の人々と温泉を楽しんだと推測される。

4　則祐による播磨などの支配

播磨国守護と守護代

兄範資の後継者である則祐は、播磨国守護に就任した。はたして則祐は、いかなる支配を展開したのであろうか。その辺りを確認しておこう。則祐が播磨国守護に就任した期間は、範資が没した翌年の観応三年（一三五二）七月から、自身が亡くなる応安四年（一三七一）十月までの間である。まずは、この間における守護代の設置状況を考えることにしたい。

観応三年（一三五二）七月、則祐は東寺領矢野荘（相生市）重藤名についての遵行命令を宇野頼季に下している（「松雲寺文書」）。これは、同荘で濫妨狼藉を働く飽間光泰を退けよというものである。室町幕府から守護へ、そして守護から守護代へ命令が伝えられるシステムになっていた。円心の代から飽間氏の濫妨行為は続いていたが、引き続き問題になっていたのである。頼季は円心が播磨支配を行っていたときも守護代を務めていたが、引き続き則祐の代にも命じられていたことがわかる。以後、頼季は文和三年（一三五四）二月頃まで守護代を務めた（「法観寺文書」）。

同年六月になると、宇野弾正忠が守護代として登場する（「高野山文書」）。宇野氏は高野山領在田上荘における安保忠実の代官長浜氏が濫妨に及んでいるので、これを退けるよう命令を受けた。この宇野弾正忠は、実名を季有《すえあり》といったことが判明する（「徳禅寺文書」）。季有は名字の「宇野」や名前の「季」字の共通性を考慮すれば、先の頼季と親子関係もしくは同族と考えて差し支えないであろう。また季有は、赤松四郎左衛門尉とともに軍忠状にサインをする立場にあったことが指摘されている。赤松氏内部においても、それなりの地位にあったことがわかる。以後、季有は延文五年（一三六〇）五月頃まで守護代を務めた（「徳禅寺文書」）。

それからしばらくは、守護代関係の史料を欠く。貞治四年（一三六五）十二月になると、吉田新右衛門尉貞守の名前を確認できる（「東寺百合文書」）。吉田氏は矢野例名佐方浦・那波浦の領家職をめぐって海老名氏が濫妨に及んでいるので、これを退けるよう則祐から命じられている。命じられた吉田氏は、守護代とみなして差し支えないであろう。以後、貞守は貞治五年（一三六六）十二月頃まで守護代を務めている（「東寺百合文書」）。ところで、吉田氏とは赤松氏の中でいかなる存在だったのであろうか。

赤松氏の家格

「赤松家伝袖記」（『播陽万宝知恵袋』所収）では、嘉吉の乱後における足利義教の葬送の場面において、赤松氏の被官人を「譜代郎従」「譜代郎士」という表現で示している。吉田氏は、郎士に加わっていたことがわかる。しかし、これだけでは「譜代郎従」と「譜代郎士」との区別がつきにくいところである。『赤松家風条々録』では、「御一家衆」「御一族衆」「年寄」の三区分で赤松氏内部の階層を表示しているが、吉田氏の名前を確認することができない。したがって、少なくとも吉田氏は赤松氏の血縁にはつながっておらず、「年寄」のような高い位置になかったことがわかる。

則祐は、基本的に円心による支配の流れを汲んでいたことが確認できる。歴代の守護代とその在職期間を示すと、次のようになろう。

(1)宇野頼季――観応三年(一三五二)九月~文和三年(一三五四)二月
(2)宇野季有――文和三年(一三五四)六月~延文五年(一三六〇)五月
(3)吉田貞守――貞治四年(一三六五)十二月~貞治五年(一三六六)十二月

このように則祐は守護代を置いた事実を確認できるが、貞治五年(一三六六)十二月以降については不明である。しかし、守護代が存在したのは確かと考えられ、この点は今後の課題である。

奉行人制の展開

則祐の播磨支配を考えるうえで重要なのは、奉行人制の採用である。奉行人とは守護の膝下の官僚というべき存在であり、訴訟取次の窓口となるなど、領国支配の実務を担っていた。奉行人制が整うのは義則以降であるが、その萌芽は則祐の代に認めることができる。この段階では、まだ例が乏しいが確認しておこう。

則祐期における奉行人奉書の初見史料は、延文三年(一三五八)十二月のものである(「伊和神社文書」)。この史料によると、奉行人として登場するのは布施聖観と某士俊の両名であり、伊和神社領の染河内村（宍粟市）において名主・百姓が役を果たさないのが問題となっていた。二人の奉行人は守護に裁許を仰ぎ、染河内村の沙汰人に対して役を負担するように命じているのである。伊和神社は、播磨国の一宮である。二人の奉行人については、残念ながら出自を明らかにしない。ただ、布施氏は鎌倉幕府、室町幕府で奉行人としてその名があることから、同族の者が赤松氏に仕えた可能性は高いといえよう。

伊和神社（宍粟市一宮町須行名）（伊和神社提供）

ところで、先に見た例では、当事者から室町幕府に訴えがなされ、訴えを受けた幕府から守護に命令が下され、さらに守護代が現地で対応するようなシステムになっていた。伊和神社に関しては、当事者（伊和神社）が守護に訴え、守護奉行人が裁許に関わり、結果的に守護奉行人が守護の意を奉じて（守護奉行人奉書）、問題解決に当たるという図式になっている。

伊和神社における、もう一つの例を見ておこう。貞治四年（一三六五）三月の赤松氏奉行人連署奉書によると、伊和神社の社司・供僧が染河内村の御供田以下を押領する小林修理進の非法を訴えたことを確認できる（「伊和神社文書」）。訴えを受けた奉行人は裁判を行うため、四月十日以前に参決するよう小林修理進に求めている。伊和神社のような国内寺社は、幕府に訴えるのではなく、守護奉行人が訴訟の窓口になっていたのである。

奉行人関与の様々な事例

もう一つ事例を確認しておこう。貞治四年（一三六五）五月、幕府は則祐に対し、高野山領の在田上荘の役夫工米の件につき、勅免地であるので催促を停止するように命じている（「高野山文書」）。この命令は、則祐の奉行人を通じて、現地の大野氏と羽床氏に伝えられた。在田上荘の例でいえば、先述した通り、守護代の宇野季有が関わっていたことを確認できる。したがって、押妨を退けるという実力行使を伴うものは守護代が行い、命令の伝達に止まるものは奉行人が関わったことを想定できる。

東寺領矢野荘の例によって確認してみよう。延文四年（一三五九）九月、赤松氏奉行人である上村光泰と布施聖観は飽間氏に対して、兵粮支配米五石を十月以前に納入するように命じた（「東寺百合文書」）。もし、難渋するならば、事書の旨に任せて、所務を改めるという内容である。先述の通り、飽間氏に対しては、守護代宇野氏が濫妨狼藉を止めさせるよう、守護の則祐から命じられている。この奉行人奉書の内容からは、決定したことを伝達しているに過ぎない。

さらに、康安元年（一三六一）十月になると、奉行人奉書によって、矢野荘例名三分一を兵粮として供出するよう同荘政所に求めている（「東寺百合文書」）。その根拠とは、「国中の法」であった。一連の兵粮米供出の依頼は、南朝勢力との戦いに必要なものであった。奉行人は法や命令に従って、粛々と業務をこなしているのである。

奉行人が訴訟裁許を扱っている例は、他にも確認することができる。応安四年（一三七一）三月、矢野荘真蔵名の田畠をめぐって、東寺雑掌と小河顕長《あきなが》とが相論に陥っていたことを確認できる（「東寺百合文書」）。裁許の結果、顕長の濫妨を止めさせるよう赤松氏奉行人から遠藤氏に伝えられたのである。遠藤氏は守護使であり、小河氏に裁許の結果を伝え、濫妨を働かないように命じる役割を担っていた。しかし、この通達には効果がなく、同趣旨のことが再度赤松氏奉行人から遠藤氏に命じられている。

このように則祐による播磨支配はやや複雑な様相を呈しており、類型化するには難しい点も多々ある。ただ、赤松氏膝下の奉行人は訴訟窓口として機能しており、その点は次代の義則へと引き継がれたのである。

城山城の整備

則祐の代に至り、白旗城に加えて城山《きのやま》城が築城されている。文和元年（一三五二）のことである。城山城は、現在のたつの市新宮町に所在した城郭である（口絵参照）。城郭に関しては城郭史研究者による考古学的な調査も行われているが、ここでは主として文献史料にあらわれる城山城を見ることにしよう。

史料上で城山城の姿を確認できるのは、文和元年（一三五二）十一月のことである（「東寺百合文書」）。このとき赤松氏は催促使として和田与一を矢野荘（相生市）に派遣し、城山城を築城するための人夫の徴発を行った。矢野荘は東寺領荘園の一つで、膨大な史料を残していることでも有名である。矢野荘では、和田氏を含めた一行六名の酒や食事を用意し、接待しなくてはならなかった。接待に掛かった費用は、年貢から控除されることになっている。

則祐が城山城を築城した理由は何か。先行研究によると、南朝方に属し山陰方面に勢力基盤を築いた山名氏の影響があったと指摘されている。山名氏は山陰のみならず、徐々に美作方面にも進出しつつあった。城山城が築かれた地域は、美作道と揖保川が交差する交通の要衝地である。則祐がこの地に城山城を築くのは、必然の成り行きであった。その後も和田氏への接待は続けられ、人夫として徴発された百姓の食料も矢野荘が負担した。城山城は百姓の徴発と矢野荘の経済的な負担によって、築城されたのである。

築城の多大な負担

文和二年(一三五三)以降、赤松氏と山名氏の軍事的な対立の緊張が増すと、城山城築城に関する記事は非常に多くなる。特に、翌文和三年(一三五四)になると、足利義詮らが弘山(たつの市)に着陣し、中国方面に勢力を保持する足利直冬・山名時氏との戦いに臨んだ。矢野荘では通常の城山城以外に、弘山御所造営のための「塀塗り夫」十二名の派遣を求められている(「教王護国寺文書」)。同時に、粟栖荘への兵糧搬入が求められた。

当初、城山城だけであった築城の人夫は、美作国内における山名氏との抗争の激化によって、康安元年(一三六一)に石堂城、粟倉城へも要請された(「教王護国寺文書」)。二つの城は、いずれも播磨と美作に接する国境地点にあった。翌貞治二年(一三六二)になると、城山城に程近い越部の守護屋形や陣においても、人夫が催促されている。その内容は米、麦などの食糧運搬に加え、材木の運搬など多岐にわたった。

こうした負担は、やがて矢野荘=東寺方にとって、大きな負担となってのしかかってきた。応安二年（一三六九）十月、ついに東寺方の評定では、城山城の人夫徴発について議論を交わすことになる（「東寺百合文書」）。その中で議題になったのは、城山城に五〇〇人もの人大を課されたことを含め、五ヵ条にわたる事項であった。これまで数名から十名前後の人夫の徴発は確認できたが、五〇〇名はあまりに大きな数である。

このように赤松氏は山名氏との対抗上、城山城の整備に腐心するとともに、播磨と美作の国境付近における城郭の整備にも着手しなければならなかった。そうした負担の多くは、矢野荘や百姓へと転嫁されたのである。

5　赤松氏庶子の動向

摂津国守護職と赤松光範

摂津国守護職に関しては、範資の嫡男である光範《みつのり》が継承している。しかし、守護就任のその後の経過は、ある意味で非常に複雑である。ここでは、光範の事績をたどりつつ、摂津国守護について考えることにしたい。

光範の摂津国守護の在職徴証は、観応二年（一三五一）四月に父範資が没した翌年八月に確認することができる（「実相院文書」）。このとき光範は、義詮の御教書によって御位田領家職の遵行命令を受けている。以後、醍醐寺領野鞍荘（三田市）における濫妨狼藉の次第を注進するよう命じられるなど、文和元年（一三五二）十二月まで光範の守護としての活動を認めることができる。史料こそ少ないが、大きな問題はなかった。

しかし、先学が指摘する通り、翌文和二年（一三五三）になると不可思議な現象が見られるようになる。同年一月には、山本荘（宝塚市）の内の賀茂村成安名の遵行命令が幕府から則祐に下されているのである（「成簣堂古文書」）。つまり、いったん摂津国守護職は、光範から則祐に移ったように見える。ところが、同年の二月になると、長町荘（大阪府能勢町）の内の吉丸西倉売買村々の遵行命令が細川繁氏に命じられたことを確認できる（「地蔵院文書」）。光範を経て、わずか一カ月で則祐から繁氏へと守護が交代したのであろうか。

文和元年（一三五二）十二月から翌年一月にかけて、摂津国守護が光範から則祐に交代したことは明らかである。先行研究によると、摂津方面における幕府軍の戦況悪化に伴い、則祐が文和元年八月に兵庫島に下向していたことが指摘されている。つまり、則祐は幕府から国大将に命じられ、のちに摂津国守護に転じたという事実である。

ただし、約一カ月を経て、ただちに繁氏と交代した点については、疑義が提示されている。実は摂津国に限らず、守護は一国単位でなく、一郡単位で補任されることもあった。これを分郡守護と称する。この場合、山本荘は川辺郡にあるので則祐は川辺郡の分郡守護、そして長町荘は能勢郡にあるので繁氏は能勢郡の分郡守護という可能性がある。ただ近年、分郡守護に関する研究が進み、批判的な見解もあることから、今後さらに検討が必要である。

頻繁に交代する摂津国守護

文和三年（一三五四）九月になると、再び光範が摂津国守護に復帰した様子をうかがえる。幕府は垂水荘（大阪府吹田市）下司職について、光範に遵行命令を発しているのである（「東寺百合文書」）。その翌年一月、加藤六郎左衛門尉、守護代の間島範清《のりきよ》の二人が遵行を行っていることを確認できる。間島氏は赤松氏の流れを汲み、『赤松家風条々録』では御一族衆に名を連ねている。つまり、光範は一族庶流の間島氏を守護代として、現地の支配にあたっていたのである。光範と間島氏による摂津支配は、とりあえず延文五年（一三六〇）三月まで続いた（「摂津大覚寺文書」）。この間、則祐は従前どおり、川辺郡の分郡守護を保持していたと考えられている。

同年十月になると、佐々木導誉が摂津国守護であったことがわかる（「東寺百合文書」）。交代の直接的理由は不明であるが、この年幕府は東国の軍勢を大動員して南朝との決戦に臨んだが、仁木義長と畠山国清の不和などもあり、敗北を喫していた。また、細川清氏は導誉の讒言が原因で離反しているが、同時に導誉が孫の秀詮を摂津国守護にしようとしたことが『太平記』に記されている。清氏は光範に摂津国守護を安堵させようと考えていたことから、交代の背景には導誉と清氏の暗闘があったと推測されている。

分郡守護の解消と復活

このとき則祐の川辺郡における分郡守護も剥奪されたと考えられ、導誉一人による摂津国守護職の体制が確立した。導誉の在職は、貞治元年（一三六二）八月頃まで確認でき（「北河原森本文書」）、以後、守護職を失ったようである。この月、導誉は摂津国に討ち入った南朝軍に敗北を喫していた（『太平記』）。『太平記』によると、同時に導誉と斯波高経の確執が表面化しており、こうした政治的情勢が守護職交代に影響をもたらしたと考えられている。

同年十月、再び摂津国守護に復帰したのは、他ならぬ則祐であった（『師守記』）。しかし、その後則祐の姿はあらわれなくなり、翌年五月になると光範が摂津国守護に再任された様子がうかがえる（「成簣堂古文書」）。支配において変化があったのは、間島範清に代わって、赤松範顕《のりあき》が守護代を務めている点である（「今西春定文書」）。各種「赤松氏系図」によると、範顕は範資の子息で光範の弟でもある。ただし、系図上では、「範実」と表記されているが、最近の研究によって範顕と同一人物であると指摘された。その後の情勢によって、一時期は摂津国守護が不在の時期もあったが、光範は貞治五年（一三六六）十一月に還補されると、応安六年（一三七三）までその在職を確認できる。

同時に分郡守護が再びあらわれるようになり、応安四年（一三七一）十一月になると則祐の子息である義則が有馬郡の分郡守護を受け持った様子がうかがえる。

では、なぜ応安六年（一三七三）に至って、光範は解任されたのであろうか。ことの発端は同年一月、興福寺衆徒が北朝に事書を持参したことに始まる（『愚管記』）。その事書は、摂津国守護代である赤松範顕の罪科についての問題であり、守護らが対応しないことに対する訴えであった。訴えの具体的内容は、範顕と赤松肥前入道性準の二人による、寺社領押領と神人への刃傷行為であった（「寺訴引付日記」）。事書の正文は二条良基から武家（幕府）へと回付されている。範顕の行為が、光範に災いをもたらしたことは間違いない。

事実、同年八月には、範顕と性準の二人の流罪が決まっている。流罪先については同年十一月、範顕が越後に、性準が下野に決定した（『愚管記』）。翌応安七年（一三七四）五月に至って、範顕が越後に、性準が上総に変更され、それぞれ配流になったのである。したがって、応安六年（一三七三）の早い段階で範顕の問題が取り沙汰されていることから、光範はその影響を受けて更迭されたと考えて差し支えないであろう。しかし、二人は応安七年（一三七四）十二月には、許されて帰京していた。その翌年一月には、幕府から朝廷に執奏がなされ、「流人帰京」が認められている（『後鑑』）。

光範のその後の動向は明らかではなく、康暦二年（一三八〇）に亡くなったという。そして、本来嫡流であるはずの赤松七条家は、しばらく歴史の表舞台から姿を消すことになる。また、則祐・義則の代で摂津国一国の守護を務めることは短期間に止まっており、郡単位の守護職補任（分郡守護）が進むのである。

6　備前国支配など

備前国守護をめぐって

赤松氏の本拠は播磨国であったが、則祐の代に至って備前国守護に補任されることになった。赤松氏は播磨・備前・美作の太守と称されるが、この段階にその萌芽を確認できるのである。

南北朝期以降、備前国守護を務めたのは、松田盛朝《もりとも》であった。もともと松田氏は相模国足柄上郡松田郷の出身で、藤原秀郷流の波多野氏一族とされている。松田氏が備前国に移った時期は不明である。

これまでの研究によると、松田氏は貞治三年（一三六四）二月まで備前国守護にあった徴証を確認できる。そして、その一年後の貞治四年（一三六五）二月から、則祐の備前国守護としての活動を認めることができる。

松田氏が備前国守護を交代させられた理由は、具体的にわかっていない。例えば、貞治元年（一三六二）に山名氏の軍勢が備前国に侵攻した際、松田氏が十分な反撃ができなかった（『太平記』）。そのときの責めを問われた可能性が指摘されている。それも遠因であるが、同じく指摘されているように、南朝方に属する山名氏は山陰方面に基盤を築いていた。その対抗上、松田氏は力不足であり、武勇に秀でた則祐が起用された可能性が高いといえる。則祐の備前国守護補任を積極的に細川氏が後押しした可能性が高いことは、先学のいう通りであろう。また、松田氏は幕府との強いパイプを持たないため、没落の道を歩まざるを得なかったのである。

備前国守護となった則祐

則祐の備前国守護としての活動は、それほど多く残っているとはいえない。以下、関係史料を確認することにしよう。

則祐の備前国守護としての活動を確認できるのは、貞治四年（一三六五）二月のことであり、片岡荘（岡山市）の遵行命令を義詮らの御教書によって受けている（『松雲公採集遺編類纂』）。東寺領福岡荘（瀬戸内市）については、一連の史料が少しだけ残存している。貞治五年（一三六六）十二月、幕府は則祐に対して、福岡荘内吉井村の年貢を小国氏が押領している件につき、止めさせるように命じている（「東寺百合文書」）。しかし、この件は解決することなく、翌年にも同じ命令が幕府から則祐に伝えられている。東寺から同じ訴えが応安三年（一三七〇）にもなされているので、この問題はなかなか解決しなかったのであろう（「東寺文書」）。

では、備前国における支配機構は、どのようなものだったのであろうか。播磨と比較すると、この部分の史料も乏しい。

備前国守護代を務めた人物

まず、守護代の補任状況を確認しておきたい。備前国守護代の初見は、貞治六年（一三六七）十一月に浦上氏の姿を確認することができる。紀伊国の熊野神社領である備前国斗餅田《とべいでん》に対し、荊木四郎左衛門尉なる者が押領を行った。そこで、備前国守護の赤松則祐は、熊野神社側の信秀の訴えと常住院僧正御房の申状に基づき、信秀に斗餅田を沙汰付するよう浦上行景に命じている（「八坂神社文書」）。行景は松田氏が備前国守護を更迭されたのち、赤松氏のもとで守護代を務めていた。この命を受けた行景は、配下の河内・奥山の両氏に命じて、荊木四郎左衛門尉の押領を止めさせている。ちなみに、斗餅田とは備前国内に散在した熊野本宮領で、福岡荘などを含めて旭川・吉井川流域に分布していた。行景が守護代である徴証を示す史料は、この一例に限られる。

行景のあとを継いだのが浦上宗隆である。応安三年（一三七〇）六月、宗隆は吉備津神社社務の大藤内に宛てて、一宮領と国中諸役を申し付けるとともに、承引なき輩がいる場合は報告するようにと伝えている（「吉備津彦神社史料」）。こうした措置も、備前国守護代の職権とかかわるものと見てよいであろう。ただし、宗隆の名前には、浦上氏の通字である「景」の字が使われておらず、系譜的につながりがあるのか検討が必要である。宗隆が備前国守護代であったことを示す史料も、この一例のみである。

奉行人制の展開

次に、奉行人制を見ておこう。先述の通り貞治六年（一三六七）十一月、某左衛門尉と某若狭守の連署奉書が浦上行景に発給された（「八坂神社文書」）。内容は、熊野神社領の斗餅田を荊木氏が押領しており、それを退けるようにというものである。連署した二人は則祐膝下の奉行人であり、宛先の浦上行景は備前国守護代である。その後、行景は配下の河内盛秀と奥山定重に対し、荊木氏の押領を退けるように命じている。つまり、守護——守護代という命令系統が確立しており、同時に奉行人制が展開していたことがわかる。

南北朝・室町期における備前国の史料は乏しく、則祐による支配の実態を詳細に明らかにすることは難しい。しかし、播磨国と同様に、膝下の奉行人制を整え、また現地で守護の代官である守護代が存在したことは共通しているといえるのである。

7 則祐の教養

則祐と禅宗

則祐は父円心と同じく、禅宗に深く帰依していた。先述した通り、則祐は幕府で禅律方頭人を務めており、その一端をうかがうことができる。以下、則祐と禅宗について触れることとしたい。

則祐を語る際に忘れてはならないのが、かつて小寺頼季とともに比叡山延暦寺にあったことである。

天台座主の尊雲法親王（護良親王。以下、護良親王で統一）は、二人を相手にして武芸の修練を行っていた（『太平記』）。則祐は「中坊の悪律師」と称されており、後年のイメージとは異なるところがある。則祐は先に比叡山に登った頼季を頼りにしたと指摘されているが、その辺りの事情については詳らかにしない。

元弘の乱で護良親王が比叡山から吉野に逃亡した際、護衛をしたのもこの二人であった。その奮闘ぶりは、『太平記』に詳しい。頼季は相当腕が立ったらしく、四尺三寸の太刀を振り回し、剣の舞を舞ったと伝える。さらに護良親王らは高野山へ逃れたが、その子院はのちに円心・則祐父子の寄進により、再建されて赤松院《せきしょういん》と名を改められた（『紀伊続風土記』）。赤松院は今も存在し、赤松氏に関する史料も伝えている。つまり、則祐は天台宗や真言宗とも少なからず縁があったといえる。

若き則祐は比叡山延暦寺にあったものの、播磨国内では父円心の厚い信仰心を受け継ぐかのように禅宗を庇護・発展させた。前章では円心による禅宗興隆方針について述べたので、ここでは則祐と禅宗の関わりについて触れておこう。

則祐が禅宗に傾倒していた様子は、鉄舟徳済の「牧石歌」という詩に歌われている（『閻浮集』）。「牧石歌」によると、鉄舟徳済が赤松氏の菩提寺である法雲寺・宝林寺を訪れた際、僧侶から「太守（則祐）を見よ」といわれたという。則祐の生活は禅舎と同じく、朝四時に起床し、香を焚いていたと記されている。生活そのものが禅であった。鉄舟徳済は夢窓疎石の法系を継いだ人物で、画家としても知られる人物である。のちに播磨の瑞光寺（多可町）に住した。

円心在世中の貞和元年（一三四五）頃、備前国新田荘《にゅうた》（備前市）に宝林寺が創建された。開山は雪村友梅である。しかし、その後の火災によって、宝林寺は無残にも焼け爛れた。そこで、文和四年（一三五五）に至って、播磨国赤松村に移築されたのである（『雪村和尚行道記』）。宝林寺には近世の写であるが、則祐の関わった文書が二点残っている。その一つが、大同啓初と連署で発給した宝林寺の定文と呼ばれるものである（「宝林寺文書」）。大同啓初は赤松氏と縁の深い建仁寺大龍庵に入り、宝林寺・法雲寺などの住持を務めた人物である（『東山塔頭略伝』）。雪村友梅の法系を継いでいた。

宝林寺の定・置文について

則祐と大同啓初が延文三年（一三五八）十一月に定めた定は、全部で一三カ条から成っている。その第一条には、「住持職は耆旧（年寄や昔なじみ）から選ばない。能力のある者から選出する。次に、官方（室町幕府）の推薦を許すものではない」とある。当時、禅宗寺院には五山十刹の格付けがあり、宝林寺は十刹に列していた。それらの住持は、最終的に室町幕府が決定していた。定では幕府の住持任命すら拒否し、あくまで優秀な禅僧を住持に据えるという基本方針を示している。

次に、僧衆は一〇〇人を超えてはならず、このうち沙喝（沙弥喝食）は一〇人と定員を定めている。定員を定めているということは、僧侶の質を十分に確保するためであろう。また沙弥喝食とは、食事の準備などをする僧侶のことで、もっぱら有髪の小童が務めた（稚児という）。女人禁制の寺院にあっては、男色が少なからずあった。そういう事態を避け、修行に打ち込める環境作りを狙ったものと考えられる。このほか、寺務・検断については、老僧らを交えて相談すること、門前の屋敷に侍を居住させてはならないこと、勤行を省略してはならないことなどが定められ、寺内の役職についても明記されている。

定の中で注目すべき点は二つある。その一つが、「檀那は赤松氏の嫡子が務め、管理すること。また檀那である者は、当山の開山和尚である宝覚禅師の門徒として、寺門の興隆に務めること」という条文である。宝覚禅師とは、雪村友梅のことである。つまり、この条文は宝林寺が赤松氏の菩提寺としての地位を明確にするとともに、赤松氏の家督を継ぐ者は、寺門興隆の責務を負うことを明文化しているのである。

もう一つ注目すべき点は、「塔頭に関しては、宝所庵を除き建立してはならない」という条文である。塔頭とは、僧侶（特に高僧）の死後、その弟子が師徳を慕って塔の頭に坊を構えたことから転じて、大寺の内にある小院のことをいう。宝所庵とは開山である雪村友梅の塔頭であるが、天文七年（一五三八）に火災で焼失したという。つまり、一点目の条文とあわせると、宝林寺において雪村友梅は半ば神格化された存在といえるのである。

貞治六年（一三六七）三月には、則祐が宝林寺に関わる置文を記している（「宝林寺文書」）。この置文は十五ヵ条にわたる長文であり、制定時の則祐は六十歳に手が届こうとしていた。そして、置文からは、宝林寺の興隆を願う思いが切々と伝わってくるのである。

第一条では、宝林寺の住持を務めるのは雪村友梅の法系を継ぐ者とし、檀那（赤松氏）が幕府と相談し決定するとある。第二条では、則祐の跡を相続する者は宝林寺の檀那を務め、赤松氏嫡流の証とすると記されている。もし他宗に入った場合は不孝の子孫であり、嫡流の号を与えられないとする。さらに、則祐の子孫が宝林寺で納骨を希望する場合は、宝所庵にすると記されている。こうしてみると、赤松氏と宝林寺が一体化した様子が看取され、しかも嫡流＝檀那という方式が成り立っている。

定と同様に、雪村友梅を神格化する方針は変わっていない。例えば、宝所庵以外に塔頭を建てることを禁じていることは、基本方針として継承された。そのほかに自力で寮舎を建立してはならないことや、寺領についての規定が定められている。そして一番重要なことは、日常的な寺務においては、住持であってもこの規式の旨を守り、私の儀によってはならないとする。赤松氏と宝林寺との関係は、この置文が重要な規範であった。

現在、宝林寺には「円心館」という建物があり、そこには赤松円心、則祐、別法和尚（雪村友梅との説も）の木像が残っている。この三体は、「赤松三尊像」と称されている（口絵参照）。この像は則祐が還暦を迎えた際に製作され、初め建仁寺大龍庵に安置されたと考えられている。明応元年（一四九二）に相国寺雲沢軒で発見され、宝林寺に送られた。この事実は、『蔭凉軒日録』に詳しく記録されている。なお、木造はもう一体あり、則祐の娘である覚安尼（千種姫）のものである。

このように則祐は厚い信仰心を持った人物であった。残念ながら、「宝林寺文書」には以上二点の史料しか残されていないが、以後も則祐の思いは伝わったことであろう。

ちなみに則祐の道号は、雪村友梅によって「自天」と名付けられた（『宝覚真空禅師語録』）。道号とは、仏門に入ったときにつける号のことである。「自天」は中国の古典である五経の一つ『易経』から採られたもので、「自天祐之、吉無不利」に拠っている。

則祐は禅宗だけではなく、他の宗派に対しても信仰心を持って接していた。二・三の例を掲出することにしたい。

その他の寺院との関係

佐用町には、真言宗寺院である瑠璃寺が所在する。この寺院は、行基が開基とされる古刹である。しかし、その後の様子は不明であり、一般的には南北朝期にあらわれる覚祐が中興第一世とされている。覚祐は、円心の父とされる茂則の末子であるという。覚祐の生没年には諸説あるが、『船越山瑠璃寺代々先徳過去名簿』の記録が最も参考になる。同書によると、覚祐は康暦二年（一三八〇）十月に九十二歳で亡くなったと記されている。逆算すると、正応二年（一二八九）の生まれになる。円心の十歳下になるので、矛盾は生じない。

覚祐の詳しい事績をたどるのは極めて困難であるが、赤松氏の一族であったことは、種々の史料によって確認できる。瑠璃寺には、釈迦如来と両脇侍像がある。収納する厨子の扉には墨書銘があり、「赤松律師覚祐建立焉」とあり、徳治二年（一三〇七）の年次が記されている。この記載は、覚祐が赤松氏の血縁に連なることを裏づけている。

本堂の脇には、鐘楼に銅鐘が掛けられている。鐘には、「大願主覚祐」「大檀那権律師則祐」の銘が刻まれている。つまり、則祐は瑠璃寺の大檀那でもあったのである。鐘には、応安二年（一三六九）の年紀がある。作者は大工の大江景光である。この梵鐘は造立年代、願主、檀那、大工が明らかで、かつ形状も整った例として、非常に貴重なものである。

年未詳ながら、則祐は天台宗寺院である清水寺（加東市）に対して、巻数を贈られたお礼をしている（「清水寺文書」）。こうした例から、則祐は禅宗のみならず、仏教に対して広く信仰心を持っていたと考えるべきであろう。

則祐と文芸

則祐の事績を語るうえで欠かすことができないのは、和歌とのかかわりである。各種「赤松氏系図」を見ると、『新後拾遺和歌集』に入集した和歌が注記されている。系図の編者は、則祐の和歌の素養に対して、強い関心を示しているのである。以下、則祐と文芸とりわけ和歌について考えてみたい。

実のところ、則祐の和歌は勅撰集に数多く入集していることを確認できる。『勅撰作者部類』においても、その名前を確認することができる。次に、それらを列挙することにしたい。

『新千載和歌集』（延文四年・一三五九年成立）

ことのはも　及はさりける　恨とは　いはぬにつけて　思ひしるらん

木の本を　尋きてたに　山桜　花とは見えぬ　嶺のしら雲

『新拾遺和歌集』（貞治二年・一三六三年成立）

もらさしと　なに忍ふらん　数ならぬ　身をしらてこそ　思ひそめしか

いつはりと　思はてたのむ　暮もかな　待ほとをたに　なくさめにせん

枯のこる　籬の荻の　一むらに　またをとたて丶　ふるあられ哉

『新後拾遺和歌集』（至徳元年・一三八四年成立）

暮ぬるか　つかれにかゝる　箸鷹の　草とる跡も　みえぬ計に

『新続古今和歌集』（永享十一年・一四三九年成立）

いつくとも　しらぬ山路の　花の香に　やへ立雲を　分やつくさん

このうち『新千載和歌集』と『新拾遺和歌集』は、則祐の存命中に編纂されたものである。『新千載和歌集』の編者は二条為定であり、尊氏・直義・義詮といった武家歌人の歌が数多く入集している。『新拾遺和歌集』の編者は、為定の従兄弟である為明が担当していた。同じ二条派の歌人とはいえ、二人は不仲であったという。為明もまた編纂に際して、武家に周到な配慮を行っていた。この頃、かつて歌壇に君臨した京極派が凋落し、二条派が急速に台頭する時期であった。則祐は幕府の信頼を得ていた関係から、二条派と近しい関係にあったと考えられる。

則祐と二条派の強い関係を示す史料が、次のものである。

暦応三年二月五日、家の証本によって校合を行いました。赤松則祐が頻りに所望したので、悪筆を恥じつつも書写し与えます。絶対にほかの人に見せてはいけません。

虎賁中郎将藤判

家説をもって、則祐に授けます。

貞和四年九月四日　　　　　　左中将藤原判

この史料は、二条為忠が則祐に対して『古今和歌集』を贈り、同時に古今伝授を行ったことを示している。古今伝授とは、『古今和歌集』の解釈や秘説を授けられるもので、誰に対しても行われるものではなかった。為忠は為明の弟であり、当時歌壇においては地味ながらも実力者として知られていた。則祐と為忠の良好な関係を示す史料は存在しない。しかし、則祐は何らかの契機に歌壇で君臨する為忠の知遇を得、和歌の指導を受けたのであろう。古今伝授が行われ、『古今和歌集』が贈られたのは、その証でもあったといえる。

ところで、則祐の古今伝授と『古今和歌集』を贈られた一件には、後日譚がある。実は、後世になって、この事実を裏づける史料が残っているのである。三条西実隆の日記『実隆公記』明応七年八月十七日条には、次の通り記されている。

二条為忠の奥書のある『古今和歌集』一冊を浦上則宗に与えました。家説（古今伝授）をもって則祐に授けたことが記されています。これは、赤松家で重宝されるべきものです。

つまり、為忠が則祐に与えた『古今和歌集』は、一五〇年あまりを経て実隆の所蔵するところになり、さらに赤松氏の被官人である則宗の手に渡ったのである。のちに則宗は、実隆に一〇〇〇疋を贈っている。『古今和歌集』が、いかに貴重なものであったかがわかる。

則祐の和歌は、何も勅撰集収録のものに限っていない。小倉実教の撰による私撰集『藤葉和歌集』（康永三年・一三四四成立）には、「たかしまの　みほのそま木を　とる人も　思ふかたにや　心ひくらん」の一首が採られている。『藤葉和歌集』は、二条派を優先して収録した傾向があると指摘されており、その関係から則祐の歌は多少評価されたのであろう。また、貞治六年（一三六七）、則祐は『玉津嶋社歌合』に参加したことが知られている。出題者は冷泉為秀であり、則祐と冷泉家との関係も注目される。

則祐の最期

則祐は室町幕府で禅律方などの要職をこなし、また播磨国内では守護として統治を行うなど、その優れた能力をいかんなく発揮した。しかし、老齢に至った則祐は、やがて死を迎えることになる。

応安四年（一三七一）十一月二十三日夜、則祐は所労によって伏せてしまった（『花営三代記』）。病名は、傷寒であったという。傷寒とは、高熱を伴う疾患を示し、現代で言うところのチフスのような病気であったと考えられる。そして、約一週間あまりの闘病生活を送り、同月二十九日に亡くなった。本章の冒頭で記した通り、六十一歳であったと考えられる。その死は惜しまれ、ときの関白近衛道嗣は自身の日記『愚管記』で悼むほどであった。

則祐の臨終の様子については、先述した太清宗渭の『太清録』に詳しく記されている。『太清録』には、則祐の十三回忌に際しての法語が記録されているのである。則祐は自らの臨終に際して死を覚

赤松則祐の墓（宝林寺境内）

悟し、太清宗渭に末期の説法を依頼したという。太清宗渭は、則祐の愛読書である『大恵書』の一節について講義を行った。則祐は太清宗渭との問答を終えると、静かに息を引き取った。則祐の禅に対する信仰心の深さをうかがうことができる。

則祐は建仁寺大龍庵で荼毘《だび》に付され、同寺の住持である天境霊致《てんきょうれいち》が導師となって、盛大な葬儀が執り行われた。天境霊致は、応安元年（一三六八）に赤松氏の菩提寺である法雲寺の住持を務めた人物でもある。葬儀の様子は、天境霊致の『無規矩』の法語に記されており、則祐の武勇や信仰心の厚さが称えられている。史料の性格上、顕彰の意味合いは強いと思われるが、則祐の活躍を見れば妥当なものと考えられる。また、春屋妙葩のような高僧が、拈香（死者に対して哀悼の意を表して朗読する文）を寄せていることも則祐の交友関係を考えるうえで興味深いところである（『智覚普明国師語録』）。

ちなみに則祐の妻は、至徳二年（一三八五）に京都の黙耕庵で亡くなった（『峨眉鴉臭集』）。法号は、長慶院華光明義大姉である。子息の義則が祭文の作成を太白真玄《たいはくしんげん》に依頼した。太白真玄は太清宗渭の法を受け継いだ人物であり、建仁寺の住持を務めた高僧である。

8　赤松貞範と美作国

則祐自身は美作国守護を拝領する機会を得なかったが、代わりに守護の座に就いたのが兄の貞範《さだのり》である。貞範は円心の次男であり、丹波国春日部荘（丹波市）を領していたことから、この流れを汲む家柄は赤松春日部家と称された。『大日本史料』応安七年（一三七四）是歳の条によると、この年に六九歳で貞範が亡くなったとしている。この見解は『赤松諸家大系図』の記載に基づくものであるが、永和二年（一三七六）五月に貞範宛の文書があることから（「赤松春日部文書（友淵楠麿氏旧蔵）」）、明白な誤りである。『赤松諸家大系図』は近世の播磨の郷土史家である天川友親が作成したものであるが、一次史料と照らし合わせると、生没年の誤りが実に多い。使用の際には、注意が必要である。

美作国の政治情勢

美作国は、南朝勢力である山名氏が勢力を持った山陰方面と境を接していた。当初、美作国守護に補任されたのは、佐々木秀貞であった。康永四年（一三四五）四月、秀貞は幕府の命に従って、尊勝寺法華堂領の英田保（美作市）の年貢相論に関わっている（「安東家文書」）。秀貞は出雲国守護佐々木氏の支族であり、出雲国富田荘を本拠とした。その後、秀貞の美作国守護在職は、観応二年（一三五一）八月頃まで確認できる（「大賀文書」）。

しかし、秀貞はたびたび南朝に寝返り、南朝の補任によって出雲国守護になることもあった。秀貞は南朝と幕府を行き来するなど、態度が一貫していなかったといえる。文和元年（一三五二）十一月以降、秀貞は山名時氏に従い、完全に南朝方に属していたと考えられている。その際、時氏は美作を含めた四ヵ国を制圧し、同時に秀貞は備後国に侵攻しているのである。そのような事情があったことから、秀貞は幕府から美作国守護を解任されたと考えてよい。

美作国守護を務めた貞範

延文元年（一三五六）六月に美作国守護として登場するのが、円心の次男で則祐の兄である貞範であった。室町幕府は二宮光家の訴えにより、田邑荘《たむら》（津山市）公文職など違乱を止めさせ、元の通り光家に沙汰させるよう貞範に命じている（「天理図書館所蔵文書」）。濫妨狼藉を働いたのは広戸氏といい、のちに幕府の奉公衆に加えられた有力領主であった。また、美作国には幕府の直轄領である御料所が数多くあるなど、地域としてやや特殊な点がある。幕府は与党である赤松氏の有力者の貞範を美作国に置くことにより、山名氏の牽制を意図したと考えられる。

ところが、翌年五月になると、やや事情に変化が見られる。東福寺領勝賀茂郷（津山市）の下地を寺家雑掌に沙汰付しようとしたところ、広戸氏と高山氏が守護使節の入部に応じなかった（「東福寺文書」）。入沢佐貞は、その事実を請文に記しているのである。入沢佐貞は、山名氏の有力な被官人の一人として知られている。つまり、貞範が美作国守護に就任した翌年には、早くも山名氏の一族が守護に返り咲いた可能性がある。

延文五年（一三六〇）二月には、田邑荘の一件で、再び貞範が遵行状を有元氏に発給している（「天理図書館所蔵文書」）。有元氏も美作国内の有力な領主の一人であった。また、同年九月になると、貞範は勝賀茂郷における広戸氏と高山氏の押妨を退けるよう、幕府の命令を受けている（「前田家所蔵文書」）。貞範が美作国でどのような支配を行っていたのか、あるいは誰が守護代であったのかなど、具体的な点に関しては不明と言わざるを得ない。

『太平記』あるいは『山名家譜』にあるように、貞範ら赤松氏一族はたびたび山名氏と美作国を舞台にして戦った。先述した広戸氏、有元氏などは赤松氏側についていたが、山名氏の猛攻の前に矢を一つも放つことなく降参したという。こうして赤松氏と山名氏の交戦は繰り広げられたが、貞治三年（一三六四）三月に至って山名氏は幕府に降った。翌年以降は、山名時氏の子息である義理《よしまさ》が美作国守護として活動している。

貞範が美作国守護であった期間は短く、また関連史料も少ない。しかし、山名氏による美作国支配は長く続かず、則祐の子息である義則がのちに守護に任じられ安定することになる。

赤松貞範と春日部荘

貞範が起こした赤松春日部家は、赤松氏の「御一家衆」に加えられており、その地位は高かったといえる。そして、何よりも関連史料が少なからずある。そこで、もう少し赤松貞範と赤松春日部家について触れることにしよう。

貞範が史料上に登場するのは、建武三年（一三三六）のことである。足利尊氏は丹波国守護の仁木頼章に対し、春日部荘（丹波市）における荻野一族の違乱を退け、貞範の代官に沙汰させるように命じた（「赤松春日部文書（岡山県立図書館所蔵）」）。貞範がいつ頃から春日部荘に地頭職を保持していたかは不明であるが、以後、同荘は赤松春日部家の本貫地として重要になる。春日部荘内の丹波市の白毫《びゃくごう》

旧春日部荘にある白毫寺（丹波市市島町白毫寺）

寺《じ》には、貞範が貞治三年（一三六四）十一月に建立した宝篋印塔が残っている。ちなみに赤松春日部家の歴代は、代々「伊豆守」を官途としていたことから、「伊豆家」とも称された。『赤松家風条々録』には、御一家衆として「伊豆家」が記載されている。

貞範の所領が春日部荘であると述べたが、それは荘内の黒井村に限定されていた。その辺りは、以後の譲状などでも明確にされている。しかし、正平六年（観応二年・一三五一）十一月以降、貞範は安国寺（綾部市）領である春日部荘中山村でたびたび違乱に及んでいた（「安国寺文書」）。その後の貞範の主張によれば、延文五年（一三六〇）三月に幕府から還補の状を得たということであったが、在陣の時分でもあり未だ沙汰を尽くしていないということで認められなかった。しかし、貞範の執念はすさまじいものがあり、中山村への押領は応安三年（一三七〇）四月まで繰り返された。押領は、貞範の子孫ものちに行っていることを確認できる。

保持した多くの所領

貞範は春日部荘以外にも、多くの所領を保持していた。文和三年（一三五四）九月になると、美作国西大野郷（鏡野町）などの領知を認められるとともに、勲功の賞として駿河国服織荘（静岡市）を尊氏（あるいは義詮）から与えられている。延文五年（一三六〇）三月には、これに加えて美作国倭文荘（津山市）、同長岡荘（美咲町）、が義詮から勲功の賞として与えられた（「赤松春日部文書（友淵楠麿氏旧蔵）」）。この二つの荘園は、駿河国服織荘、信濃国捧荘（松本市）の替地として準備されたものであった。この二つの荘園は遠隔地にあり、実効支配が難しい。そこで、当時貞範が守護を務めていた美作国内に新たな所領が準備されたのである。

以後も将軍である義詮らによって、貞範には各地に新たな所領が与えられた。列挙すると次のようになろう。

(1)康安元年□月□□日――美作国林野保（美作市）、□輪荘（不明）、野介荘（鏡野町）。

(2)貞治六年九月十四日――摂津国鳥飼牧（摂津市）。（以上、「赤松春日部文書（友淵楠麿氏旧蔵）」）

このうち(2)については、美作国某所の替地として与えられたものである。その翌日には、義詮が赤松義則に対して、早く鳥飼牧の下地を貞範に沙汰付させるように命じている（「赤松春日部文書（岡山県立図書館所蔵）」）。当時の摂津国守護は、赤松光範であった。

貞範は、播磨国内にも所領を有していた。貞治三年（一三六四）三月、貞範は天台宗寺院である太山寺（神戸市）に禁制を与えた（「太山寺文書」）。この禁制は八ヵ条にわたるもので、寺内における山林竹木の伐採の禁止、寺内における濫妨狼藉の禁止などを定めている。そして、付近に所在したのが、伊河荘である。当時、貞範が伊河荘を領有していた史料は他に見出しがたいが、おそらく太山寺との関係により、当時から同荘を支配していた可能性は高いといえよう。以後、応永年間から赤松春日部家による同荘の支配を確認することが可能である。

貞範の姫路城築城説

貞範が姫路城を築城したという説に触れておきたい。姫路城が築城された年代については、貞和二年（一三四六）という説がある。この説は、『播諸城交代連綿之記』や同年の銘を持つ姫路市の称名寺供養塔に拠っている。また、『海老名家譜』には、貞和五年（一三四九）春に貞範が姫路城を築城したという説が記載されている。後者に関しては、康永二年（一三四三）八月に貞範が海老名景知の求めに応じて、文書紛失の証判を行っていることから、貞範と海老名氏の関係の深さをも『海老名家譜』の信憑性の高さに繋げている。

いずれの説も、根本的に二次史料に基づいており、史料の性質にいささかの疑念が残るところである。古城記という史料の類は、何かと問題が多い史料である。また、貞範が海老名氏の文書紛失の証判を加えたことと、『海老名家譜』の史料の信憑性とは別の問題である。したがって、貞範が姫路城を築城したという説は、説得性に欠けるといえよう。これ以上、姫路城築城の説には立ち入らないが、良質な史料に基づき立論することが必要である。

貞範は円心の次男として赤松氏惣領家を支えるとともに、幕府のもと各地を転戦した。そして、その間の軍功によって、美作国を中心にして多くの所領を得た。のちに赤松春日部家は将軍の直臣である御供衆に加えられ、幕府において重要な位置を占めることになる。その実力は、南北朝の段階から着々と積み上げられたのである。

9　赤松氏範と赤松範顕

南北朝期の赤松氏庶流の中で、いささか悲劇的な最期を迎えたのが赤松氏範《うじのり》である。氏範は円心の子息であり、則祐の弟であった。氏範は一部の期間を除き南朝を支え続け、ついには滅ぼされてしまった。その顚末を見ることにしよう。

南朝についた赤松氏範

氏範について興味深いのは、『赤松氏系図』に「無双大力」と称され勇猛果敢であったと考えられること、摂津国中島、有馬、備前国馬屋郷を拝領していたという点である。摂津国中島は現在の大阪市、有馬は神戸市である。馬屋郷は詳らかにしないが、鳥取荘（赤磐市）内に馬屋という地名がある。いずれも一次史料により与えられたという事実を裏づけることは困難であるが、これを補強する材料はある。

年未詳ながら、足利義詮の御教書があり、氏範が石清水八幡宮領摂津国中島内の淡路荘（大阪市）に違乱に及んだと記されている（「石清水文書」）。義詮は、これを禁じているのである。つまり、氏範が少なからず摂津国中島に勢力圏を築いていたことを看取できる。応安元年（一三六八）閏六月、幕府は摂津国守護である赤松光範に命じ、同国江口五ヵ荘（大阪市）における氏範の濫妨を退け、安威資脩に沙汰付するように命じた（「秋元興朝氏所蔵文書」）。江口五ヵ荘も、淡路に程近い場所にあり、氏範の勢力圏であったことをうかがわせる。

応安二年（一三六九）九月、赤松則祐と光範は、氏範を討つべく摂津国中島へと向かった。翌月、氏範は則祐の軍勢に敗れ、天王寺へと没落している（『花営三代記』など）。応安五年（一三七二）五月、氏範が再び江口五ヵ荘で押領に及んだため、義詮は光範に安威資脩に沙汰付するように命じた（「関戸守彦氏所蔵文書」）。氏範は一貫して、摂津国に勢力基盤を置いていたのである。

氏範が南朝方について戦った理由は、ほとんど明らかにされていない。『太平記』には、単に氏範が南朝に従って転戦した事実が描かれているに過ぎない。赤松一族では、範資、則祐、貞範、光範が守護職を与えられ、それなりに処遇された。しかし、末弟である氏範は史料の残存度の問題もあるが、十分な待遇ではなかったようである。あえて推測するならば、氏範は幕府からの処遇をめぐって不満が生じ、南朝に寝返ったと考えられないであろうか。

討伐された氏範

その後、氏範に関する史料は事欠くところであり、至徳三年（一三八六）六月に摂津国中島（あるいは加東市の清水寺）で挙兵し、亡くなったとされている。『史料綜覧』も諸史料に基づきこの説を採っている。これは、事実なのであろうか。当該史料を確認すると、根拠は後世に成った系図ばかりであり、信を置けないところである。ところが、氏範が亡くなったことを示す一次史料は、しっかりと残っているのである。その具体的な内容を確認しておきたいと思う。

それは、永徳三年（一三八三）九月に赤松義則が清水寺（加東市）に対し、有馬郡仲荘（三田市）の田地二反を寄附したものである（「清水寺文書」）。寄附した理由は、清水寺で赤松氏範父子が滅亡したので、その追善供養のためであった。なぜ有馬郡仲荘であるのかは、氏範が有馬を拝領したと先述したが、その所領である可能性が高い。義則は、南朝についたとはいえ同族である氏範の死を悼み、その所領を亡くなった地である清水寺に寄附して、追善供養を行ったのである。

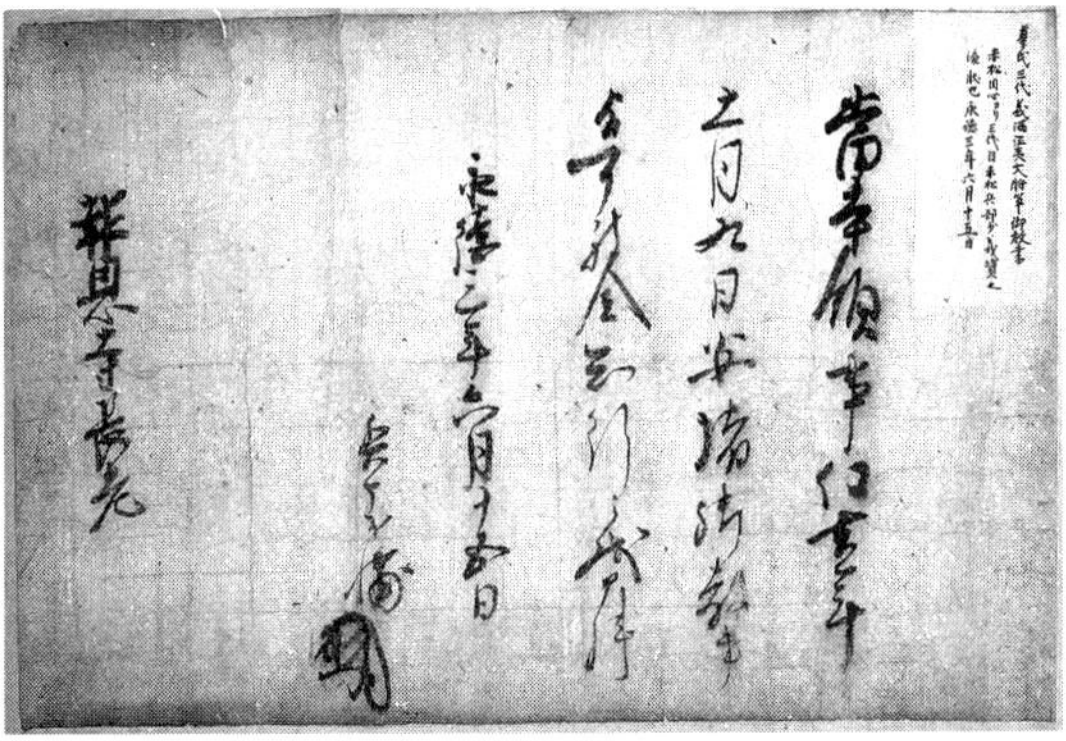

永徳三年六月十五日赤松義則副状
（報恩寺文書／兵庫県立歴史博物館提供）

従来は、氏範が至徳三年（一三八六）六月に亡くなったとされてきた。しかし、それは永徳三年（一三八三）の誤りであり、亡くなった地は清水寺だったのである。以後、有馬郡仲荘（三田市）の田地二反は、有馬郡の分郡守護となった有馬氏が代々寄進を行ったことを確認できる（「清水寺文書」）。

風雅の士・赤松範顕

赤松範顕については、摂津国守護代として活躍していたことを先に触れたが、和歌にも強い関心を持っていたことが指摘されている。以下、小川剛生の研究に基づき見ることにしよう。

京都の東山文庫には、二条為忠の手に成る『二条為忠古今集序註』（以下、『古今集序註』と略す）という書物がある。この書物は、『古今和歌集』の注釈書（仮名序註のみ）である。当時、為忠が歌壇において地味ながらも実力者であったことは、すでに述べた通りである。『古今集序註』は青蓮院坊官で歌人でもある鳥居小路経厚が天文四年（一五三五）六月に書写し、永禄八年（一五六五）八月にそれを神道家である吉田兼右が写したことを確認できる。こうした点から、信頼できる写本であると指摘されている。

本文の前には為忠により成立事情が述べられており、要約すると次の通りである。

『古今和歌集』の説を授けた人は数多いが、序を註して書を与えたことは、これまで一人としてその例がありませんでした。（中略）ところが、赤松彦五郎殿（範顕）は歌道への志が深く、熱心な心情を示され、決意を記した誓文を提出したので、支障なく書写を行いました。決して他の人に見せてはいけません。

これを見れば明らかなように、範顕は『古今和歌集』への情熱を為忠に示すことによって、特別な計らいで『古今集序註』を書写してもらったことがうかがえる。末尾に他見を禁じているのは、当時『古今和歌集』の注釈の秘伝が特別に貴重なことであったからである。為忠の行為は、いうならば古今伝授そのものであり、誰にでも許されるものではなかった。これに対して、範顕は次のように書き記している。

『古今和歌集』の序の註をいただいたことは、大変恐れ多いことながら悦んでおります。決していい加減な気持ちではなく、心中に住吉社・玉津嶋社を置いて、拝読したいと思います。

短い文章ながらも、範顕の喜びが伝わってくる内容である。ちなみに、これが書かれたのは、康安元年（一三六一）十二月三日のことである。署名は範実となっているが、書き写された花押は小川の研究により範顕の花押と同型であることが確認されている。つまり、範実と範顕は同一人物なのである。文中の住吉大社（大阪市住吉区）と玉津嶋神社（和歌山市）は、ともに和歌の神として当時崇敬されていた。範顕は和歌の神を心の中に置きながら、『古今集序註』を読むという神妙な気持ちを記したのである。

ところで、範顕が『古今集序註』を為忠が授けられた日は、まさしく合戦の最中であった。この頃、ちょうど南朝が京都を占拠しており、佐々木導誉の策謀で失脚した細川清氏が南朝方に与していた。範顕は清氏に味方し、足利義詮らを攻撃したのである。『太平記』には、範顕が摂津国兵庫（神戸市）から山崎方面へ攻めあがった様子が描かれている。小川が指摘する通り、このような戦乱の中にあったからこそ、逆に古今伝授を望んだのであろう。

第三章　三カ国守護・義則

1　赤松義則の登場

義則、赤松氏の家督を継ぐ

則祐の死後、その後継者となったのは義則《よしのり》であった。義則の生年に関しては諸説がある。しかし、高坂好が指摘する通り、『満済准后日記』応永三十四年九月二十日条に「今日、義則が亡くなったそうである。年齢は七十歳」という記事があり、最も信用すべきである。したがって、義則の生年は、延文三年（一三五八）ということになる。幼少期の義則の生活ぶりはほとんどわからないが、在京する父則祐のもとで育ったとみるのが妥当であろう。

義則の初見文書としては、『大日本史料』が『真言諸寺院記』から「法光寺文書」を引用しており、やや疑問符をつけながらも義則が法光寺（三木市）に禁制を発したとしている。応安二年（一三六九）七月のことである。しかし、義則はこのとき九歳の子供であり、まだ元服を済ませていないとみるのが自然である。いうまでもなく花押を持っていたとは考えられない。さらに、義則が山城守という官途を拝領したとは考えにくく、これ以外の史料では山城守を名乗った例を確認することができない。したがって、この史料を義則の発給文書とするのは困難である。

義則が則祐の家督継承を許されたという史料は、残念ながら見当たらない。では、播磨、備前、美作、摂津の各国の守護職は、どの時点で補任されたことが確認できるのであろうか。それらを列挙すると、次のようになる。

(1)播磨国――応安五年（一三七二）三月十七日（「尊経閣文庫所蔵南禅寺慈聖院文書」）。
(2)備前国――応安五年（一三七二）十月四日（「八坂神社文書」）。
(3)美作国――明徳三年（一三九二）四月二十三日（「佐々木文書」）。
(4)摂津国――応安五年（一三七二）九月十四日（「八坂神社文書」）。※有馬郡の分郡守護。

この一覧を見る限り、播磨、備前、摂津（有馬郡）の守護職は、則祐の没後直ちに継承したといえるであろう。ちょうど義則は十五歳になっており、元服を済ませて赤松氏の家督を継承するのにふさわしい年代に達していた。なお、美作国に関しては、明徳の乱の勲功賞として与えられたものである。実際のそれぞれの領国における支配については、のちに詳しく触れることとしたい。

最初に、義則と室町幕府との関係を確認しておこう。義則は室町幕府と変わらず強い関係を結んでおり、そのこともあって侍所所司を務めることになった。

侍所所司を務める

嘉慶二年（一三八八）四月のことである（「阿刀文書」）。所司代は、譜代の被官人である浦上氏が務めた。義則の侍所所司就任は、赤松氏歴代で初の快挙であった。

侍所について、少し説明をしておこう。侍所の起源は平安時代にさかのぼり、もとは、親王、摂関、公卿に仕える家人や警護する武士の詰所のことをいった。鎌倉時代になると、幕府の政務機関の一つとなり、長官を意味する別当には和田義盛が就任している。その職務内容は、御家人の統率と鎌倉市中の警備であり、のちに刑事裁判の機能を持つようになった。

室町幕府が成立すると、基本的に侍所も政務機関として引き継がれたが、職務内容は戦闘における戦功認定へと大きく変化した。南北朝の内乱が激化するのに伴い、戦功認定は重要なことであった。そして、長官を意味する別当は、所司と名称が改められた。初代の所司は、高師泰《もろやす》が任じられている。以後、主に将軍の腹心の武将が所司を務めた。

十四世紀後半になると、さらに職務内容に変化が生じ、本来検非違使《けびいし》庁が持っていた京都市中の治安、警察、民事裁判の機能を吸収するに至った。同時に侍所所司は、山城国守護を兼務するのが慣例になったのである（山城国守護代は、侍所所司代が兼務する）。まさしく侍所は、京都の市政機関へと変貌したのである。しかし、義則が侍所所司在任中は、必ずしも同時に山城国守護を兼務したわけでなく、別の者が担当することもあった。

ところで、よく「三管四職」という言葉がよく用いられる。「三管」とは管領家である細川、斯波、畠山の各氏を示す、そして、「四職」とは侍所所司家である、赤松、京極、一色、山名の四家を示している。しかし、先述の通り初代の侍所所司は高師泰が務めており、必ずしもそうとはいえない。実際には、三浦、細川、仁木、土岐、佐竹、斯波、今川などが侍所所司に就任しており、中でも土岐氏は十五世紀半ばに至っても務めていることを確認できる。したがって、「四職」とは、のちに赤松、京極、一色、山名が交代で所司を務めたことが反映された言葉なのである。

侍所を務めた期間

赤松氏が侍所所司を務めた期間は、断続的であり一定しない。かなり頻繁に交代している。在任期間を列挙すると、次のようになる。

(1)嘉慶二年（一三八八）四月――同年八月頃までか。
(2)康応元年（一三八九）五月――明徳二年（一三九一）九月（実際は十二月頃までか）。
(3)応永六年（一三九九）十月――応永九年（一四〇二）二月まで。
(4)応永十三年（一四〇六）六月――応永十五年（一四〇八）十二月までか。

このように義則は、何度も侍所所司を歴任した。所司代はすべて浦上氏が務め、小所司代は大塩四郎左衛門入道がその職にあったことを確認できる。小所司代とは、所司代の配下で様々な実務を担っていたと考えられる。うち(1)(2)(3)の期間は浦上美濃入道が、(4)の期間は浦上美作入道性貞がそれぞれ所司代を務めた。ときに浦上氏は、山城国守護代を兼務することがあったのである。浦上氏は守護のもとで奉行人としても活動しており、赤松氏に重用されていた。

応永十八年（一四一一）十一月以降は、義則の子息である満祐が侍所所司の任にあたった。義則は応永三十四年（一四二七）に亡くなるまで播磨国などの守護を務めていたので、侍所所司は当主でなくとも務められたのである。その辺りに関しては、満祐の章で触れることにしたい。義則の侍所での活動を示す史料は乏しく、その活躍ぶりについては不明な点が多い。

2　赤松義則の活躍

幕府の抗争と義則の活躍

義則が赤松氏の家督を継いだ頃には、南朝との激しい抗争も一段落しており、むしろ南北両朝の和睦が模索される段階になっていた。しかし、現実には北朝・南朝ともなかなか妥協点が見出せず、交渉が難航していた。さらに、室町幕府内では路線をめぐって混乱が続いており、その一つに康暦の政変を挙げることができる。

足利義満が三代将軍に就任してから、補佐をしていたのは細川頼之《よりゆき》であった。頼之は管領に就任すると、応安の半済令《はんせいれい》、朝廷の段銭徴集権の獲得など、次々と新政策を打ち出した。半済とは特定の国に対し、守護を通じ荘園年貢の半分を、その配下の武士の兵粮料や恩賞として、一年に限って給与した制度のことである。応安の半済令では、下地を分割して荘園領主と給人武士が半分ずつ領有するに至り、恩賞地化が進んだのである。

頼之は敵対する南朝には徹底的な交戦を挑み、その拠点である河内、伊勢などを攻略した。九州には鎮西探題として今川了俊《りょうしゅん》を派遣するなど、地方政治にも配慮している。ほかにも幕府の新邸の造営、義満の官位昇進の働きかけなどで幕府の権威を高め、京都五山をはじめとする仏教界の統制にも尽力した。そして、一連の政策が幕府政治をよい方向に導いたのは間違いないが、同時に細川家の興隆へとつながったのである。

しかし、頼之を快く思わなかった者がいたのも事実である。その急先鋒の一人が斯波義将《しばよしまさ》であり、義将派である美濃国守護の土岐康頼《ときよりやす》たちである。その動きを察知した頼之派の諸将の中には、義将派へ転じる者もあらわれる始末であった。やがて義将派は有利な立場になると、義満に対して頼之の排斥を進言する動きがあらわれた。そして、康暦元年(一三七九)二月、ついに近江国で義将派の佐々木高秀が挙兵したのである。

康暦の政変での活躍

戦いが始まると、義則は義満の命を受けて、同時に挙兵した土岐康頼を討伐するため、美濃国へと進発した(『後愚昧記』)。一カ月後、戦いの舞台を近江国浜大津に移し、義則は転戦し続けた。しかし、しばらくすると義満は、義則ら出征した軍勢を呼び戻している(『迎陽記』)。同年四月になると、義満は実力行使によって、高秀や康頼を罷免した。これに反発した義将派は、花の御所を軍勢で囲み、逆に頼之の罷免を迫っている。結局、頼之は出家して、領国である讃岐国へと下向した。

その結果、頼之派の守護の多くが交代となり、代わりに義将派が台頭することになった。以上の一連の動きが、康暦の政変の概要である。このとき、義則が頼之派、義将派のいずれに属したかは、不明であるといわざるを得ない。ただ、守護職を奪われていないところをみると、あくまで中立的な立場にあったと考えるのが妥当であろう。

明徳の乱と義則

しばらく時間を置いて勃発したのが、明徳二年（一三九一）の明徳の乱である。その当事者が、山名氏一族であった。

山名氏は、清和源氏の流れを汲む一族である。鎌倉時代にもその活動は見えるが、より動きが本格化するのは南北朝の動乱期であった。最初、山名氏を率いた時氏は尊氏に従い、山陽・山陰方面で活躍している。しかし、観応の擾乱が勃発すると直義方に転じ、その後は南朝方に与する態度を取った。貞治二年（一三六三）に義詮に帰順して以降は、一族が各地の守護に補任され、最も多いときは十一カ国にのぼっている。日本全国六十六カ国のうち十一カ国を占めたので、当時の人々は山名氏を「六分之一殿」と称した。

一族でこれだけの数の守護を保有することは、室町幕府にとって決して好ましいことではなかったといえる。やがて義満は、必然的に山名氏一族への警戒心を強めるようになった。山名氏討伐の契機になったのは、山名氏の惣領である時氏の死である。応安四年（一三七一）のことである。山名氏中興の祖というべき時氏の死は、義満に大きなチャンスをもたらした。

実は、山名氏一族の間においても、内訌の兆しが見えていた。その原因とは、肥大化した山名氏内部における惣領職をめぐる問題であった。山名氏は庶流に分かれて守護職を保持していたが、惣領職をめぐって意見の一致を見なかったのである。義満は山名氏の内紛を好機と捉え、一気に山名氏の勢力を削ごうと画策した。

明徳二年（一三九一）、義満は時熙《ときひろ》、氏幸《うじゆき》が但馬国に在国したまま幕府の命に従わないことを理由にして、氏清《うじきよ》、満幸《みつきよ》の両名に対し彼らの討伐を命じた。ところが、逆に時熙は義満に氏清らの振る舞いを讒言し、陥れようと画策している。危険を感じた満幸は氏清を説得し、同時に氏清も兄の義理《よしまさ》を味方に引き入れ、ついに幕府に叛旗を翻した。山名氏の内紛は、ここで一気に噴出したのである。義満は大内、畠山、細川の各氏に命じ、京都に乱入した山名氏の軍勢と戦いを繰り広げた。同年十二月のことである。

この戦いは、内野合戦と呼ばれている。内野とは、現在の二条城の北西地域で上京区から中京区にかけての範囲を示す。もちろん、義則も一族、被官人を率いて内野合戦に参戦した。戦いの概要については、明徳の乱の一連の流れを示した軍記物語『明徳記』に詳しく記されている。結果、氏清は敗死し、満幸は出雲国へと逃れた。義則は応永元年（一三九四）に、満幸討伐のため美作国に進発したことを確認できる（「東寺百合文書」）。しかし、戦闘で赤松氏の受けた打撃は大きく、有力な諸将を戦いの中で失っている。

美作国守護を拝領する

戦いの結果、山名氏一族の保持した守護職の多くは剝奪され、ほかの守護らに再分配された。山名氏の一族の中では、時熙に但馬、満幸に伯耆の守護がそれぞれ与えられたに過ぎなかった。時熙らにすれば、意外な結果と思ったに違いない。義満による山名氏一族の勢力削減という目論見は、見事に成功したのである。

赤松氏は目覚しい軍功によって、新たに守護職を与えられた。明徳の乱まで美作国守護は山名義理が務めていたが、反幕府の行動を取ったので、代わりに義則が拝領したのである（『大乗院日記目録』）。これまで、美作国は一族の貞範が守護を務めたことがあったが、惣領家が務めるのは初めてであった。ここで、赤松氏による「播・備・作（播磨・備前・美作）」の支配が成立するのである。なお、義則による美作国支配については、のちに詳しく述べることにしよう。

同年は、足利義満の尽力によって南北朝合一がなされた。表面的には長い南北朝時代が幕を閉じたのであるが、以降も南朝勢力は大和国を中心にして活動し続ける。そして、義則は幕府から重用され、いうなれば赤松氏の最盛期を築き上げるのである。

3　義則による播磨支配

義則の播磨国支配

いうまでもなく播磨国守護職は赤松氏にとって、最も重要なものであった。そして、備前国、美作国、摂津国（有馬郡）などの他の地域と比較しても、史料（特に矢野荘関係）は比較的豊富であり、関連する研究も多いといえる。以下、史料や先行する研究をもとにして、播磨国における義則の支配を見ることにしよう。

義則による播磨国支配は、これまでの円心や則祐の代と比較して、格段に変化を遂げているといってもよい。まず、守護代に関しては、二人存在したことが確認できる。同時に、守護代所として、広瀬、坂本、石見の三カ所を確認することができる（満祐の代に英賀が加わる）。播磨は広大な地域であったので、守護代所もこのように数カ所設ける必要があったのである。

奉行人も在京する赤松氏の膝下のみならず、在国奉行そして守護代内奉行を置くなど、支配機構の拡充が進んでいる。奉行人は、守護のもとで実務を執り行う官僚であり、欠かせない存在であった。奉行人が訴訟窓口になったことは則祐のところでも述べたが、義則の代に至ると格段に関連史料が増加する。

そして、注目すべきは義則が国衙《こくが》機構の権限を吸収し、国衙眼代職として小河氏を任命したことである。国衙とは、律令制で諸国に設置された政庁のことを意味し、鎌倉時代以降においても機能していた。その権限は、中世以降も多岐にわたっていたのである。

このように義則の播磨国支配は、則祐の代と比較して、質的にもかなり充実していたといっても過言ではない。詳細は、次に述べることにしよう。

明徳以前の播磨国守護代

最初に、明徳期以前の守護代について確認しておこう。応安六年（一三七三）七月、赤松氏は守護奉行人奉書によって、宇野祐頼《すけより》に対して矢野荘例名における軍役の催促停止を確認することができる（「東寺百合文書」）。以降、至徳元年（一三八四）四月まで祐頼が守護代に在職し続けた。宇野祐頼は、則祐の時代に守護代を務めていた宇野氏の系譜を引くとみて間違いないであろう。

康暦二年（一三八〇）五月以降、有野（有馬）義祐《よしすけ》が播磨国守護代に在職していたと指摘されている（「大徳寺文書」）。有野は、現在の神戸市北区にある地名であり、有野荘という荘園が存在した。有馬氏は一時期、有野姓を名乗っていたようである。本来、摂津国有馬郡に本拠を持つ有馬義祐が、いかなる理由により、播磨国守護代を務めたのか判然としない。

永徳元年（一三八一）十二月になると、義則が赤松五郎なる人物に対し、須富荘（加西市）の件について書状を送っている。この赤松五郎も、守護代の一人として考えてよいであろう。以前、この赤松五郎に関しては、義祐と同一人物であると考えられてきたが、実際は円心の子息である氏康《うじやす》とすべきである。つまり、義則から見ると、伯父にあたることになる。

矢野荘の事例においては、守護代による支配の一端をうかがうことができる。永和元年（一三七五）八月の史料によると、宇野氏のもとには「守護代内奉行」が存在し、その奉行が赤穂郡の郡使所に対して郡定役の催促などを行っているのである（「東寺百合文書」）。これを播磨国内すべてに普遍化することは困難かもしれないが、守護代の配下には実務を担う奉行が存在し、各郡には年貢等の催促に当たる郡使が存在したと考えられる。郡使所は、郡使が滞在する役所であった。

このように守護代が守護に代わって支配を展開したことは明らかであるが、詳細をうかがうには史料がやや乏しい。明徳期以前における守護代の動静は、やや掴みづらいところがあるものの、おおむね明徳期以後を境にして、詳しくわかるようになる。

守護代の史料が比較的多くなるのは、明徳期以降である。すでに述べた通り、播磨国支配の拠点は守護代所であり、満祐の代も含めて四カ所が設置された。以下、守護代の役割について述べることにしよう。

明徳以後の播磨国守護代

広瀬とは、現在の宍粟市広瀬のことを示している。当初、広瀬を守護代所として、守護代を務めていたのは、宇野四郎なる人物であった（「東寺百合文書」など）。宇野四郎の系譜については明らかにしえないが、赤松氏関係者が宇野姓を名乗ることはよくあるので、庶流であると考えてよい。その点については、のちに詳しく触れるが、赤松氏の流れを汲む赤松下野家と系譜の関連があると考えてよいであろう。

ただし、明徳期以前に守護代を務めた宇野祐頼、有野（有馬）義祐、赤松五郎と宇野四郎との系譜の連続性は、ないものと考えられる。そうなると、宇野四郎の流れは、新たに登場した勢力といえる。宇野四郎の注目すべき点は、史料上に「西八郡守護代宇野四郎方」とあることである（「東寺百合文書」）。播磨国は比較的大きな面積を誇っている。したがって、一人の守護代が一国を担当するのは、何かと負担が大きかったのであろう。それゆえに、播磨国を東西に分割して統治するようになった。では、東西の区分とはいかなるものであろうか。その点に関しては、のちの史料であるが、近世に成立した地誌『播磨鑑』に次のように記されている。

東播八郡トハ所謂三木郡・明石郡・加古郡・加東郡・加西郡・印南郡・多可郡・神東郡以上八郡也、

地図上で線引きしてみると、実にうまい具合に東西に分かれることが確認できる。つまり、この境目よりも西の部分が「西八郡」になる。ところが、残念なことに東八郡を管轄した守護代については、未だ明証を得るところではない。当該期の史料が圧倒的に播磨西部に残っていることと関係していると思うが、今後の課題である。

守護代宇野四郎は、応永元年（一三九四）十二月からその活動を確認できる（「鳥居大路文書」）。その配下には、奉行人として山下氏が存在した（「教王護国寺文書」）。山下氏は守護代のもとで、様々な実務を担っていたのである。しかし、以後応永六年（一三九九）まで、宇野四郎の姿を確認することができない。おそらく、この間も宇野四郎が守護代を務めていた可能性が高いといえるが、応永七年（一四〇〇）になると入れ替わるように、守護代石見殿が登場する（「東寺百合文書」）。この石見殿とは、いかなる人物なのであろうか。

石見とは、現在のたつの市石見のことを示しており、この場合は人名ではなく守護代所の位置を意味している。応永七年十月、義則は下野入道宛に下知状を発給している（「東寺百合文書」）。この下知状は矢野荘例名などについて、義則が幕府からの御教書の内容を受けて命じたものである。こうした流れを見る限り、石見にいた守護代は、下野入道と考えてよい。『赤松家風条々録』によると、赤松下野家は御一族衆に位置づけられている。

残念ながら、下野入道の系譜は明らかではないが、宇野四郎の系譜を引くと考えられている。そして、応仁の乱以後は赤松政秀によって、守護代の地位が引き継がれたことが大きなヒントになる。政秀の官途は下野守であり、下野入道の子孫であると指摘されている。同じ官途を有していたことから、下野入道と政秀との間には系譜関係が想定されるのである。

守護代赤松下野入道のもとには、実務を担う奉行人として津万氏が存在した。津万氏は、津万荘(西脇市)を出自とする領主であろう。この下野入道は、応永十八年(一四一一)に亡くなったことがわかる(「教王護国寺文書」)。下野入道の在任期間は十年あまりとなり、翌年からは新しい人物を守護代に迎えることになる。

応永十九年(一四一二)以降から石見守護代所に姿を見せるのは、赤松肥前守である(「教王護国寺文書」)。では、赤松肥前守とは、いかなる人物なのであろうか。これまで、その出自に関しては、別所則忠《のりただ》を充てる考え方もあった。別所氏は赤松氏の血縁に連なり肥前守を称していたので、そう考えたのであろう。しかし、その後の研究によって、別所則忠説は否定され、同じ赤松氏の一族である在田《ありた》肥前守則康《のりやす》が適切であると指摘された。

在田氏は、範資の次男である朝範《とものり》をその祖とする。のちに朝範は則祐の養子となり、在田姓を名乗ったという。在田荘は現在の加西市にあった荘園であり、高野山領でもあった。赤松肥前守の配下では、当初津万氏と八木氏が奉行人を務めていたが、のちに津万氏の姿が見えなくなり、佐野氏が加わることになる。同じ奉行人が下野入道から肥前守に継承されているので、両者には守護代としての職務に連続性があると考えてよい。

赤松肥前守は応永二十八年(一四二一)に病気か死没したと考えられ、守護代の職務を離れた。守護代所も石見から再び広瀬に移ることになる（「教王護国寺文書」）。守護代は、宇野備前守が務めている。おそらく宇野備前守は、先に登場した祐頼の子孫であると考えられる。当初、奉行人は内海氏と山下氏が務めていたが、のちに内海氏と塩野井氏のペアになった（「教王護国寺文書」）。この間、守護代所の場所が変わった理由は、十分明らかにできない。

大きな変化として確認できるのは、応永三十一年（一四二四）に至って、守護代の管轄が西八郡守護代という限定された範囲から、一国へと広がったことである。この点を確認するには、先述した守護代の権限について述べる必要があるであろう。

守護代の権限

守護代の権限については、岸田裕之、伊藤邦彦、三宅克広の各氏によって論じられてきた。以下、それぞれの説を参考にして、守護代の権限を確認しておきたい。

守護代の権限として、これまで指摘されてきたのは次の三点である。

(1)軍事指揮権――軍事指揮権の発動に関わる守護役は、広瀬、石見の守護代によって徴収されている。守護役の中身とは、御即位警固役夫、仙洞門役人夫、石清水八幡宮番役夫などが含まれる。守護代は軍事指揮権を代行し、国内寺社本所地頭御家人に対して、一国平均に軍役を賦課する権限を有していたと指摘されている。

(2)所務沙汰権――守護代は幕府の所務沙汰を守護を通じて遵行していたが、同時に独自の所務沙汰権を保持していた。応永五年（一三九八）の伊和神社と書写山の相論を例にして、当事者と論所が領国内にある場合は、所務沙汰権を行使できたと考えられている（「伊和神社文書」）。

⑶検断権——矢野荘において、守護代が盗人を捕縛あるいは殺害している例をあげて、検断権を有していたと指摘されている（「東寺百合文書」）。

このように、播磨国守護代は三つの権限を有すると指摘されてきた。しかし、次に述べるように、国衙眼代職として小河氏が存在し、別個に権限を有してきたことも指摘されている。果たして、小河氏はいかなる権限を有し、領国内においてどのような立場にあったのであろうか。

国衙眼代職・小河氏をめぐって

国衙眼代職について述べる前に、小河氏の出自について考えてみたい。小河氏は、播磨国衙の在庁官人の系譜を引いていたと指摘されている。本来、国衙とは国府の正庁を中心とした官衙群（建物）を意味し、転じて国司・在庁官人らの勤務する機関を総称するようになった。国司は、いうなればその国の長であり、在庁官人とは平安中期以降に諸国国衙で実務をとった地方役人のことである。律令本来の国司制においては、守以下の四等官が国務を担当したが、平安中期以降は国司官長に権限が集中し、雑任国司らの赴任がみられなくなった。

そのような状況において、国衙行政の実務は在地の下役人が担うようになった。いわゆる在庁官人である。彼らは従前の郡司層の系譜を引く在地有力層出身の場合が多く、やがて留守所によって国衙行政の全般を取り仕切った。留守所とは、地方行政の統轄のため各国に設置された政庁のことである。平安中期から国守は遙任して在京し、任国へは私的な代官である目代を派遣した。その目代の指揮により、在庁官人が執務する国衙の中心が留守所である。

年未詳ながら文和二年（一三五三）に比定される、小河光阿の書状が残っている（「称名寺文書」）。この書状には小河氏の先祖のことが記されており、その先祖は鎌倉期に播磨国衙領である平野北条内の是松別名を称名寺の建立に際して寄進したとある。「建長二年（一二五〇）申庁宣」とあるので、小河氏は留守所の一員であったといえる。庁宣とは任国に赴任せず在京したままの国守が、国の在庁官人・留守所に発給した文書のことである。

国衙の在庁官人の系譜を引く小河氏には、「小河文書」という史料が残っている。この史料によると、明徳三年（一三九二）六月に小河六郎兵衛入道が赤松義則から播磨国衙眼代《がんだい》職に任じられたことがわかる。応永五年（一三九八）十二月には、赤松義則が小河新左衛門尉入道玄助を国衙代官職に任じている。眼代（目代）が国守の代官を意味することから、国衙眼代職も国衙代官職も同じ意味であると解してよい。また、眼代職が守護赤松氏によって補任されていることから、国衙機構は赤松氏により掌握されていたと考えるべきであろう。

では、国衙眼代職の権限には、いかなるものがあったのであろうか。岸田裕之の研究を要約して列挙すると、次のようになろう。

(1)闕所地処分の遵行。　(2)公役の譴責・徴収。　(3)商業。
(4)訴訟史料の挙達。　(5)段銭の譴責・徴収とその手続事務。　(6)城郭の管轄。

そして、のちに伊藤邦彦によって、さらに次の三つが指摘された。

(7)公田段銭・守護段銭及び諸公事として一括される公役（軍役を除く）。(8)雑務沙汰権。(9)寺社本社領統括権。

こうして、国衙眼代職の職務権限が明らかにされたのであるが、岸田、伊藤の両氏の見解は相違する点がある。岸田はより多くの権限を持つ国衙眼代の小河氏を「上位守護代」とし、先述した宇野氏らの守護代を「下位守護代」とした。伊藤は、小河氏が史料上に「守護代」と記されたものがないことを踏まえ、単に国衙眼代と称した。そして、一連の研究を批判的に検討したのが三宅克広である。三宅は小河氏が国衙眼代であると同時に、在国奉行を務めている点に着目した。三宅の研究によって、もう少し国衙眼代・小河氏の持つ権限について確認しておきたい。

まず、小河氏は国衙眼代職を務めていたが、同時に在国奉行人としての職務を果たしていたことが明らかにされた。在国奉行人は、在京する守護赤松氏を支えた在京奉行人とは別個に組織されたものである。メンバーは小河氏のほか、浦上氏、櫛橋氏、黒田氏などが知られている。うち浦上氏、櫛橋は、「年寄」に位置づけられていた（『赤松家風条々録』）。「年寄」は、赤松氏の血縁にはつながっていないが、重臣層に位置づけられる者たちである。そして、彼らの発給する在国奉行人奉書は、次のような特徴を有していると指摘された。

(1)年号は、書下年号が多い。
(2)書止文言は、「之由候也、仍執達如件」、「之由候也、恐々謹言」などの奉書形式（当主の意を奉じる形式）が多いが、中には「之状如件」といった直状形式のものもある。
(3)二名ないしは三名が連署している。
(4)扱っている内容は、「濫妨停止」、「闕所地給与・剝奪」、「諸役の免除・催徴」である。

そして、これまでの研究では、守護代と国衙眼代・在国奉行人の権限を明確に分けていたが、必ずしもそうではないと指摘された。つまり、守護代と国衙眼代・在国奉行人の権限が重複していることがあったのである。

結論を先にいうならば、次のようになろう。

(1)守護代は、幕府からの命令を受けた守護遵行状の遵行を行う傾向にある。
(2)在国奉行人は、守護独自の裁許や命令の遵行を行う傾向にある。

このことは何を意味するのか。これまで分類した権限は、守護代と在国奉行人との間で峻別できるものではなく、命令の発信先が幕府であるか守護であるかによって、その後の遵行ルートが変わってくるのである。その結果、先に触れた国衙眼代の持つ諸権限のうち(2)(5)(7)(9)については、守護代が関わっているケースが指摘されたのである。

ところで、応永二十九年（一四二二）になると、幕府の命令が守護を介して、在国奉行に伝えられた事例を確認できる（「天龍寺文書」）。先に触れた通り、幕府の命令は守護を介して守護代に伝えられるのが通常のルートであるが、以後、守護代でなく在国奉行に伝達される事例が散見するようになる。しかし、すべてが在国奉行に窓口を一本化されたのではなく、守護代へのルートも残っていた。こうした現象が見えることから、在国奉行の播磨国内における権限の上昇と守護代に対する地位の相対的上昇が指摘されている。このように、赤松氏領国においては、複数の命令系統が存在し、峻別が困難であることがわかる。

小河玄助の人物像

小河氏は播磨国内において、その地位を上昇させたのであるが、いったいいかなる人物だったのであろうか。小河氏の人物像を知るうえで、比較的多くの史料を載せるのが『鎮増私聞書』である。とりわけ小河氏の信仰に関する記事が豊富に含まれている。

応永三十三年（一四二六）四月、玄助が願主となって播磨国惣社（姫路市）で直談が行われた。直談とは天台・浄土系を中心に、地方学問寺の談義所などを介して行われた一般に対する講説のことをいう。むろん直談には、相応の費用がかかったはずである。この直談は、神明法楽を一義としながらも、一方で玄助の先祖である光阿の報恩を祈念する意味合いもあった。光阿が玄助の先祖であったことは、すでに触れた通りである。

玄助はこうした直談をたびたび催しており、応永三十五年（一四二八）三月には定願寺（姫路市）で亡妻の三十三回忌を行っている。直談といい、法要といい、小河氏はなかなかの富裕層であったと考えられる。そのことを示すのが、次のエピソードである。

永享五年（一四三三）二月、英保和泉入道の宿所で如意輪を開眼した。英保氏は庭の桜を背の高さほどに切って、生木の如意輪を造ったという。鎮増はそれを苦々しい思いで見たあと、玄助のもとに立ち寄った。すると玄助は、鎮増の住した定願寺前の蔵のうしろにある客殿を寄付したという。この記事によって、玄助の居住地が現在の姫路市内にあったことがわかるとともに、相当な富裕者であったことが判明する。鎮増は、英保氏の貧しさ（庭の桜の木で如意輪を造ったこと）と小河氏の富裕さを対比したかったのであろう。

玄助が亡くなった事実は、『鎮増私聞書』永享八年二月五日条で確認することができる。鎮増はその死を悼んで、次のように記している。

玄助は、私（鎮増）が長年敬信する壇方である。彼は、諸寺・諸宗の敬信・興隆をなさる方であった。果報といい、才智といい、赤松氏の中にはこれほどの人物はいない。

このように鎮増は、玄助の優れた才能を称えるのであった。むろんこうした評価には、多少の誇張も加味しなくてはならない。しかし、小河氏が国衙の在庁官人の系譜を引き、その高い実務能力によって、赤松氏内部でも重んじられるようになった事実は重要である。

在京奉行人の役割

赤松氏領国内（播磨国）では、守護代、国衙眼代、在国奉行が中心となり、支配を展開したと述べてきた。当時、各地の守護は遠隔地を除いて、在京する義務が課せられていた。守護は在京して幕政に関わり、中には赤松氏のように侍所所司を務めるような家もあった。在京守護の膝下では、領国内の訴訟などに携わった実務官僚というべき者たちが存在した。それこそが在京奉行人といわれる人々である。以下、三宅克広らの研究をもとに、在京奉行人について考えてみよう。

在京奉行人のメンバーは、おおむね次のような人々によって構成されていた。

(1)喜多野、上原、浦上、富田、薬師寺

(2)布施、上村、飯尾、伊地知、平位、大野、須賀院、恒屋

このうち(1)は、赤松氏の中で「年寄」に位置づけられた人々である（『赤松家風条々録』）。彼らは、赤松氏の屋台骨を支えるような存在であった。しかし、(2)については、平位、恒屋の両氏のように播磨国における在地性の強い者も存在すれば、そうでない者もいる。例えば、布施、飯尾の両氏は、室町幕府奉行人の中に同姓の者を見出すことができる。したがって、彼らは幕府奉行人の一族の中で、赤松氏に仕える者があったのではないかと推測されている。このように在京奉行人は、多様なメンバーによって構成されていたのである。

在京奉行人は、当主の意を受けて守護奉行人奉書を発給し、訴訟裁許などの内容を該当者に伝えるなどした。その具体例は後述するが、在国奉行人の例にならって、在京奉行人の奉書の特色を掲出すると、だいたい次のようになろう。

⑴堅紙奉書
Ⓐ署判—官途書き、Ⓑ年号—書下年号、Ⓒ書止文言—「之由候也、仍執達如件」、「之状如件」

⑵折紙奉書
Ⓐ署判—実名書き、Ⓑ年号—書下年号と付年号の併用、Ⓒ書止文言—「之由候也、仍執達如件」、「～候、恐々謹言」、「之由候也、恐々謹言」、「之状如件」

奉行人奉書は、おおむね次のような用途に用いられた。つまり、「荘園に対する濫妨停止命令」、「寺社に対する寄進」、「闕所地給与・安堵」、「諸役の免除・催徴」などである。所領安堵については、守護の直状が用いられた。所領安堵は、当主と被官人との関係を重視していたので、守護の直状に限られたのであろう。しかし、奉行人奉書の用途に関しては、ケースによって守護直状が用いられることもあり、必ずしも明確に分類できるわけではない。ただ、奉行人奉書が領国支配の中で重要な位置を占めていたことはたしかである。もう少しその点を考えてみよう。

奉行人奉書は、通常二・三名が連署して発給されていた。重要なのは、各奉行人が特定の寺社を担当しており、訴訟などの担当窓口になっていたことである。つまり、それぞれの奉行人は、担当する寺社と強固な関係を結んでいたのである。

守護に寺社から訴訟が持ち込まれると、基本的に守護と奉行人が裁許を行う。奉行人は担当寺社の過去の判例や案件の経緯を把握しており、裁許の場で守護の諮問に回答するなど、重要な立場にあった。やがて、奉行人は荘園領主である寺社との関係をさらに深め、同時に自己の権限を強めるようになった。そして、奉行人は、赤松氏領国内における地位を上昇させるようになる。これまでは幕府→守護→守護代というルートが普通であったが、幕府奉行人奉書を守護奉行人奉書が遵行する例も見られるようになる。つまり、守護代の持つ役割の一部を担うようになるのである。

このように守護膝下の奉行人は、訴訟裁許の窓口として機能していたが、やがてその地位を上昇させた。そして、守護赤松氏を実務的に支え、欠かことができない存在になるのである。

播磨国と荏胡麻商人

中世播磨国における商業史は非常に乏しいところであるが、比較的よく知られる事例に荏胡麻《えごま》商人に関するものがある。以下、特に断らない限り、「離宮八幡宮文書」を用いて、播磨国内における荏胡麻商人について考えてみたい。

現在の京都府大山崎町には離宮八幡宮があり、鎌倉時代から戦国時代にかけて大山崎油座が存在した。油座は、荏胡麻から抽出した油を特権商人が独占して販売する権利を保持しており、主たる座の構成員は離宮八幡宮の大山崎神人であった。彼らは幕府や朝廷の庇護のもと、畿内でほぼ独占的に販売を行い、やがて油以外のものも扱うようになった。そして、播磨国内においては、油の販売をめぐって、様々な争いが起こっているのである。

播磨国では、鎌倉期から荏胡麻商人が販売を行っていたと推測されるが、史料上にあらわれるのは円心が播磨国守護に就任して以降であった。年未詳ではあるが、一月三十日の日付を持つ則祐宛の円心書状がある。則祐に宛てているところを見ると、年代はおおむね円心晩年の頃のものではないかと考えられる。その書状には、次のことが記されている。

(1)大山崎神人の言うところでは、播磨国における荏胡麻商売について去年許可を得たが、これが適用されなかった。

(2)それどころか、買い置いた荏胡麻は佐用郡中津河の百姓である権守左近二郎、左近三郎らが抑留する始末である。

(3)いわれのないことであるので、抑留された荏胡麻を返付し、すぐに百姓らを召しだすこと（円心が則祐に命じる）。

つまり、大山崎神人が播磨国内で商売をしようとしたが、佐用郡中津河の百姓が荏胡麻を奪い去り、妨害工作を行った。訴えを聞いた円心は則祐に対して、百姓の行為を止めさせるように命じているのである。のちに中津河商人が登場するが、佐用郡においては大山崎神人と地元の中津河商人が油の売買をめぐって争っていた様子を看取できる。このときの一件に関しては、首尾よく収まったのか不明であり、関連史料は残っていない。

問題が再燃するのは、義則の代に至ってからである。応永十八年（一四一一）七月の赤松氏奉行人連署奉書によって、概要をうかがい知ることができる。播磨国荏胡麻商売の件について尋ねたところ、五月二十五日付の現地奉行人の請文と中津河商人らの訴状が来たので、義則に披露した。その結果、荏胡麻商売については旧例に従って大山崎商人が行うことと、昨年留め置いた荏胡麻三石を大山崎神人に返付するよう決定した。

史料には「近年は旧例に背いて、荏胡麻の買い取りが大変多かった」と記されている。つまり、中津河商人らは、播磨国内における大山崎神人の自由な商売を認めず、不当に安い値段で買い取り、自らが油を販売してたのではないかと考えられる。別の史料によると、「佐用中津河以下商人等」あるいは「当国商人等」とあることから、中津河商人以外の播磨国内中の商人が関与していた可能性がある。中津河商人というのは、そうした商人を束ねる地位にあったと推測される。

荏胡麻を抑留しようとしたのは、中津河商人のみに止まらなかった。応永二十一年（一四一四）八月、荏胡麻油の輸送が播磨・備前両国で困難であることが伝えられた。原因は、赤松義則の被官人である小河玄助が荏胡麻を押し取り、不当に安い値段で購入したからであった。幕府は義則に対して、早く油を大山崎神人に返還し、今後両国に油が来ても召し上げることがないように命じている。このように商人のみならず、当時、国衙眼代職に地位にあった小河氏までが、荏胡麻に強い関心を示していたのである。

以後も油をめぐる問題はたびたびあったようで、応永二十二年・二十三年（一四一五・一四一六）には、義則が守護代赤松肥前守に荏胡麻商売の件で遵行状を発給している。こうして播磨国内では、油販売をめぐって長く混乱が続いたのである。

4　義則による備前などの支配

義則の備前国支配

義則の備前国支配は、播磨国と同じく守護代や奉行人に拠るところが大きかった。しかし、播磨国に比較すると史料も乏しく、詳細をうかがうのは困難な状況である。

赤松氏膝下の奉行人は、備前国においても機能していた。「八坂神社文書」によると、備前国斗餅田の件で至徳元年（一三八七）六月に赤松氏奉行人連署奉書が発給されている。署名しているのは、伊地知某と飯尾某の二人であり、守護代の浦上帯刀左衛門尉（助景）に宛てられている。つまり、備前国内の統治に関しても、幕府→守護（奉行人）→守護代という命令系統が機能していた。類例は乏しいが、基本的な部分では同じ支配方法だったのである。

守護代浦上氏の活躍はのちほど述べるとして、ここでは守護による棟別銭《むねべちせん》賦課について触れておこう。棟別銭とは、家屋の棟数別に賦課された臨時の課税のことであり、社寺・朝廷の造営・修復などのため、全国または特定の国郡に賦課されたものである。

「東寺百合文書」によると、応永二十年（一四一三）に備前国に棟別銭が課されたことをうかがえる。しかし、在地では納入が困難でもあり、たびたび延引するというありさまであった。秋には何とか納入をと考えているが、この間の日照りによって領主・給主とも「色を失う」という状況を示していた。そのため、客僧を交渉に派遣するなど、多くの苦労があり、守護方の者を接待するなどしている。現地には、守護使が派遣されていることも確認できる。

播磨国と比較して史料は乏しいが、守護膝下の奉行人を置き、守護代浦上氏を通した支配が行われたことが確認できる。

備前国守護代浦上氏の活躍

則祐の代に宗隆が備前国守護代を務めていたが、次に就任したのは浦上助景《すけかげ》であり、備前国金岡東荘の関連史料にたびたび登場する。金岡東荘は大和国額安寺《がくあんじ》領であり、現在の岡山市東区に所在した荘園である。額安寺は、奈良県大和郡山市に所在する真言律宗の寺院である。以下、特に断らない限り、「額安寺文書」に基づき述べることにしたい。

応安七年（一三七四）九月、備前国守護赤松義則は額安寺雑掌の求めに応じ、金岡東荘領家職における兵粮方の預人を退け、雑掌に所務を全うさせるよう浦上助景に命じている。この命を受けた助景は富田康知《やすとも》に対して、その履行を命令した。富田氏は赤松氏被官人の一人であり、備前国でも活動していたのである。

しかし、その後も近隣の豊原荘住人である岡本氏、須恵氏、平福氏が興善院雑掌を語らい、金岡東荘に乱入することがあった。金岡東荘には、再び預人が立ち戻って譴責が行われた。そこで、赤松氏は奉行人奉書によって、助景にその押妨を止めさせるよう福原三郎の代官に伝えることを命じた。押妨はその後も続いており、同様の命令が繰り返し伝えられている。なお、豊原荘は瀬戸内市邑久《おく》町に所在した荘園で、皇室領であった。一連の押妨は康暦二年（一三八〇）八月まで続き、その都度助景が対処していたことを確認することができる。

助景が備前国守護代として職務を果たした例は、明徳三年（一三九二）四月の事例を終見とする。助景は将軍の御教書と守護の施行状の旨に任せ、鹿王院領軽部荘内山手村（赤磐市）の押妨人を退けるよう、窪三郎左衛門尉に命じた（「楠林安三郎氏所蔵文書」）。この出来事を最後にして、助景が備前国守護代として活動した記録は見えなくなる。

備前国では浦上氏が守護代を長らく務めていたが、のちに小寺氏へと交代したことを確認できる。応永二十三年（一四一六）八月、備前国守護赤松義則は石清水八幡宮の大山崎神人の申し出と将軍の御教書に基づき、備前国内の荏胡麻商売に煩いなきよう小寺伊賀入道に命じている（『離宮八幡宮文書』）。備前国守護代としての小寺氏は、応永三十四年（一四二七）十一月にも確認できる（『満済准后日記』）。

小寺氏を赤松氏の一族とする説もあるが、それは誤りである。小寺氏の本姓は藤原氏であり、もとは播磨国御着《ごちゃく》（姫路市）に本拠を置いていた。小寺氏の備前国守護代の在職徴証は豊富ではない。何らかの理由により応永二十三年七月までの段階で、浦上氏から小寺氏へと交代したのであろう。守護代が小寺氏に交代した後、浦上氏の一族は赤松氏の守護奉行人などを務めているので、少なくとも失

御着城跡（姫路市御国野町御着）
（たつの市立埋蔵文化財センター提供）

脚が理由とは考えられない。

義則の美作国支配

明徳の乱以降、美作国守護は義則が補任されるところとなったが、その支配状況を示す史料は非常に乏しい。その例をいくつか挙げておくと、次のようになる。

明徳三年（一三九二）四月、佐々木高詮が当知行する青柳荘（津山市）について、赤松越後守が掠め取ることがあった。そこで、幕府は義則に対して、青柳荘の所務を高詮の代官に沙汰付するよう命じている（「佐々木文書」）。このことが、義則の美作国守護としての活動を示す初見である。

その半年後の同年十月、美作国二宮梅寿丸から田邑荘（津山市）公文職などをめぐり、これまで先の守護の山名義理に対して、たびたび押領人を退けるよう求めたが、実行されなかった旨の申し入れが行われた。二宮梅寿丸は、同地に基盤を持つ有力な領主の一人であった。そこで、幕府は義則に押領人を退け、二宮氏に沙汰付するように命じている（「天理図書館所蔵文書」）。

明徳三・四年には、こうした例がほかにも見られる。「美吉文書」によると、幕府奉行人の摂津能秀は近江国今井六郎左衛門入道の跡として、布施荘（真庭市）、垪和東郷《はがひがし》（美咲町など）などを幕府から与えられた。垪和東郷はもと山名義理の知行地であり、闕所地となったものであった。しかし、それらは別の者によって押領されていた事情もあり、幕府から義則に押領人を退けるよう命じている。

以上の例から、美作国における義則の守護の活動の一環をうかがうことができる。

義則が先の守護である山名義理のあとを受けて美作国に支配を展開し、配下の者にも同国に給分を与えたことが確認できる。明徳五年（一三九四）三月、義則は高野郷（津山市）内の富田押入村、綾小路分を小河新左衛門尉に預け置いている（「小河文書」）。国衙眼代職である小河氏は、先述の通り播磨国支配の要でもあった人物である。山名氏が守護を退いてから、徐々に美作国で支配を展開した様子がうかがえるのである。

守護代補任の状況は、どうだったのであろうか。応永七（一四〇〇）年五月、赤松義則が浦上美濃入道に対して、相国寺が仁和寺領布施社に違乱を働いたので、将軍の御教書に基づき止めるように命じている（『美作古簡集註解』）。この段階の守護代は、浦上美濃入道であった。布施社は、今も鏡野町富村に所在する神社である。

応永二十一年（一四一四）七月には、洞院家雑掌が幕府に対して、浦上美作入道（性貞）による長岡荘への半済を止めさせるように訴えている（『政部類記』）。長岡荘は、現在の岡山県美咲町に所在した洞院家領である。訴えの内容とは、守護赤松氏が一国平均と称して、半済の押妨に及んだということであった。半済とは、荘園・公領の年貢を折半し、半分を兵粮米として徴収することである。そのため長岡荘内の四カ村は知行することができず、浦上美作入道（性貞）が管理するありさまであったという。赤松氏による荘園侵略の一端をうかがえる。

『大日本史料』では、この浦上美作入道を浦上則宗としているが、年代的にも合致せず誤りである。この時期に浦上氏が美作国守護代を務めていたことから、備前だけでなく美作にも影響力を保持していたと考えられる。のちに浦上氏が現在の岡山県域に基盤を有したのは、こうした経緯もあったからであろう。以上の事実も、義則が美作において権力を浸透させた例である。

義則の有馬郡支配

当初、摂津国に関しては、一人の守護が一国を支配していた。しかし、のちに各郡ごとに守護が置かれ、分郡守護と称されたのは先述の通りである。有馬郡も則祐の代から、分郡守護が置かれるようになった。それは、義則の代に至っても引き継がれたのである。もう少し義則による支配について確認しておこう。

義則が有馬郡守護を務めたのは、応安五年（一三七二）九月から嘉慶二年（一三八八）八月まで確認できる。明徳の乱後は、一時期西成郡の分郡守護を務めていた（「春日神社文書」）。その中で、比較的多くの史料が残っているのは、現在の三田市に所在する金心寺の田畠に関するものである。金心寺の田畠は金心寺荘といわれ、八坂神社領であった。以下の叙述は、特に断らない限り「八坂神社文書」によるものとする。

応安五年（一三七二）九月、祇園社僧定栄の訴えにより、金心寺田畠で松山藪四郎なる者が押妨に及んでいるとの訴えがあった。早速、幕府では義則に対して、松山藪四郎の違乱を退けるように命じている。松山氏は有馬郡の土豪クラスの者であった。しかし、こうした幕府の対応は効果がなく、この一件は翌々年まで尾を引くことになる。

応安七年（一三七四）八月、義則は施行状を大野新左衛門尉に送っている。つまり、大野氏は当該期における有馬郡守護代の地位にあったと考えられる。しかし、同年翌月になると、押領の主体者が松山氏から今村五郎左衛門入道へ変わったことを確認できる。今村氏は何かと理由をつけて、金心寺荘を押領していたのである。

この事態に際して同年十一月、幕府は義則に対して、十二月十日以前に今村氏を追い出すように命じた。ところが、今村氏の押領は止まることがなく、永和元年（一三七五）六月に至っても、幕府による義則への命令を確認できる。六月の幕府の命令は、翌年七月に義則から赤松氏康に伝えられた。それまで大野氏が有馬郡守護代であったが、氏康に交代したと考えられる。結局こうしたやり取りは、至徳三年（一三八六）七月まで続いた。

幕府は祇園社の訴えによって、押妨の排除を義則に求めるのであるが、その実効性はほとんどなかった。関連史料が乏しいという問題もあるが、有馬郡における土豪層の荘園侵略に対して、守護赤松氏の対応の遅れを看取できるのである。ところで、義則は摂津国における分郡守護を長く続けることができなかったが、その理由は有馬郡に本拠を持つ有馬氏の存在が影響していると考えられる。

5　義則の人物像

義則を語るうえで忘れてはならないのが、歌人としての側面である。各種「赤松氏系図」を見ると、「歌人」あるいは「新拾遺（新拾遺和歌集）作者」との記載を確認することができる。和歌に親しむことは当時の武将の嗜みであるとともに、則祐の血を受け継いでいる証でもある。次に、義則が残した和歌を一首あげておこう。

義則と文芸

『新拾遺和歌集』（貞治二年・一三六三年成立）

ちる花の　名残を庭に　吹とめて　木のもとにほへ　春の山かせ

義則の和歌が勅撰集に取り上げられたのは、この一首に限られている。『新拾遺和歌集』の成立から見ると、義則が守護に就任する以前の作品であることがわかる。

義則が連歌に通じていたことも注目される。連歌師として有名な心敬《しんけい》は、自らが著した連歌書『ひとりごと』（応仁二年・一四六八年成立）の中で「その頃の大家は、勘解由小路道孝、岩栖院道歓（細川満元）、赤松禅門（義則）などである」と記している。この記述を見る限り、義則は連歌の大家からもその実力を認められていたことになろう。なお、赤松氏一族の中には、満政のような優れた歌人も存在した。その点は、次章で取り上げる満政のところで述べることにしたい。

義則と宝林寺・法雲寺

則祐と同様に義則が力を入れたのは、禅宗の庇護であり、菩提寺である宝林寺の手厚い保護である。義則も父と同様、禅宗に対する崇敬の念が厚かったのである。この点は、主として「東寺百合文書」によって確認しておこう。

義則が則祐の跡を継いで以降、変わらず東寺領矢野荘（相生市）には宝林寺への人夫役などが課されていた。しかし、史料に「宝林寺定役」とあることから、矢野荘だけでなく、西播磨に広範に課された役である可能性が高い。また、永徳三年（一三八三）八月には、赤松氏により矢野荘における地引人夫が免除されている。この地引人夫とは、「地ならし」に従事する人夫であり、一口に人夫といっても様々であった。

こうした中で、応永十七年（一四一〇）四月、守護代の赤松下野入道によって、次の二つの命令が矢野荘に伝えられた。

(1)荘内上村の天神・荒神の「両神の霊木」を宝林寺造営のために伐採し供出すること。
(2)宝林寺造営に伴い、荘内から毎日二人の人夫を派遣すること。

この二つの命令に関しては、矢野荘サイドが守護である赤松義則から免除を事前に受けていたことを主張した。主張を受けた赤松氏奉行人の上原・富田の両氏は、この件について小河氏に申し入れを行っている。この一件に関して、矢野荘側は富田氏に対して二〇〇疋を支払った。「口利き料」というところであろう。すでに昨年、上原氏には二〇〇疋を支払っていたが、この重大事に止む無しということで、追加で一〇〇疋が支払われた。

その結果、宝林寺造営の木挽人夫については、国衙眼代職の小河氏に催促を止めるように命令が出されたのである。そして、守護代人大役に関しては、守護代の赤松下野入道に催促の停止が求められた。少し複雑であるが、宝林寺は代々赤松氏の祈禱所として、修理・造営が国役で費用が賄われていた。国役を管轄するのは、国衙眼代職である小河氏の職務である。一方、単に人夫役の部分については、守護代が職務としていた。したがって、別々の系統から命令が下されたのである。

もう一つ忘れてはならないのが、法雲寺（上郡町）のことである。同寺は宝林寺と同じく、赤松氏の菩提寺である。康暦二年（一三八〇）、義則は法雲寺の住持として良佐を迎えた（『本朝高僧伝』ほか）。良佐は応安元年（一三六八）に絶海中津とともに海を渡り、明の蘇州にある承天寺で学んだこともある高僧である。帰国後は春屋妙葩の法系を継ぎ、法雲寺の住持に収まった。むろん良佐だけでなく、赤松氏は法雲寺の住持職補任に関わっていたのである。

このように義則は赤松氏の菩提寺である、宝林寺、法雲寺を手厚く保護した。それは、単に経済的な面だけではなく、優れた住持の招聘にまで及んでいたのである。

赤松五社宮のこと

宝林寺と同じく、『東寺百合文書』に数多く登場するのが赤松五社宮である。

赤松五社宮は上郡町赤松に所在する神社で、名称の通り赤松氏が祀ったものであった。赤松五社宮に関しては、『鎮増私聞書』永享七年七月二十八日条に次のような記事が見える。

五社というのは、熊野、八幡、住吉、神功皇后、天神のことである。赤松則祐が子孫を擁護するために勧請した神なのである。

『鎮増私聞書』の記主である鎮増は定願寺に住した学僧で、各地に教化の旅に出掛ける実践的な僧侶であった。『鎮増私聞書』は播磨国内の記録を中心にして、実に興味深い事実を書き留めていることから、大変貴重なものである。この記事にある通り、赤松五社宮は、五つの神を勧請したもので、則祐が子孫の安泰を願って造営したものであった。実は、この続きの八月二十九日条に「白旗城の麓にある蕨尾の八幡へ参詣する」と記されている。つまり、この段階において、白旗城の守護神である白旗八幡と赤松五社宮とは、別々の存在だったことがわかるのである（のちに白旗八幡は、赤松五社宮に合祀された）。

赤松五社宮に対しても矢野荘から「檜皮持之人夫」が徴集され、催促使二名が訪れていることを確認できる。こうした負担は、やはり矢野荘以外にも求められたであろう。応永二十九年（一四二二）七月、守護赤松氏から矢野荘に対して、赤松五社宮勧進猿楽の桟敷銭が賦課された。赤松氏は赤松五社宮の勧進の手段として、猿楽を催したことが明らかである。

ところで、『鎮増私聞書』によると、応永五年（一三九八）に書写山（姫路市）における女人登山が禁止されたという。命令の主体は朝廷と幕府であったが、実際に遵行命令を下したのは、赤松義則であった。また、円心と則祐が再興した高野山赤松院《せきしょういん》についても、義則は修理・造営に行っている（『紀伊続風土記』）。赤松氏は菩提寺である宝林寺、法雲寺だけでなく、関わりある神社や真言宗寺院の興隆にも尽くしたのである。

播磨国一宮伊和神社との関係

義則の代に至って、領国支配で重要な位置を占めるようになるのが、播磨国一宮の伊和《いわ》神社である。以下、赤松氏と伊和神社との関係について触れておこう。なお、特に断らない限り、以下の記述は「伊和神社文書」によるものとする。

伊和神社は現在の宍粟市一宮に所在する神社で、祭神は大己貴神と大国主神の二神である。相殿には、少彦名神と下照姫命を祀っている。播磨国には一宮以外にも二宮から四宮まであり、別に総社（姫路市）もあった。参考までに記しておくと、次のようになる。

(1)二宮——荒田神社（多可郡多可町）
(2)三宮——住吉神社（西脇市）
(3)四宮——白国神社（姫路市）
(4)総社——射楯兵主神社（姫路市）

このように四宮まで揃っている例は、全国的にも珍しい。しかし、赤松氏との関わりを示す史料を伝えるのは、伊和神社と白国神社くらいである。その中で、多くの分量を残しているのが伊和神社なのである。他の神社は、乏しいといわざるを得ず、赤松氏との関係性はほとんどわかっていない。また、一宮である伊和神社のほかに総社（姫路市）も存在したが、両者の関わりについては未だ定説を見ないところである。

明徳三年（一三九二）七月、義則は一宮本社を造営するため、末社の修理奉行など社領の代官職を先例に任せ措置することを、社司である大井祝氏に命じている。これは、いったい何を意味するのか。本来、一宮は国衙の管轄下にあり、修理・造営や社領の管理を行っていた。少なくとも永徳元年（一三八一）頃までは、国衙目代の関与を確認することができる。したがって、義則によるこの対応は、一宮を守護支配下に置くという宣言にほかならなかった。

翌明徳四年（一三九三）七月、義則は伊和神社に対し、修理造営料所として美作国粟井荘《あわい》（美作市）内の新免村地頭職・公文職を寄進した。この件はさらに赤松氏奉行人から英保氏へと伝えられた。修理造営料所が美作国内に設定されたのは、義則が明徳の乱後に同国の守護に補任されたことと無縁ではないと考えられる。山名方にあった諸将の所領は、闕所地として義則に措置された可能性が高い。事実、新免村地頭職・公文職は、もともと新免兵庫助が保持していた。義則はそれらを取り上げ、伊和神社に寄進したと考えられる。

このような経緯を踏まえて、以後、義則は伊和神社へ積極的に関わりを持つようになる。応永五年（一三九八）十月、伊和神社は大市郷（姫路市）内の講田をめぐって、書写山と相論に及んだ。その際、裁許の根拠となったのは、故則祐の寄進状（現存しない）と「延文年中惣国帳」の二つであった。つまり、則祐の代から伊和神社に関わっており、また「延文年中惣国帳」という土地台帳が存在したことがわかる。

応永十三年（一四〇六）二月、義則はたとえ権門勢家の命令があっても、伊和神社内の神木を伐採してはならないとしている。無断で神木を伐採する者がいたからであろう。いうまでもないが、社内の神木は伊和神社の修理・造営に不可欠なものであった。また赤松氏のみならず、配下にあった依藤《よりふじ》氏は、応永十九年（一四一二）五月に「敬信の儀」をもって、相伝の地（神戸荘相房跡名田）を伊和神社造営のために寄進を行っている。そして、その寄進状に守護である義則が証判を加え、保証しているのである。

同年十月には赤松氏奉行人連署奉書によって、伊和神社領である神戸荘（宍粟市）徳楽名代官職が大井祝に預け置かれた。その奉書は志水氏、小林氏の両名に宛てられているが、二人は伊和神社の社奉行と考えてよいであろう。その証拠に同年十二月、義則は徳楽半名の年貢六石五斗をもって、伊和神社の修理・造営に充てるようにと伝えている。以後、神戸荘徳楽名は、伊和神社の修理・造営を行うための重要な社領となった。

伊和神社の修理・造営は、単に経済的な支援だけではなく、赤松氏サイドも積極的に関わった様子をうかがうことができる。応永三十年（一四二三）、伊和神社では塔を造営しているが、在京中の赤松氏から種々要望があったようである。例えば、大工は赤松氏の地元である赤松（上郡町）の大工を用い、多宝塔を造営するように申し付けられている。

この件の担当奉行は、志水、小林、大井祝の三名とされた。必要な経費は段銭を賦課することにより賄い、重ねての賦課がないように配慮したことを確認できる。こうした差配を全般的に行ったのが、国衙眼代の小河玄助であった。玄助は国衙機構を統括した経験を生かして、伊和神社の修理・造営に関与したと考えられる。

また、年未詳ながら、義則は伊和神社に対して、歳末の巻数を受け取った礼を述べるとともに、祈禱に精誠するよう依頼している。この場合の巻数とは、経典を指すのではなく、神社で年末に執り行われる大祓えを示している。義則の信仰心が厚いことはこれまでも述べてきたが、伊和神社は一宮ということもあり、多少性格が変わってくる。義則は伊和神社を積極的に修理・造営することにより、信仰的な側面から人心の収攬を図ったのであろう。国衙から守護のもとに管理を移したのは、そのような意味合いがあったのである。

6　赤松氏庶子の動向

赤松春日部家の動向

目を転じて、以下は義則の一族について述べておきたい。最初に取り上げるのは、赤松春日部家である。もともと貞範の代に美作国守護であった赤松春日部家は、どのような状況にあったのであろうか。その動向に触れることにしよう。

各種「赤松氏系図」に見える通り、貞範の子息としては顕則《あきのり》が存在する。すでに触れた通り、貞範の生没年は不明であるが、史料上では永和二年（一三七六）まで存在が確認できる。そして、三年後の永和五年（一三七九）三月、顕則は勲功賞として尾張国藤江郷を将軍足利義満から与えられている（「赤松春日部文書（岡山県立図書館所蔵）」）。勲功とは、同年二月に勃発した康暦の政変での活躍を示している。したがって、この三年の間に貞範はこの世を去り、顕則が赤松春日部家の家督を継承したとみなすべきであろう。

明徳三年（一三九二）一月、顕則は義満から美作国倭文荘《しとり》（津山市）地頭職・公文職を宛がわれている。前年十二月、明徳の乱によって、美作国守護の山名義理はその地位を追われ、代わりに赤松義則がその職に就いた。わざわざ安堵されているところを見ると、山名氏の代に一時的に押領されていた可能性もあろう。ただ、いずれにしても言えることは、赤松春日部家は惣領家から独立し、将軍から所領安堵を受ける存在であったことである。

顕則が幕府に仕えていたことは、『花営三代記』で随所に見ることができる。応安五年（一三七二）には、将軍の六条新八幡宮に供奉人馬打次第として見え、また三年後の永和元年（一三七五）には将軍の石清水八幡宮参詣に際して供奉していることを確認できる。このとき顕則の官途は、本来の越後守ではなく出羽守を名乗っていた。康暦二年（一三八〇）八月にも、布衣馬打参次第としてその名が『花営三代記』に登場する。したがって、当該期の顕則は、将軍の警護役として身辺にあったことがわかるのである。

顕則の没年は不明であるが、家督と所領は弟の頼則に継承された。応永十六年（一四〇九）二月、頼則は譲状を書き残し、春日部荘、竹万荘、五个荘、多可荘、伊川荘などを子息の満則に譲り、幕府はそのことを承認している（「赤松春日部文書（友淵楠麿氏旧蔵）」）。『花営三代記』によると、満則は応永三十二年（一四二五）頃まで将軍に供奉していた様子を確認することができる。この辺りは、赤松春日部家が一貫して将軍に仕えた事実を読み取ることができよう。

顕則以降の系譜については、一般に知られる「赤松氏系図」では正確に確認できない点も多々あり、疑問が多いところである。その点に触れておきたい。

顕則以降の系譜は系図によってまちまちであり、頼則が弟になっていたり、記載がなかったりなど問題が多い。そこで、高坂好はそれらを総合的に分析して、次のように考えた。

(1)顕則には子がいなかったため、その所領は弟の顕則に相伝された。
(2)多くの「赤松氏系図」では顕則の子を満貞と記すが、系図の異本には満則と記すものもある。

以上の点を踏まえて、高坂は顕則→弟の頼則→顕則の子の満則の順番に所領が相伝されたと考えた。基本的には、高坂説で問題はないと考える。しかし、高坂をはじめ各種史料集の編纂において、当該期の赤松春日部家関係者の人名比定に誤りが多く、混乱しているのも事実である。

例えば、「安国寺文書」によると、春日部荘中山村をめぐって応永八年（一四〇一）五月以降、赤松伊豆入道による「半済押妨」などの行為があったことを確認できる。同じ行為は、二年後の応永十年（一四〇三）閏十月まで記録が残っている。『大日本史料』では、この伊豆入道を貞村としているが、これは明確に誤りである。

正長元年（一四二八）七月の段階で貞村は「赤松伊豆守貞村」と表記されており、まだこの時点では出家していないからである（「赤松春日部文書（友淵楠麿氏旧蔵）」）。高坂は伊豆入道を頼則とするが、応永十六年（一四〇九）の段階でまだ俗名の「頼則」を称しているので、この指摘も当たらないと考えられる。

応永十年（一四〇三）五月、赤松道泰《みちやす》なる人物が太山寺内における田畠山林竹木などの違乱をする者があれば、貞治三年（一三六四）三月に赤松貞範が定めた制札の旨に任せて罪科に処すとしている（「太山寺文書」）。この道泰は高坂によって、満則に人名比定がなされている。理由は、「赤松氏系図」に顕則の法号が「祐泰」と記されており、満則は父の法号と酷似した「道泰」を名乗ったと考えたからである。しかし、満則が父頼則から家督や所領を譲られる以前にこうした文書を発給しているのは不自然であり、何よりも満則は応永十年（一四〇三）段階で出家していない。したがって、道泰を満則と考えるのには、無理があるといわざるを得ない。

さらに「太山寺文書」には、「性貞」という人物が署名した応永二十二年と二十三年（一四一五・一四一六）の史料が二通残っている。高坂は「性貞」を貞村と考えたが、すでに指摘があるように貞村の法名は「常宗」である。また、この時点で貞村は出家していない。性貞＝貞村ではないのである。

同時代に活躍した人物として浦上性貞が存在するが、花押形が一致しないので別人である。それゆえに、性貞＝満則とも考えられないのである。

このように、顕則から貞村にかけての系譜に関しては、未だ不明な点が多々ある。しかし、家督や所領は確実に伝わっており、将軍に供奉していた事実は疑いないところである。こうして将軍に近侍した赤松春日部家は、貞村の代に至って赤松氏惣領家と比肩するような実力を持つようになる。その点は、次章で触れることにしよう。

有馬郡と赤松有馬氏

当時、赤松氏惣領家以外で分郡とはいいながらも、守護職を保持していたのは、有馬氏が唯一の存在であった。以下、小林基伸の研究に基づき、当該期における分郡守護である有馬氏の状況を確認しておこう。

有馬郡の分郡守護に関しては、諸史料によって応安五年（一三七二）九月から嘉慶二年（一三八八）八月頃まで赤松義則が就いていたことがわかる。この点は、先述の通りである。そして、赤松義祐が有馬郡守護として確認できるのは、応永元年（一三九四）五月のことである（「八坂神社文書」）。では、義祐の系譜は、いったいどのようなものであったのだろうか。

義祐は則祐の子息で、義則の弟であった。生年は不詳である。応永元年（一三九四）五月頃から有馬郡の分郡守護として活動し、応永二十八年（一四二一）八月までその職にあったと考えられる。その間、義則に代わって、応永十六年（一四〇九）閏三月に有馬郡中荘内の田地二町を赤松氏範父子の追善供養のために寄進している（「清水寺文書」）。以後、有馬氏歴代は、氏範父子の供養のために寄進をし続けることになる。

義祐は応永二十八年（一四二一）九月二十六日に若党によって、寝所に入ったところを殺害された（『看聞日記』）。二歳になる義祐の子供も刺し殺され、女房衆も傷を負っている。警護に当たっていた若党二・三人も殺害されたという。義祐を殺害した若党は村井なる人物のもとに逃げ込んだが、赤松氏の追っ手が押し寄せたので、その場で切腹したという。『看聞日記』には、殺害された理由がわからないとし、「有馬氏は赤松義則の弟でもあり、一家では大名であるので不思議なことである」と感想を漏らしている。

義祐の殺害された年については、『大日本史料』が『赤松諸家大系図』に基づき、応永十九年（一四一二）のこととしている。しかし、先に見た通り応永十九年説は誤りで、応永二十八年が正しい。『赤松諸家大系図』の記載には、注意を払うべきであろう。その後、有馬氏はどうなったのであろうか。

応永三十年（一四二三）一月五日、赤松出羽守が亡くなった（『満済准后日記』）。前日の四日、赤松出羽守は将軍が管領邸を訪問した際に供奉をしたが、いささか酔っており落馬したという。その際、頭を馬に踏みつけられたため、それが死因になり翌五日に死亡した。『史料綜覧』では、この人物を単に赤松義祐としているが、有馬であるならば先に亡くなっているので誤りである。では、この赤松出羽守とは、誰のことを示しているのだろうか。

この赤松出羽守に関しては、実名が則友と考えられており間違いないが、則友を有馬義祐の嫡男とするか、義則の子息とするかで見解が分かれていた。しかし、『東寺廿一口方評定引付』応永二十年（一四一三）九月二日条に「赤松禅門（義則）子息出羽守」となっており、またほかの史料では「侍所当職（満祐）舎弟」と記されていることが指摘されている。つまり、則友は義則の子息で、満祐の弟であるといえる。

したがって、赤松出羽守則友は有馬氏とは関係なく、もちろん有馬郡分郡守護にも就任していないのである。ちなみに、応永十九年（一四一二）八月、則友は将軍足利義持の供奉帯刀衆として名前を確認することができる（『放生会記』）。こうした事実は、赤松氏庶流が将軍直臣として仕え、のちに御供衆などの一員に加えられる例と一致しているところである。

このように、有馬氏の系譜には混乱が見られるものの、近年の研究成果によって修正が加えられている。義祐以降の有馬氏の動向に関しては、次章で述べることにしよう。

義則の最期

義則の代は幕府が急速に発展していく中で、戦争（明徳の乱など）にも駆り出されることもあったが、領国内は至って平穏であったといっても過言ではない。むしろ、円心、則祐が赤松氏の基盤を築き上げ、義則が完成させたといったところであろう。山名氏や大内氏といった大守護が没落していく中で、義則は巧みに生き残りを果たしたのである。しかし、その義則にも最期のときがやってきた。

義則は数多くの五山僧と交友を深め、特に太清宗渭を師と仰ぎ参禅していた。また、建仁寺内に龍徳寺を建てたことで知られる。建仁寺は、赤松氏に縁の深い寺院でもある。そして、応永三十四年

（一四二七）九月二十一日に義則は亡くなった（『満済准后日記』）。病であるほか、詳しい死因などは不明である。同年十一月には、義則の尽七日（四十九日）が執り行われた。天龍寺、南禅寺などの住持を務めた惟肖得巌は、法要の法語の中で雲光院延齢大居士の法名を記している（『東海璚華集』）。さらに、惟肖得巌は義則の寿像に賛を加え、その人柄を絶賛している。

このようにして、赤松氏権力の基盤を形成した義則は、天寿を全うした。そして、名実ともに子息である満祐に、赤松氏の家督は引き継がれるのであった。

第四章　応永三十四年の赤松満祐播磨下国事件

1　赤松満祐の登場

義則の没後、その家督はスムーズに子息の満祐《みつすけ》に譲られたわけではなかった。赤松氏の家督問題はこじれることになり、いわゆる応永三十四年（一四二七）の赤松満祐播磨下国事件によって、いったん赤松氏は窮地に陥ることになった。この事件の概要は後述することとし、最初に満祐の人物像について触れることにしたい。

赤松満祐の人物像

これまで赤松氏歴代の生年については、公家日記などに記された没年齢をもとにし、逆算して導いてきた。しかし、残念なことに、満祐の没年齢は良質な史料に記されていない。次に示すように、赤松氏の系図類は、満祐が嘉吉元年（一四四一）に六十九歳で没したとしているので、応安六年（一三七三）に誕生したと考えてよいであろう。

(1)「赤松系図（浅羽氏本）」――六十九歳（応安六年生）
(2)「有馬系図」――六十九歳（応安六年生）
(3)「赤松諸家大系図」――六十九歳（応安六年生）

父義則が生まれたのは延文三年（一三五八）のことなので、満祐は義則が十六歳のときの子供になる。当時、十六歳前後で結婚していたことは珍しくないので、不自然さは感じられない。ところが、いかなる理由からか、高坂好は満祐が六十歳で没したと記している。その根拠は不明であるが、六十歳で亡くなったという説を裏づける史料が見当たらないので、通説の通り六十九歳に没したとするほうが妥当であると考える。

満祐はのちに述べる通り、嘉吉《かきつ》の乱をはじめ多くの事件を引き起こした。それゆえに、いささか評判が悪そうである。例えば、「赤松家系図」の満祐の箇所では、「身長最短、世の人三尺入道と号す」と記されている。つまり、満祐の身長は、わずか一メートルにも届かず、世の人が嘲笑したということになろう。満祐の身長は低かったのかもしれないが、このことをもって満祐を貶めることにはいささか躊躇するところである。

「赤松家系図」の記載を裏づけるように、満祐が「三尺入道」と呼ばれたことを示す書物がある。江戸時代後期の歴史家である頼山陽の著作『日本外史』には、義教の世に次のようなことがあったと記している。

満祐は、形貌矮陋《けいぼうわいろう》（容姿が小柄であること）であった。義教は戯れに満祐を呼び、「三尺入道」と言った。満祐は宴に侍し、酔って舞を舞った。そして、満祐は「体が小さくても侮ってはいけない。私は三ヵ国の主である」と言った。これを聞いた義教は、ますます満祐を憎むようになったという。

この後に続けて、義教の猿に関する逸話がある。義教は猿を飼っており、人が入ってくると猿を放ち、顔を掻かしたという。ところが、満祐は猿を切り捨てたため、義教は深く満祐を恨むようになったと記している。山陽がいかにしてこの話を知ったかは、知る由もない。いずれのエピソードも、のちの嘉吉の乱の伏線として、二人の険悪なムードを描いたのであるが、満祐の背の小ささは特筆すべきものがあったらしい。

大事件を起こした人物は、ときとして後世の様々な風評によって、低く評価されがちである。それゆえに、後世の編纂物（軍記物語など）に記されたエピソードには、注意が必要である。次に、満祐の教養を探ることによって、もう少し人物像について考えてみたい。

足利義教（妙興寺蔵）

満祐と和歌

これまで述べてきたように、満祐の父義則や祖父則祐は、和歌や連歌に通じており、なかなかの教養人であった。実のところ、満祐も父や祖父に劣らないほどの教養人だったのである。まず、和歌について触れておこう。満祐の和歌は、次のものが知られている。

『新続古今和歌集』（永享十一年・一四三九年成立）

正木ちる　嵐の末の　うき雲や　と山をかけて　猶しくるらん
すまのあまに　あらぬうき身も　いつかさて　袖ほしわふと　答たにせん

『新続古今和歌集』は最後の勅撰和歌集であるが、祖父則祐とともに入集しているのである。満祐は、父や祖父の和歌の素養を受け継いでいたのであろう。ところで、『新続古今和歌集』の撰者は飛鳥井雅世であったが、開闔《かいこう》（和歌所などで書物、資料の出納管理等雑務を担当する職）を務めたのは堯孝《ぎょうこう》である。堯孝は二条派を継ぐ和歌の名手で、東常縁《とうつねより》などの門人を輩出したほどの人物であった。堯孝と満祐は、知らない間柄ではなかったようである。

堯孝の家集には、『慕風愚吟集』（応永二十八年・一四二一成立）があり、公家・武家の歌会の出席状況や諸社寺での法楽歌の勧進などが克明に記録されている。交流した武将らの中には、満祐の名前も記されている。そうなると、『新続古今和歌集』への入集は、堯孝による口添えや配慮があったのかもしれない。むろん、満祐の和歌に関わる活動は、これだけに止まらない。主要なものを次に列挙しておこう（下段は出典）。

(1)正長元年六月二十五日・月次和歌会――――『満済准后日記』
(2)永享五年二月北野社一万句法楽連歌・法楽百首――『満済准后日記』など
(3)永享七年一月十三日・幕府歌会――――――『満済准后日記』

義持の跡を継いだ義教は、盛んに歌会を催したのであるが、満祐は積極的に参加していたのであった。出席者は満祐だけではなく、弟の義雅をはじめ、赤松大河内家の満政《みつまさ》など赤松氏一族の多くの名が見える。その様子は、正徹《しょうてつ》の家集『草根集』によっても知ることができる。正徹は歌僧として知られ、精力的に歌壇活動を行った人物である。このように満祐は、幕府主催の歌会に参加し、著名な歌人と交流を深めていたのである。

さらに満祐の和歌は、詠草類にも取り上げられている。それらを列挙しておこう。

(1)応永二十年――『頓証寺法楽百首』
(2)永享六年――『飛鳥井宋雅七回忌品経和歌』
(3)永享七年――『永享七年五月廿二日赤松満政母三十三回忌歌』

和歌の名手として知られた飛鳥井宋雅の七回忌に和歌を献じているところを見ると、かなり良好な関係を結んでいたと考えられる。飛鳥井宋雅とは雅縁のことで、『新続古今和歌集』の撰者を務めた雅世の父であった。満祐の幅広い人脈を確認できよう。ただし、後述する赤松満政と比較すると、詠草類に残っているものは少なめである。

当時の武将にとって、和歌は教養の一つであり、良好な人間関係を築くのに必要な嗜みであった。少なくとも満祐が日常的に和歌に親しんでいたことから、決して無教養な人間でないことは理解されよう。同時に先に触れた逸話のごとく、義教と満祐が険悪な関係にあったとは認めがたいところである。満祐が幕府主催の和歌会に出席していることが、その証でもある。

満祐と芸能

満祐の関心は和歌だけにとどまらず、広く芸能にもおよんでいた。正長二年（一四二九）、赤松氏は長らく中断されていた「松ばやし」を再興し、室町邸で十番の風流を演じた（『満済准后日記』）。先述の通り「松ばやし」は、将軍家と赤松氏を結んだ経緯がある。それまで、毎年正月十三日には、将軍が赤松邸を訪ねてきた際に催していたのであるが、義満の成長とともに中断されたという経緯があった。代わりに上演されたのが猿楽である。この年に至って、満祐が行うことを申し入れたのであった。

満祐の弟則繁《のりしげ》は、綾羅錦繍《りょうらきんしゅう》（美しく着飾ること）の衣装を身にまとい、「松ばやし」の指揮を取っている（『薩戒記』）。則繁の艶やかな姿は、観衆の目を引き付けるきらびやかさがあった。この「松ばやし」では、軍記物語を題材とした風流の舞踏と所作が十番まで行われたと言われている。当初、赤松氏の行事であるため「松ばやし」と称されていたが、これを契機にやがて武家一般へも広がることになり、洛中において流行を見ることになった。

赤松氏は、猿楽にも強い関心を示したことが指摘されている。当時、細川、斯波、畠山の各氏がパトロンとなって、猿楽の桟敷を差配していた。その状況下で、赤松氏は細川氏とともに観世座を支援していたことが明らかにされている。世阿弥晩年の芸談をまとめた書物として、『申楽談義』（永享二年・一四三〇成立）がある。『申楽談義』には「赤松方」という言葉が記されており、それは赤松氏の被官人、若党による猿楽趣味人たちのグループを示していると推測されている。嘉吉の乱では、猿楽が関わったのであるから皮肉なものである。

永享四年（一四三二）二月、一色邸で猿楽が催され、赤松氏の家人三名が見学に出掛けたことがあった（『看聞日記』）。しかし、赤松氏の家人は見学を断られ、喧嘩の末に打ち殺されたという。当時、猿楽に関心を持つ者は多かったが、赤松氏の被官人らもかなり関心を抱いていたのであろう。矢野荘関係史料にも、猿楽関係の記事を見ることができる。

このように満祐は芸能諸事にも造詣が深く、社交的な人間ではなかったかと推測されるのである。嘉吉の乱の首謀者として、とかく悪いイメージが付きまとうが、改めて人物像を見直す必要があると考える。

2　満祐の反逆

応永三十四年の赤松満祐播磨下国事件

応永三十四年（一四二七）九月、赤松義則が没すると、その家督相続を巡って暗雲が漂うことになった（『満済准后日記』）。これまでの赤松氏の家督相続の例を見れば、親から嫡男へとスムーズに受け継がれていたのであるが、事情がすっかり変わってしまったのである。

義則の死後、義持は等持院長老らを介して、南禅寺長老を義則の葬儀が営まれている龍徳寺の満祐のもとに送った。用件は播磨国を将軍の御料国（直轄地）とし、その代官として赤松春日部家の持貞《もちさだ》に預け置くというものであった。この頃、事実上守護職は相伝の職になっており、よほどのことがない限り、他家に交替することがなかった。ここに、義持と持貞との深い関係を感じさせるが、持貞のことはのちほど触れることにしよう。

もちろん、満祐がこの命に対して素直に従うはずもなく、「代々忠節によって拝領した領国」であるという理由によって、義持に再考を促した。この間、三度のやり取りを行ったが、義持の考えは変わらなかったという。満祐は龍徳寺を夜中に抜け出すと、形だけ祝いの一献を行い、意を決して西洞院の自邸に火をかけると、そのまま丹波を抜けて播磨国に下国したのである。しかし、満祐は宿所に火をかける前に、家内財宝や種々重宝を運び出しており、意外に冷静な行動を行っていた。満祐の屋敷は、現在の京都市中京区の西洞院通と二条通の交差する地点にあった。

そもそも守護の任免権は将軍の掌中にあり、『建武式目』にも記されているように、「器量の仁」が一つの基準になっていた。要するに一国を治めるだけの能力が求められていたのである。事実、おおむね一三九〇年前後までは、地域によって守護は頻繁に交代していた。南北朝の争乱という事情を加味しなくてはならないが、守護職とは親から子へ伝えられる世襲ではなかったのである。

ただ赤松氏の場合は、これまで見てきた通り播磨国守護から出発して、備前、美作と増えた経緯がある。ましてや播磨は赤松氏にとって、最も重要であると認識されていたはずである。播磨が惣領家から庶子家に渡ったことは、満祐の心中に穏やかざるものがあったであろう。

足利義持（神護寺蔵）

満祐の播磨下国を知った細川持元は、使者を派遣して路次を防ごうとした。『満済准后日記《まんさいじゅごうにっき》』には、このときの様子を「天下重事珍事珍事、肝を消すばかりなり」と記している。満済は、驚天動地の心境だったのである。なぜ、満済はそんなに驚いたのであろうか。また、満祐の播磨国下国は、何を意味していたのであろうか。当時、守護には在京の原則があり、九州、関東公方直轄下の東国諸国および関東国境の諸国を除き、従わなければならなかった。したがって、満祐の勝手な領国への下国は、室町幕府に対する反逆とみなされたのである。

この一連の出来事の評価について『満済准后日記』は、次のように記している。満済は自ら義持にこの件について尋ねると、「満祐は「短慮」の至りである」と酷評し、「赤松氏は残る二カ国の備前・美作をもって奉公すべきであった」と記している。義持からすれば、満祐から播磨を取り上げたことは、さほど重要なことでなかったのかもしれない。

さらに義持は、残りの赤松氏領国について、備前国を赤松美作守（満弘カ）に、美作国を赤松貞村に与えることを決定し、満祐討伐を山名・一色両氏に命じた。これまで赤松氏は幕政の一角を担う存在であったが、もはや反逆者に過ぎなかったのである。この間、義持は播磨国拝領について、持貞にお祝いの使者を送る配慮を忘れなかった。

翌二十八日、山名氏・一色氏は翌月四日に出発の予定を立てると、新しい美作・備前国守護に任じられた赤松貞村と同美作守は、早速出発した。満祐の反逆に対して、迅速な対応が取られたことが理解できる。赤松氏方である備前国守護代小寺氏と小河氏は、幕府軍に対して早々に降参したことを伝えている。自宅を焼き払い、自らの領国に下国した満祐の決意は、なみなみならぬものがあったと考えられるが、ここまで予測していたのであろうか。

応永三十四年（一四二七）十一月、満祐はときの管領畠山満家《みついえ》に書状を届け、三カ国のうち播磨国を残してほしいと懇願し、赦免を請うている。ほかにも要望があったらしい。しかし、この要求は受け入れ難いものであったらしく、結局実現に至らなかった。当初、思い切った行動に出た満祐であったが、冷静に考えると自らの行為を後悔したのであろう。

山名時熙《ときひろ》は満祐退治のため、京都を出発して領国の但馬国へ向かい、朝来郡から播磨国に攻め込む準備を整えている。一色義貫《よしつら》も早々に準備を進めていたが、にわかに攻撃は中止となった。その理由は、飯尾備中入道によると、満祐の勢力が意外に強力な点にあった。飯尾は多方面から同時に満祐を攻撃すべきであるが、幕府勢が無勢であることに加え、四国勢（細川氏の勢力）が未だに上洛していないと述べている。

幕府は海上・陸上から攻め入ることを計画していたが、とにかく合戦の準備が遅延していたのである。そこで、四国勢を率いる細川氏の到着を待って、態勢を建て直そうとしたのであろう。以上の点を考えると、幕府軍の中心が山名氏と細川氏の軍勢であり、彼らの迅速な動きなくしては、満祐の討伐が進まなかったことを示している。

ところが、幕府の攻撃は、思わぬ理由によって中止することになった。その原因は、播磨国を与えられた持貞にあったのである。持貞とは、いかなる人物なのであろうか。

赤松持貞という人物

義則が亡くなるまで、政局運営に協力し、赤松氏は将軍義持から信頼を得ていた。しかし、先述の通り満祐の代に至ると、突如として播磨国を取り上げられることになった。そのきっかけとなったのが、赤松春日部家の一人持貞の存在である。持貞は、赤松春日部家の流れを汲む人物であった。持貞は頼則の子として誕生したが、父は比較的影の薄い人物であった。史料的にも乏しく、頼則の動きはほとんどわかっていない。

持貞は将軍義持から「持」字の偏諱を与えられるなど、寵愛を一身に受けていた。こうした義持による持貞への肩入れが、のちに大きな混乱をもたらすのである。

持貞が史料にあらわれるのは、応永二十三年（一四一六）のことであり、伏見大光明寺に参詣した義持の「御供申す大名」として登場する（『看聞日記』）。つまり、持貞は将軍に仕えていたのである。近習としての赤松春日部家は、のちに御供衆へと発展するのであるが、彼らは将軍と直結した存在であり、守護とほぼ同格に扱われた。この事実は赤松氏惣領家と比較して、赤松春日部家が比肩するような権力を持つ要因になったのである。

赤松持貞が権力を持ったエピソードとして、美濃国気良荘（岐阜県郡上市）を御料所とし、持貞が拝領したという事実を挙げることができよう（『満済准后日記』）。御料所とは将軍の直轄領でもあるので、義持と持貞との関係の深さをうかがえる。この件については、美濃国守護土岐持益《もちます》がそれまで知行をしていたので、義持にこれまで通りの安堵を懇願したと伝える。義持は美濃国の闕所地をもって、これに代えたという。

応永三十三年（一四二六）、義持は六条八幡宮へ神馬を引き進めるが、そのときに奉行を務め、奉書を発給したのが持貞である（『満済准后日記』）。こうした重要な役割も、義持が寵愛する持貞に任せられた。三宝院満済の日記『満済准后日記』は、十五世紀初期における政治的動向をよく記しているが、持貞はたびたび登場することになる。裏返していえば、持貞は政治的にも重要な位置を占めることになったのである。

ところで、持貞は、応永三十四年（一四二七）二月に清水寺の勝軍地蔵に祈禱を捧げた（『満済准后日記』）。この祈禱は、持貞の夢想によって行われたという。同年三月には、六条八幡で延暦寺の僧正である定助に依頼し、不動小法を修せしめた（『満済准后日記』）。こちらも、持貞の別願によるものであると付記されている。こうした持貞の動きは、持貞が満祐を排除し、自らが播磨国守護になることを願ったものであると指摘されている。

これまでも複数の守護を兼ねる守護は、山名氏や大内氏のように幕府から警戒されていた。赤松氏も三ヵ国の守護を兼ねていたので、警戒されていたのであろう。その際、重要なのは代わりとして、赤松氏の一族がスペアとして準備されたことである。義持は満祐から播磨国を取り上げ、持貞に御料所代官として与えたが、これは一族内で三カ国を領有するということで、帳消しにしたかったのかもしれない。しかし、満祐はこれに承服せず、先述の通り思いがけず反撃に出たのである。

意外な結末

ところが、展開は思わぬ方向に向かうことになる。以下、『満済准后日記』をもとにして、その後の顚末をたどってみよう。

同年十一月十二日、一人の遁世者が訴状を提出した。訴状は、義満の側室で義持も一目置く高橋殿の御文である。その訴状には、持貞について三ヵ条の事書きが記されており、それはいずれも女性関係についての内容であった。最も大きな問題となったのは、その中に持貞が義持の側室と密通していることが記されていたことである。当然、許されるようなことではなかった。これを知った義持は、茶坊主の賀阿弥に命じて女に糺したところ、事実であることが判明した。激怒した義持は、持貞に切腹を命じた。持貞は家臣の波多野氏を満済に遣わし、取成しを頼んでいる。

持貞の要請を受けた満済は、高野山（和歌山県）へしばらく隠居させることを図ったようであるが、結局実現することがなかった。義持は持貞を気に入っていただけに、裏切られたという気持ちは大きなものになっていたであろう。義持は賀阿弥に書状を持たせると、三人の五山の長老を同道させ、持貞に切腹を命じたのである。

持貞は、いさぎよく切腹することを決意した。波多野、稲田、首藤、青津、河島といった十名の配下の者も、持貞に殉じて切腹した。中でも稲田は一同の切腹を確認すると、最後に邸に火を放って切腹したと伝えている。満済は持貞をかばい、死罪ではなく追放に止めることを願ったが、義持に受け入れられなかったのである。

この一連の事件により、事態は三六〇度の方向転換を見せた。義持は管領畠山満家に命じ、満祐に持貞の一件を報告させた。満祐は満家の勧めに従い、配下の浦上氏を上洛させると、軽率な行動を詫びるとともに、起請文をもって義持に謝罪したのである。満祐は将軍からの信頼を回復したらしく、翌正長元年十月に侍所所司に任じられ、沙汰始を行っている（『建内記』）。持貞の跡は、子である家貞が継承することになった。しかし、その後、家貞の系統は振るうことなく、史料上から姿を消すことになったのである。その間の詳しい事情は不明である。

義持は満祐を許した際、細川右馬助を播磨に派遣し、上洛するように命じている。しかし、満祐が畠山満家に付き添われて上洛したのは、翌年十二月のことであった。満祐は義持に拝謁し、改めて罪を謝したのである。満祐の上洛が遅れたのは、義持に対する警戒心が解けていなかったからであろう。実際に、将軍義持の姿勢は極めて慎重であった。山名氏は未だ但馬国に在国しており、細川氏も摂津国の須磨で陣を解いていなかった。義持がこれらの陣を解くように命じたのは、満祐に三カ国守護職を許してからである。

3　事件後の様相

赤松氏の臨戦態勢

義持が警戒心を緩めなかったことについては、赤松氏の側が臨戦態勢を整えていたことに原因がある。「東寺二十一口方評定引付」によると、赤松氏は応永三十四年（一四二七）十一月二十六日の段階で、東寺領矢野荘の年貢を兵糧として、居城である白旗城へと移送させていたのである。その他にも、「兵糧米役人夫」「城山城誘人夫」等の人夫役が課されていたことがわかる。

赤松氏は籠城を覚悟して、城郭の整備と兵粮米の搬入をしていたのである。つまり、満祐も決戦に備えて準備を進めており、そのことにより幕府が警戒心を強めていたと推測される。こうした情報は、何らかの形で義持の耳に入ったであろう。

加えて満祐は、幕府と対立することによって、東寺領矢野荘と思わぬ軋轢を生むことになった。以下、「東寺百合文書」をもとに考えてみよう。翌応永三十五年（一四二八）二月、東寺雑掌は、白旗城に納めた矢野荘例名方の年貢八〇石余りの返付を守護に申し出た。申し出を受けた赤松氏サイドでは、現地の小河玄助に対し、城山城の城衆と相談して、半分を返却するように命じている。この年貢八〇石は、兵糧米として白旗城に備蓄されたものであり、返却については城衆の意向が多少なりとも加味されたと考えられる。

命令を受けた小河氏は、早速飽間氏に対して、年貢のうち四〇石を返還するよう命じた。しかし、返還は実現しなかったようである。同年二月に二〇石を返却するよう、改めて守護赤松氏は飽間氏に命じた。しかも、この一連の守護発給文書は、白旗城へと届けられており、城衆の意向が尊重されていたことを改めて確認できる。同年閏三月に至って、ようやく東寺に対して二〇石が返却されており、そのお礼として上原氏は二〇〇疋を受け取った。返還された二〇石は、当初のわずか四分の一の量にしか過ぎなかったのである。

この事実から、播磨国内においては、幕府との抗争に際して、兵粮米の備蓄を重要視していたことがわかる。満祐は幕府と和解していたが、これまでの経験から滅ぼされた守護の姿が脳裏をよぎったのであろう。幕府を相手にして、決して油断することができなかったのである。同時に、たとえ守護からの命令であっても、城衆の同意がなければ、兵糧米の返却が実現し得なかったことも興味深い。この事例は、在京守護と実際の現地支配の矛盾点を露呈したものと考えられ、奉行人上原氏の手を介さなければ、もはや兵粮米の返却すら困難だったのである。

以上のように、危機を回避した赤松氏であったが、その試練はまだまだ続くことになる。その最も重大な事件が、正長元年（一四二九）に勃発した播磨国の土一揆である。いったい土一揆とは、いかなるものなのであろうか。

正長の土一揆と赤松氏

土一揆とは、室町中期から畿内を中心として盛んに起こった農民、地侍の武装蜂起のことである。彼らは年貢の減免や徳政を要求して、荘園領主・守護や酒屋・土倉などの高利貸などと武力で争った。正長元年に勃発した土一揆は、正長の土一揆と呼ばれ、広く近畿地方一帯に及んだ。大乗院門跡である尋尊が編纂した『大乗院日記目録』に、「日本開闢《かいびゃく》以来、土民ノ蜂起是レ始ナリ」と記されるほど激しいものであった。「東寺二十一口方評定引付」には、正長元年（一四二九）十一月六日以降、その経過を記している。

正長元年は、義持の後継者として将軍義教が就任した年である。また、天皇も新しく後花園に代わっており、政治の大きな転換点でもあった。さらに言うならば、飢饉・疫病の流行した年でもあり、庶民の間にも不安が広がっていた。特に後者は庶民の生活に打撃を与え、政治などへの不満として一気に噴出したのである。

一揆の発端は、同年九月に近江国で徳政が始まったことが京都に伝わったことに始まる。この風聞が伝わった京都醍醐では土民が蜂起し、借用証文の奪取、質物の奪還を行い、自ら私徳政を宣言した。私徳政とは、室町幕府の徳政令交付を待たず、土一揆勢が実力で徳政を行うことである。もはや暴動は収まることなく、幕府でも対応に苦慮するようになった。

その後、京都市中で土一揆勢力が私徳政を行うと、その動きは一揆に近畿一円さらに播磨へと波及した。この動きを最もリアルに伝えているのが、中山定親《なかやまさだちか》の日記『薩戒記《さっかいき》』である。『薩戒記』正長元年正月二十九日条には、守護方の軍兵がことごとく土一揆勢に敗退している事実を記し、「乱世の至り」である、と結んでいる。

この段階で土一揆の勢力は、武家を凌ぐような勢力になっていたのである。そして、一揆のすさまじいエネルギーは、さらに播磨国へと飛び火していた。驚いた満祐が播磨国に下国するのは、この直後のことである。

土一揆の播磨における実状は、いかなるものだったのであろうか。のちの史料になるが、永享二年(一四三〇)正月の某光景田地売券によると、正長元年十一月十九日に土一揆の勢力が押寄せ、伝来の文書ともども焼き払ったという(「伊和神社文書」)。この文書は、おそらく借金の証文の類と考えられ、証拠隠滅を図ったものと推測される。伊和神社は播磨の北部に位置していることから、この土一揆は播磨一国に広がったといえよう。同時に、借金の証文を焼き払った事例は、ほかにも事欠かなかったと考えられる。

もう少し、播磨国における土一揆の経過を見ておこう。土一揆勃発直後の十一月六日、「土一揆私徳政発向」の記事が見え、私徳政が行われていたことがわかる。土一揆勃発の報を受けた守護赤松氏は、早速臨時人夫役等の免除を決定している(「東寺二十一口方評定引付」)。満祐は土一揆に対抗すべく、矢野荘を「押し置く」という行為に出ようとした。つまり、満祐は、矢野荘に何らかの軍事的な措置を行おうとしたのである。

これに驚いた東寺側では、所司代浦上氏や満済などを通じて、満祐を何とか思い止まらせようとした。寺領である矢野荘が戦火で荒廃しては、元も子もない。この間、謝礼として金銭が動いていることは興味深い。様々な交渉ごとで、担当する奉行人がキーパーソンになったことは後述するが、そこには必ず金銭の動きがあったのである。正長元年（一四二九）十一月、在京奉行人である上原性智は、現地の小河玄助から播磨国において徳政を行うとの報告が侍所になされたことを知る（「東寺百合文書」）。この報告を受けた上原氏は、徳政令発布という事態に大変驚いている。

徳政令の内容は、先に触れた某光景田地売券にある通り、売買や質流れした土地であっても、二十一年以内であれば、取り戻されるというものであると推測される。この事例から、十一揆勢力の実力行使的な私徳政では領民からの納得が得られず、公的な意味での徳政令発布がなければ、押さえきれなかったと考えられる。この一連の動きには、守護赤松氏のみならず、東寺などの働きかけも大きく作用していたことであろう。

土一揆の再燃化

その翌年の正長二年（一四三〇）一月、播磨国を再び土民らの蜂起が襲った。土民らは、播磨国中の侍を攻撃し、侍を追放すべしとの強い意気込みで戦いに臨んだのである（『薩戒記』）。この争乱によって、守護方の軍兵は命を失う者や逃亡した者もあったという。土民のパワーには、すさまじいものがあった。この記事を書いた『薩戒記』の記主中山定親は、「一国騒動希代非法」あるいは「乱世之至」と評している。定親自身も一報を耳にして、驚天動地の心中だったのである。

　およそ武士の世にあって、武家や公家が土民と呼ぶ百姓の抵抗は、想像もつかなかったのであろう。土民蜂起の報告を受けた満祐は直ちに下向し、土民らの討伐に臨んだ。その主たる舞台は矢野荘であったが、徳政令の発布や土民の蜂起によって、東寺方もかなり困っていたようである。しかし、満祐の迅速な対応により事態は終息へと向った。東寺領矢野荘では、守護奉行人が山野に逃げ隠れる百姓らを立ち帰らせ、耕作に専念させるよう命じている（「東寺二十一口方評定引付」）。東寺側が恐れたのは耕作地の放棄であり、年貢の収納ができなくなることであった。

　このとき、守護方と東寺方の間で調整を行ったのが、先述した上原性智であった。東寺は播磨国や矢野荘の様子を性智に尋ね、相談したうえで意思決定を行っていた。そして、東寺から性智に対しては、謝礼が払われているのである。

　この土一揆の後遺症は、もう少し続いたようである。最近になって紹介された、正長二年（一四三〇）の勧修寺《かじゅうじ》経成《つねしげ》書状には、その一端が記されている（「尊経閣文庫雑纂文書」）。勧修寺経成は、伏見宮から国衙奉行職に補任されており、国衙領の支配を行う守護赤松氏と交渉を行っていた。しかし現実の国衙は、守護の苛政《かせい》により「土民多く離散」「農桑等正体候ハし」という状況であった。このように、一見して土一揆は鎮静化したように見えるが、実際の現地では多くの農民が苦しんでいる実態をうかがうことができる。

　幕府あるいは守護側としては、この土一揆を沈静化させ、領国支配の安定を行うことが必要であった。『建内記』正長二年七月一日条には、伝聞として播磨国白旗城に旗が降りてきたことを記し、「吉兆」であると結んでいる。このことは、足利尊氏が左大臣となり、天下を治めようとしたとき、白旗城で同様の出来事があった故事にちなんでいる。白旗は赤松氏にとって、幸運のシンボルであった。つまり、白旗の降下により、播磨に平穏がもたらされたことを意味しているのであろう。

同じく『満済准后日記』正長二年七月四日条には、それが六月十九日のこととしたうえで、やはり「御代佳例吉事」と記している。ちなみに白旗城と命名されたのは、先の故事にならってのことであるという。白旗が降ってきたことは、にわかに信じがたい側面もあるが、一刻も早く支配の安定を望む側の気持ちのあらわれといえるであろう。そして、赤松氏の「白旗伝説」は、嘉吉の乱にも再現されるのである。

4　満祐と室町幕府

室町幕府における満祐

応永三十四年（一四二七）における満祐の播磨国下国事件によって、赤松氏と室町幕府の関係はどのように変化したのであろうか。嘉吉の乱勃発前の時点で、赤松氏は幕府において重要な存在であり、必ずしも当初から眼の敵にされていたわけではない。その証左として、満祐は侍所所司や山城国守護などの要職を務め、幕府内で重要な地位にあった。以下、赤松氏が室町幕府で果たした役割について触れておこう。

満祐は父義則と同じく、侍所所司を務めていた。侍所所司は頻繁に交代するが、嘉吉の乱までに計三回も務めている。その期間を示すと、次のようになる。

(1)応永十八年（一四一一）十一月～応永二十年（一四一三）十二月
(2)正長元年（一四二八）八月～永享四年（一四三二）十月
(3)永享八年（一四三六）八月～永享十一年（一四三九）十一月

このように満祐は侍所所司を歴任し、配下の浦上性貞や薬師寺氏が所司代を務めていた。とりわけ(2)の期間においては、先述した正長の土一揆が勃発した際、京都でその対応を行ったことが知られている（「東寺百合文書」）。同時に満祐は、(3)の期間に山城国守護をも務めていた。この期間、満祐は侍所所司と山城国守護を兼ねていたことになる。山城国守護代は、浦上某が務めていた。なお、守護使として中山氏の名前が確認できるが、『赤松家風条々録』によると同氏は「御一族衆」である。こうした事実からも、赤松氏が幕府から重用されていた事実をうかがえよう。

侍所所司としての満祐

満祐が侍所として活動した事例をいくつか挙げておこう。応永十八年（一四一一）十一月、幕府は侍所所司の満祐に対して、東寺掃除の散所《さんじょ》法師に他役を催促することを停止するように命じた（『東寺文書』）。散所法師とは普通の僧侶ではなく、賤視される存在であった。彼らは、東寺で掃除に従事していたが、他にも役を課されたのである。命を受けた満祐は、所司代の浦上氏にその旨を伝え、催促の停止を求めている。

応永二十年（一四一三）五月、幕府は山城守護高師英《もろひで》に対して、園城寺衆徒上光坊が押領した勧修寺領の大宅寺の年貢を返弁させるように命じた（「勧修寺文書」）。この命令は守護の高氏から、守護使節に伝えられた。しかし、園城寺は守護の遵行をうまく逃れたので、幕府は次に侍所所司である赤松満祐に命じて、年貢の返弁をさせるよう命じている。この命令は、満祐から所司代の浦上氏に伝えられた。本来は山城国守護の職務だったのであろう。

これ以外にも同年十二月、山城伏見の住民が醍醐寺領炭山に乱入することがあった（『満済准后日記』）。この日、幕府は侍所所司の満祐に命じて、その張本人を探索させた。永享元年（一四二九）四月、幕府の命によって、満祐は尊重護法寺修理料として洛中地口銭を百姓に課している。永享三年（一四三一）八月、幕府は満祐に命じて、鷹司油小路西北頬屋地を御霊殿雑掌に渡付させている。また、翌年十月、幕府は満祐に命じて、鷹司以南油小路東頬屋地に鳩塗師をもとのように住まわせるようにしている。

以上のように満祐は侍所所司として、京都市中の警衛などを担当していたのである。むろん、満祐は幕府における役割だけでなく、将軍義教との関係にも注意を払っている。次に、その点について触れておこう。

満祐と将軍との関係

永享二年（一四三〇）七月、赤松満祐は義教の右大将拝賀の式に際し、三〇騎を率いて前陣を務めた（『建内記』など）。その時には、拝賀帯脇の役に赤松氏一族が供奉している。

その翌年一月十九日、満祐は室町殿で催される恒例の月次連歌会に出席した（『満済准后日記』）。出席したのは満祐だけでなく、弟の義雅や一族の満政が加わっていた。翌二十日、満祐は自邸において義教を招き、連歌会を行っている（『満済准后日記』）。義教は赤松邸新築を祝い、発句を詠んだ。その後、赤松邸における連歌会は恒例となり、将軍を招いて催された。先述の通り満祐は和歌や連歌に秀でていたが、義雅や満政にも嗜みがあったのである。

赤松氏の宿所は、将軍家の御産所として利用されていた。『師郷記』永享七年七月十二日条には、「若公」の誕生に際して、赤松義雅の宿所が利用されていたことを記している。この若君とは足利政知のことで、のちに堀越公方になった人物である。同じく四年後の義観《ぎかん》（のちの聖護院門主）誕生のときには、赤松満政の宿所が利用された（『師郷記』）。赤松氏の縁者の宿所が将軍家の御産所であったことは、両者の親密な関係をあらわしている。

むろん、満祐は和歌・連歌会の参加や御産所の提供だけでなく、軍事行動という点においても、将軍家に従ったことを確認できる。

満祐の軍事行動

永享四年（一四三二）十月、大和国民の越智維通と箸尾二郎左衛門が奈良に侵攻するという事件が勃発した。二人に筒井良舜が対峙したが敗北を喫し、幕府に援軍を求める事態が生じた。このとき畠山持国とともに大和国出陣を命じられたのが、赤松満祐である（『満済准后日記』）。当時、満祐は侍所所司の地位にあったが、その任を解かれたうえで出陣した。代わりに侍所所司に就任したのは、一色氏である。

畠山持国と満祐が大将となって、大和国に出発したのは、十一月二十七日のことである（『看聞日記』）。持国は一三〇〇騎、満祐は弟とともに八〇〇騎をそれぞれ率い、これに二〇〇〇騎ばかりの雑兵が加わったという。ところが、赤松氏は苦戦を強いられ、多くの兵が討たれたと伝わっている。義教は満祐に対し、具足、馬、太刀などを与えた。結果的に越智、箸尾両氏の討伐に成功するものの、畠山氏が一兵も失っていないのに対し、赤松氏は六〇〇名余りが討たれた（『看聞日記』）。満祐の奮闘ぶりがうかがえるところである。

つまり、嘉吉の乱以前において、赤松氏は将軍との関係も良好であり、特に問題がなかったと考えてよいであろう。むしろ、幕政を円滑に行ううえで、赤松氏の存在は欠かことができなかったと言えるのである。

5　満祐による播磨などの支配

播磨国内の支配

満祐が播磨国守護になってから、どのような支配が行われたのであろうか。守護代や守護奉行人を用いた点は、義則の代と同じである。そこで、ここでは義則時代の支配と異なっている点を中心にして取り上げることにしよう。

一つ目は、納所の成立である。納所とは、文字どおり段銭・公役の収納を職務とした。その史料上の初見は、永享四年（一四三二）三月である（「東寺百合文書」）。史料には、「坂本小河入道納所始タル」

とあることから、納所が坂本に置かれたことが判明する。坂本とは現在の姫路市に所在し、政治の拠点となっていた。国衙眼代、在国奉行人であった小河氏が、納所の職務を担っていたのである。納所が設置された時期は、満祐が守護に就任して、しばらく経過してからであった。しかし、その本格的な活動が明らかになるのは、その二年後のことである。

永享六年（一四三四）三月、幕府は矢野荘を守護不入の地とすることを決定した（「東寺百合文書」）。以下、「東寺百合文書」によって、納所の活動を確認しよう。同年七月、幕府は赤松満祐に対して、矢野荘の「段銭以下課役を免除し、守護使の入部」を禁止するよう命じている。この命を受けた満祐は、在国奉行人（小河氏、上原氏）に対して、矢野荘の「段銭・課役の催促」を禁止するよう命じた。守護から在国奉行へのルートを用いたのである。

ところが、東寺側では遵行状の文言が不足していることに不満を表明し、在国奉行人の上原氏と交渉を行うことにしたのである。そこで、改めて広瀬方守護代の宇野越前守に対して、在京奉行人の奉書が発給されたが、内容は東寺側を納得させるものでなかった。結果はどうなったのであろうか。結論から言えば、東寺は上原氏と再び交渉に臨んだが、遵行状の文言の不足については対応してもらえなかったようである。

代わりに上原氏は、守護代の宇野越前守に対して下知状を発給し、東寺に対しては代官を播磨へ下向させ、坂本両納所と守護代に一献分を差し出すように要求した。坂本両納所とは、上原氏と小河氏のことを示している。この一連の事実は、何を意味しているのであろうか。上原氏の行動や指示は、遵行状の履行や文言の不足に関して、領国内で東寺方の代官と坂本両納所が交渉することで確実に履行することを意味している。つまり、坂本両納所である上原氏の人的な関係から、文言の不足という不満を解消しようとしたのである。

このように納所という職務は在国奉行が兼ねていたのであるが、段銭・公役の収納の実務という側面において、重要な役割を果たしていたことがわかる。また、納所の原型となる職務の事例は、およそ応永十九年（一四一二）頃から確認できると指摘されている。

もう一つ重要な職務として注目されるのは、国の検断奉行である。検断奉行とは、刑事犯を追捕し、事件の審理・判決を司る職務であったと考えられる。

永享五年（一四三三）九月、矢野荘において、代官である上野法眼了済の子息の高市兄弟（了快・了慶）が殺害の罪により、二人が所有する名田を闕所にすべきことを守護使が披露した（『東寺文書』）。ところが、永享九年（一四三七）に至って、二年前の永享七年に二人の名田を闕所すべきと守護方から申し出があったが、国の検断奉行である浦上三郎を通して、闕所の処分を逃れようとしたことが判明した。つまり、浦上三郎は国の検断奉行として、殺害人跡の闕所を分掌していたのである。

ちなみに浦上三郎は、永享八年（一四三六）に山城国守護赤松満祐の配下にあって、守護代を務めていた人物である。

以上のように、満祐は基本的に義則の作った支配構造の枠組みを継承したが、それを維持・発展させている。そして、従来と同じく奉行人や寺社との個別の関係によって、案件が処理されたことも改めて確認できるのである。

一宮・伊和神社の造営

満祐の父義則が、伊和神社の造営に熱心に取り組んでいたことは、先述した通りである。満祐自身も、父と同じ姿勢で臨んだことを確認できる。

「伊和神社文書」中の「万勘定目録」には、伊和神社が負担した様々な経費について記されている。その中には、守護代や小河氏、上原氏が社参をしたときの経費、京都での在京費用、また遷宮の際に奉行が社参したときの費用が記載されている。つまり、伊和神社は守護赤松氏と密接な関係にあったことがわかるのである。

同史料には永享五年（一四三三）八月、伊和神社で惣神殿が棟上された事実が記されている。惣神殿を創建したのは、赤松満祐である。惣神殿の棟上の意義については、伊藤邦彦による指摘がある。明治二十四年（一八九一）の『神社明細帳』（伊和神社蔵）には、惣神殿の祭神には播磨十六郡式内社の神名が見える。そして、「播磨十六郡式内社ノ神ハ古来ヨリ幣殿内ニ祭祀来リ」とあるように、惣神殿は幣殿を意味した。幣殿とは、参詣した人が幣帛や献上物を捧げる社殿のことで、拝殿と本殿の中間に位置していた。

つまり、満祐は永享五年（一四三三）の時点で、播磨国内の式内社の祭神を一宮に統合させたことになる。この事実に基づき、満祐は信仰統制という側面から領国支配を強化し、大胆なイデオロギー政策を展開したと指摘されている。この背景には、伊和神社が軍神であったということとも関わりがあったと考えられる。満祐は、応永三十四年（一四二七）の播磨下国事件や正長の土一揆での苦い経験を通して、対外的にも国内的にも軍事力の必要性を強く認識していた。そのことが国内での信仰統制と相俟って、一宮が重要視されるようになったのである。

こうした満祐による信仰統制の推進は、これまでの赤松氏歴代による純粋な信仰心だけではなく、現実の危機に直面したことが動機になっているのである。

備前・美作の支配

満祐の代に至ると、備前・美作の支配に関する史料が急速に乏しくなる。史料の残存度の問題が影響し、支配の実態をうかがうのはますます困難なところである。しかしながら、美作国を中心にいくつかの史料が残っているので、それらをもとに赤松氏の支配について考えてみたい。

美作国における満祐の発給文書は、木山寺（真庭市）に残っている（「木山寺文書」）。応永二十四年（一四一七）十月、満祐は南三郷内の田畠を木山寺に寄進した。南三郷は現在の真庭市落合町に所在しており、木山寺領であった。応永十八年（一四一一）四月には、満祐の父義則が寄進を行っていることを確認できる。応永二十四年の段階で、義則から満祐へと美作国守護が交代した可能性もあるが、他に傍証を欠くためさらに検討が必要である。

赤松氏が美作国に基盤を築いていたことは、荘園侵略からもうかがうことが可能である。永享五年（一四三三）十月、高野山金剛三昧院雑掌が大原保（美作市）における、守護方の押領を訴えた（「金剛三昧院文書」）。実際に押領を行ったのは、赤松伊予守つまり満祐の弟である義雅である。金剛三昧院雑掌は、たびたび守護方に義雅の押領を訴えたが、違乱が退けられることはなかったという。事態はかなり深刻になっていた。

その後の金剛三昧院雑掌による幕府の訴えによると、大原保代官職は守護方が公文・名主などを語らって、契約を結んだという。以後、金剛三昧院雑掌に納められるべき年貢一八〇石は、名主などが義雅の被官人になったため、納入されることがなかった。金剛三昧院方では、事態の改善を望んでいるのである。嘉吉元年（一四四一）五月に至り、赤松氏奉行人奉書が発給され、ようやく守護方も動き出したのである。

もう一つ重要なのが、美作国衙の扱いである。美作国衙では定期的に検畠が行われており、永享十一年（一四三九）が該当年となった（『建内記』）。検畠とは、土地の面積を測量し、年貢の賦課基準などを定めるものである。国衙領は守護請の地でもあることから、満祐は使として江見民部丞を送った。江見氏は、美作国の有力な領主の一人である。こうして、同年六月以降には、赤松氏によって国衙検畠が行われたのである。

備前国では応永三十二年（一四二五）三月に、赤松大河内家の満政が新田荘を安養寺に寄進したことを確認できる（「安養寺文書」）。安養寺は、現在の和気町に所在する天台宗寺院である。もともと新田荘は、安養寺に寄進されていたが、数年不知行であったという。そこで、安養寺は赤松則祐の下知状を捧げて訴訟に及び、改めて満政によって寄進されたのであった。このような満政の動きを見ると守護に比肩する権力を保持していたように思える。

以上、備前・美作における赤松氏の支配は、関係する事例が乏しいものの、威勢が及んでいたことはたしかであるといえる。ところで、満祐が赤松氏惣領職を継承して以降、にわかに動きが活発化したのが、赤松氏庶流である。以下、赤松春日部家、赤松大河内家などの例を取り上げて、順次述べることにしよう。

6　赤松氏庶子の動向

赤松春日部家のうち、持貞についてはすでに触れたところでもあるので、ここでは貞村を取り上げることにしたい。

赤松春日部家の動向

貞村は頼則の子息、持貞の兄として位置づけられている。残念ながら、生まれた年については不詳である。正長元年（一四二八）七月、摂津国鳥養牧・丹波国春日部荘内黒井村について、貞村の代官に還補されることが、管領畠山満家の施行状により伝えられた（「赤松春日部家文書（岡山県立博物館所蔵）」）。つまり、少なくともこの時点で、貞村は赤松春日部家の家督を継承したとみなすべきであろう。同日付の幕府の下知状によると、先の二つに加えて、播磨国包沢村などが加わっている。

しかし、永享五年（一四三三）十一月、先述の播磨、丹波、摂津の所領は、子息である音法師（のちの教貞）に譲られることになった（「赤松春日部家文書（友淵楠麿氏旧蔵）」）。このあたりの事情は詳らかではないが、この文書には「前伊豆守貞村」と署名されているので、出家などが大きな要因ではなかったかと考えられる。

貞村の譲状には記されていなかったが、伊河荘（明石市）も重要な所領の一つであった。伊河荘に隣接していたのが太山寺である。永享二年（一四三〇）四月、貞村は太山寺に禁制を与えている（「太山寺文書」）。それは、これまで赤松春日部家歴代当主の制札にならうものであった。また、貞村は太山寺や伊河荘を出入りする被官人による寺中の徘徊を禁止し、背く者があれば交名を注進せよと太山寺に書状を送っている（「太山寺文書」）。

嘉吉元年（一四四一）八月、貞村は太山寺に対して、野口村（加古川市）一〇石を寄進している（「太山寺文書」）。この寄進状の署名は「沙弥」なので、この時点では明らかに出家していることを確認できる。また同年七月、貞村は久我家領這田荘の代官を務めていた関係から、年貢の件について請文を提出している（「久我家文書」）。這田荘は、現在の西脇市に所在した荘園である。この文書には、「常宗」と署名されており、貞村の法号が明らかになる。ちなみに、従来いわれていた法号「性貞」は誤りであり、別人のものである。

貞村が将軍義教と近しい関係にあったことは、いくつかの例からうかがうことができる。まず、永享元年（一四二九）には、義教が貞村の邸宅に渡御したことを確認できる。その五年後、義教の側室であった貞村の娘（宮内卿局）は、貞村邸を御産所として男子を産んだ（『師郷記』）。姻戚関係が両者の強い紐帯となったことは、否定し得ないであろう。

加古川市の報恩寺には、二冊の奉加帳が残っている（「報恩寺文書」）。一冊目には、当時左大臣でもあった義教以下、細川持之、畠山満家、斯波義淳、赤松満祐が名を連ねている。奉加帳に年紀は記されていないが、義教が左大臣の職にあった永享四年八月から、斯波義淳が亡くなった永享五年九月までのものと考えられている。そして、二冊目には貞村以下、被官人と思しき人々の名前が記されている。報恩寺に程近い野口村は赤松春日部家の所領であったが、そうした関係から貞村も奉加に加わったのであろう。

このように着々と将軍義教と結びついた貞村であったが、『嘉吉記』には将軍義教との男色が取り沙汰されている。『嘉吉記』によると、「(義教と)赤松伊豆守(貞村)とは、強い男色の寵愛で結ばれていた。(義教は)いかにしても貞村を取り立てようとした」とある。義教が貞村の容貌に惚れ込み、近侍させたことは先述の『日本外史』にも記されている。

高坂好は、貞村が義教よりもはるかに年長であったことから、二人が男色の関係にあったという記述を否定している。筆者も同様の考えであるが、そもそも軍記物語である『嘉吉記』の史料性から否定したいと思う。『嘉吉記』の記事はほかにも潤色が多く、信が置けないからである。軍記物語や編纂者の取り扱いには、十分な注意が必要である。

貞村と文芸に関しては、永享五年(一四三三)二月に催された「聖廟一万句御法楽」において、「霞」という題で一句詠んだことを確認できる(『満済准后日記』)。

永享十二年(一四四〇)三月、貞村の嫡男である教貞《のりさだ》は、御判の御教書によって所領を安堵された(「赤松春日部家文書(岡山県立博物館所蔵)」)。「赤松次郎教貞」と史料中に表記されているので、元服を済ませていたと考えられる。同年三月、八坂法観寺供養に際して、父とともに将軍義教に供奉した

（『八坂神社記録』）。このときは教貞以外にも、満政、教実、則繁といった赤松氏一族の面々が供奉したことを確認できる。

赤松大河内家と将軍家

これまではほとんど目立たなかったが、急激に台頭したのが、赤松大河内家の流れを汲む満政《みつまさ》であった。満政については、竹内智宏や森茂暁の研究があるので、それらに従いつつ述べることにしよう。

満政は満則の子として誕生したが、やはり他の赤松氏一族と同じく、生年は不明である。父の満則は明徳の乱で奮闘し、討ち死にを果たした。応永二十九年（一四二二）九月、足利義持の伊勢参宮に際して、子息の満政が供奉したことを確認できる（『花営三代記』）。同史料には、赤松大河内刑部少輔満政と記されており、当時から大河内家と認識されていたことがわかる。ところで、なぜ満則の系統は、赤松大河内と称されるのであろうか。

大河内は、現在の神河町（旧大河内町）にあった地名である。赤松大河内家と大河内との関連を示す史料は見当たらないが、おそらくこの地と関わりがあったのであろう。この赤松大河内家は、『赤松家風条々録』において、御一家衆にも御一族衆にも記されておらず、やや特異な印象を受けるところである。以降においても、満政は史料上でたびたび「大河内」と表記されることになる。

義教の代に至っても、満政は将軍に供奉する役を務めていた。永享二年（一四三〇）七月、義教の右大将拝賀の儀式が執り行われた際、侍所といった幕府関係者などに交じって、赤松氏、佐々木氏らによって構成された「御拝賀帯刀」二四名の中に赤松満政の姿を確認できる。帯刀とは、将軍の参内・社参の際に、太刀を帯びて供奉する役を意味する。満政は義持に引き続き、義教とも強い関係を結んでいたのである。

やがて満政は、義教の申次として活動することになる。申次とは、将軍に伝達事項を伝え、また将軍の命令などを他者に伝えることを職務とした。満政の申次としての活動は、永享二年（一四三〇）一月から嘉吉元年（一四四一）六月まで確認することができる。申次の職務範囲は極めて広く、おおむね次の五点に整理されている。

(1)義教の命令・意思を他者に伝達すること。
(2)他者から義教への上申・披露を取り次ぐこと。
(3)義教のための祈禱巻数を受け取ること。
(4)義教の指示による行動。
(5)その他。

(1)から(3)については特に説明を要しないと思うが、(4)(5)について少し触れておきたい。

まず(4)であるが、先述した大和国人が永享四年（一四三二）に反乱を起こした際、筒井氏を上洛させることになった。このとき義教は筒井の滞在先である畠山満家の宿所に幕府奉行人である飯尾為種と満政を派遣して、事情聴取を行わせている（『満済准后日記』）。また、高倉永藤が裏松義資の横死が義教の指示であると「不思議虚説」を流した際、義教は両使の一人として満政を派遣し、真偽のほどを確認させている。

次に(5)であるが、その前に、満政が永享十一・十二年（一四三九・四〇）に公方御倉の運営に関わっていたと指摘されている点について触れておこう。そもそも公方御倉とは、幕府の財産を管理している土蔵の一群のことを意味している。そして、幕府財産の収入源は、主に御料所からの収入、守護からの出銭、地頭御家人役としての収入、京都の酒屋・土倉役としての課税収入などを挙げることができる。これだけ見ても、公方御倉の役割は極めて重要なことが理解されよう。

以上の指摘を踏まえて、(5)について考えると、次のような事例が指摘されている。永享二年（一四三〇）十二月、幕府の料国である筑前国の代官大内盛見《もりはる》から、年貢二〇万疋が満済のもとにもたらされた（『満済准后日記』）。いったん満済は、配下の慶円に命じて、二〇万疋を満政のもとに遣わせた。それは、満政が幕府財政に関与していたからであるといわれている。(5)については、ほかにも満政が義教発給文書の草案を書いたことなどが指摘されており、満政が義教の厚い信頼を受け、同時に権勢を誇ったことがうかがえるところである。

ところが、満政にも災難が降りかかることがあった。永享五年（一四三三）閏七月、比叡山の衆徒が一二カ条にわたる内容により強訴をし、その中には満政が賄賂を受け取って僧の便宜を図ったとあった（『満済准后日記』）。衆徒らはこの一件を追及し、満政を流罪にせよと要求してきたのである。翌月、衆徒らの要求を呑んで、多くの人々が流罪になった。例えば、法印猷秀は土佐に、飯尾為種は尾張にそれぞれ配流となっている。ただ満政は、惣領家預けという軽い処分で済むことになった。一連の背景には、義教と満政との強い関係を意識せざるを得ないであろう。

このように満政と義教の関係は極めて良好であり、それによって満政が相応の地位を得ていたことが看取されよう。

播磨・摂津における満政

満政は、伏見宮家が本家職を持つ国衙別納である佐土余部（姫路市）の代官職を務めていた。その記録は、永享四年（一四三二）頃にも確認できる。『看聞日記』によると、満政はたびたび年貢の納入を怠っており、一時は代官職の交代を示唆されるありさまであった。また、一時は、播州へ下向した満政の死亡説が取り沙汰されている。満政は年貢の納入を怠ったので、ついに伏見宮が義教に訴えるという挙に出た。この事態になって、満政は伏見宮に侘びをいれ、納入を約束している。

正長元年（一四二八）三月、満政は広峯神社に佐土郷のうちの下地二〇〇石を寄進している（「広峯文書」）。先の佐土余部と佐土郷は、同一とみなしてよいであろう。

もう一つ重要なのは、満政が兵庫関代官を務めていたことである。兵庫関（神戸市）とは東大寺・興福寺の荘園であり、水上交通の関所でもあった。古代から兵庫関は、武庫あるいは和田泊と呼ばれ、天長八年（八三一）には船舶から勝載料という関料を徴収した記録が残っている。海上交通の要衝地といえよう。

建久七年（一一九六）、造東大寺勧進職を務めた重源《ちょうげん》が築港費を徴収して以降、東大寺による課税権が発生した。兵庫関から得られる収益は、伊賀国務に匹敵するとまでいわれるほど莫大なものであったという。暦応元年（一三三八）、興福寺も兵庫関における関務を競望したため、同関は南北に分割された。そして、興福寺が南関の入港料を、東大寺が北関の年貢運搬船にかける入港料と置石料を徴収することになったのである。

永享六年（一四三四）一月の『満済准后日記』の記述に基づき、満政と兵庫関をめぐる興味深い指摘がなされている。当時、洛中の土蔵は土蔵役を負担することにより、唐物の荷揚げの場として、兵庫関を利用する特権を保持していたと考えられている。そして、将軍である足利義教は、赤松満政を通じて兵庫関を直接支配しようとした。義教は日明貿易が重要な位置を占めるため思いついたのであろうが、兵庫関を召し上げて御料所にするには、大きなリスクが伴う。そこで、義教は満済に指示して、管領である細川持之に調査を命じた。満政と義教との深い関係を示す事例である。

先述の通り、満政は公方御倉に関わっており、幕府財政の運営上、重要な立場にあった。兵庫関代官というべき満政の立場は、その点と密接なつながりがあったのである。

満政と文芸をめぐって

満政は室町邸の連歌会において、たびたび御文台役として書記を務めていた。赤松氏が和歌や連歌に秀でていたことは縷々述べてきたが、ここでは満政の文芸について触れることにしよう。

満政の歌が勅撰集に入集しているのは、次の通りである。

『新続古今和歌集』（永享十一年・一四三九年成立）

左大臣家にて、池水久澄といふことを

万代と　いはねをめくる　流まて　静にすめる　庭の池水

この和歌の成立事情については、次のように説明されている。まず、満政の歌が詠まれた時期に関しては、正長二年（一四二九）四月二十二日であると指摘されている（『満済准后日記』）。このとき、室町殿で月次和歌会が催され、題が「池水久澄」であった。この題は、満政の和歌の詞書《ことはがき》と一致する。『満済准后日記』の中には、参加者について単に「武家輩」としか記されていないが、この中に満政の姿があったと推測されている。

満政の和歌は、神社に奉納する詠草の中にも見出すことができる。次に、それら詠草類を列挙しておきたい。

(1)永享八年――『日吉社法楽百首続歌』、『北野・日吉・石清水礼法楽百首続歌』、『石清水・春日・広田社法楽百首続歌』、『石清水・住吉・新玉津嶋社法楽百首続歌』、『北野社法楽百首続歌』

(2)永享九年――『住吉社法楽百首続歌』、『石清水社法楽百首続歌』

(3)永享十年――『石清水社法楽百首続歌』

(4)永享十一年――『石清水社法楽百首続歌』
(5)永享十二年――『石清水社法楽百首続歌』
(6)嘉吉元年――『石清水社法楽百首続歌』、『松尾社法楽続歌百首』

このようにかなりの数の詠草類に収録されているので、満政の和歌は相当の腕だったと考えてよいであろう。また、嘉吉元年（一四四一）以降に名前が出てこないのは、次章で述べる嘉吉の乱の影響があったと考えてよい。

永享期以降、故人の忌日に品経歌を収録した詠草が数多く残されるようになったと指摘されている。実は、満政も『永享七年五月廿二日赤松満政母三十三回忌歌』を残しているのである。残念ながら、満政の母について知るところはほとんどない。しかし、こうして満政が詠草を残していることから、改めて和歌に対する造詣の深さを確認できるのである。

さらに満政は、将軍主催による月次和歌会と連歌会に頻繁に出席していた。この点については、どう考えればよいのであろうか。将軍主催の月次和歌会と連歌会は、三角範子によって次のように考えられている。つまり、(1)義教が将軍として相当な文化的容量を保持していることを顕示する、(2)文化的な側面から将軍権威の確立・強化を目指す、ということである。したがって、将軍主催の月次和歌会と連歌会は、単なる遊びでなく、義教の政権運営の一環に位置づけられるのである。

このような指摘を踏まえて考えると、満政は文化的な側面からも将軍との関係が強く結ばれていたといえるのである。

将軍に近侍する赤松氏庶流たち

将軍に近侍する赤松氏庶流については、これまで赤松持貞、貞村、満政を取り上げてきたが、実は他にも多くが近侍した例を確認できる。幕府の奉公衆の番帳である『永享以来御番帳』には、永享から文正年間に幕府に仕えた人物を記しているが、赤松氏関係は次の通りである。

(1)御相伴衆――赤松性具（満祐）
(2)一番衆――赤松義雅、赤松満政、赤松貞村、赤松則繁、有馬教実、赤松（広瀬）持方

満政と貞村については触れたので、それ以外の人物を紹介しよう。まず、義雅と則繁は満祐の弟である。則繁は「松ばやし」のところでも取り上げたが、華のある人物であった。しかし、應永三十一年三月、則繁は安東某を細川満元邸で謀殺し、逃走するという事件を起こしている（『満済准后日記』など）。有馬教実はその名の通り有馬氏の一族であり、当時有馬郡の分郡守護を務めていた。持方は系図にあらわれないが、「広瀬」とあることから、範資の子息である広瀬師頼の系譜を引く人物と考えてよいであろう。

また、最近、赤坂恒明氏にご教示いただいた『大将軍御拝賀記』（京都大学附属図書館所蔵、清家文庫）にも、帯刀として将軍に供奉した赤松氏の面々の姿を確認することができる。

(1)永享二年――赤松則繁、赤松満政、赤松祐康、赤松持広

(2)永享四年――赤松三郎（則繁）、赤松修理亮、赤松兵部少輔、赤松掃部助（持広）、赤松右京亮

赤松弥九郎

(1)のうち赤松祐康、赤松持広については、赤松氏の系図で確認することが難しい。(2)に関しても実名の記されていない人物が多数あるが、やはり赤松氏の系図にはあらわれない名前である。このように系図上にはあらわれないが、赤松氏庶流は広範に存在し、将軍に近侍していた様子を確認することができるのである。

第五章　嘉吉の乱と赤松氏の滅亡

1　室町幕府の状況

足利義持の死没

赤松満祐といえば、嘉吉《かきつ》の乱を思い浮かべるであろう。嘉吉の乱は赤松氏の滅亡のみならず、将軍足利義教《よしのり》が暗殺されるという、日本国中を巻き込んだ一大事件であった。この事件の背景には、どのような事情があったのであろうか。そのためには、将軍足利義《よし》持《もち》・義教という個性的な人物のことを知っておく必要がある。

正長元年（一四二八）、将軍足利義持が没すると、その後継者を巡って混乱が生じた。義持が後継者を定めることなく、没したからである。義持とは、いかなる人物だったのであろうか。義持は義満の跡を受けて将軍となったが、実際には父義満が実権を掌握し、異母義弟の義嗣《よしつぐ》を寵愛するなど不遇な日々を過ごした。

いくつか事例を挙げておこう。応永十五年（一四〇八）三月、北山亭に行幸した後小松天皇は、義嗣に天杯《てんぱい》を下賜した。天杯とは、天皇が与える酒杯のことであり、元服前の天杯は史上初の出来事であった。さらに、義嗣は同年三月二十四日に正五位下左馬頭に叙任されると、以後異例の出世を遂げている。その翌月、義嗣は内裏で親王の儀に准じた元服を行い、参議従三位に昇進し、公家の仲間入りを果たした。義嗣は義持よりも、明らかに厚遇されていたのである。

しかし、義満が亡くなると、事態は義持の方に好転する。義満は後継者を指名していなかったため、幕府の重鎮斯波義将の判断により、義持の家督継承が決定したのである。義持は自らの地位を確立するために、斯波義将をはじめとする管領の重用、義満への太上法皇号宣下の辞退、対明に対する通交停止等の数々の政策を実行する。義満への太上法皇号宣下の辞退には、斯波義将の影響が大きかったといわれている。

義持は応永十六年（一四〇九）に勃発した上杉禅秀《ぜんしゅう》の挙兵を鎮圧するとともに、応永十八年（一四一一）には富樫満成に命じて義嗣を殺害させた。これまで不遇をかこってきた義持であったが、将軍になると思い切った行動に出たのである。

応永三十年（一四二三）、義持はその子義量《よしかず》に将軍職を譲っている。しかし、実際には義持が実権を握っており、虚名といわざるをえなかった。義量は酒宴を好み健康を著しく害したため、応永三十二年（一四二五）二月に在職わずか二年で没した。義持の計画は大きく狂うとともに、その悲しみぶりは計り知れないものがあったであろう。

やがて、義持にも死期が訪れることになる。応永三十五年（一四二八）正月、義持は風呂場で尻の疵を掻き破ったことが原因で発病し、起居もままならない病状に陥った。当然、幕府の重臣たちは、義持に後継者を定めてほしいと懇願したが、ついに決まることがなかった。後継者が決まらないというのは、義満のときと同じである。

義持が後継者を決めなかった理由は、二つあると言われている。一つ目は、候補者である義持の弟らは、将軍の器ではないということである。二つ目は、たとえ後継者を決定しても、重臣らが支えなければ意味がないということであった。後者は、当主が後継者を決定するという論理が揺らぎ、むしろ家臣が後継者を指名するという傾向が強くなったことを示している。

以上のような理由から、義持は満済のアドバイスに従い、籤《くじ》により後継者を選ぶことを選択した。籤により選ぶということは、人智の及ばないことを神の決定に委ねることを意味する。たびたび義持が政治的判断を神慮に委ねたことは、よく知られているところである。結局、義持は後継者を定めないまま、応永三十五年（一四二八）一月に死を迎えた。

籤引き将軍　足利義教の誕生

義持の没後、問題となったのが後継者問題である。義持の死後、その後継者は籤引きによって決することとなっていた。新将軍の候補者は、義満の子息で義持の弟たちである青蓮院義円、相国寺永隆、大覚寺義昭、梶井門跡義承の四名であった。その名前が示す通り、いずれも僧籍にあったことが注目される。

実際には義持の意に反して、すでに籤引きは生前に実施されており、開封を死後に行うことになっていた。当然ながら籤引きは、極めて慎重に行われた。応永三十五年（一四二八）一月十七日、厳封された籤を石清水八幡宮に持参し、管領畠山満家が一通だけを持ち帰っている。翌十八日に義持が亡くなると、管領以下諸大名が一堂に会したところで、籤が開封された。

結局、籤によって選ばれたのが、義満の子で義持の同母弟の義円（以下、義教で統一）である。当時、義教は青蓮院に入室し、天台座主を務めていたが、還俗して将軍に就任しようとした。ところが、義教の将軍就任に際しては、いくつかの問題が生じたのである。

第一に義教の嗣立が報告されていないという、朝廷サイドの不満である。第二に、朝廷が法体の義教に相応しい官位を与えることと将軍宣下を行うことを拒否したことである。将軍宣下が遅れたことに対し、義教は将軍宣下以前の正長元年（一四二八）六月にさかのぼり、御判をもって天下の雑訴を成敗することを決定した。

この決定に敢然と反対したのが、下級官僚の清原良賢《よしかた》である（『建内記』）。良賢は明経道を家学とする清原氏の流れを汲み、後光厳・後円融・後小松の三天皇の侍読《じどく》を務めた人物である。清原氏の反対理由は、次のように要約できるであろう。将軍宣下なくして天下の政務を行った場合、実力によって将軍に代わる者が現れたとき、その人物に権力の正統性がないと言えなくなる。つまり、将軍の称号と天下の政務判断は、不可分にしなければならないという考え方であった。裏返して言えば、幕府にとって朝廷は無視し得ない存在であることを示している。

こうした朝廷や清原氏の考え方は、義教を窮地に追い込んだといってもよい。当時、関東における足利持氏の勢力が大きくなっており、後南朝の勢力も未だも侮れない存在であった。この二つの勢力は相互に連携しながら、反幕府運動を繰り返してきた。特に、正長年間は政局の不安定さにつけ込み、しきりに両者による反幕府運動が展開されたのである。

一方で、新将軍義教は、政治に意欲的であった。管領畠山満家の伊勢守護を解任すると、土岐持頼《もちより》を新たに守護として補任した。義教は土岐持頼に対し、美濃守護土岐頼益《よります》と協力して北畠氏の討伐を命じている。これが、後の伊勢北畠の乱に繋がるのである。このように各地で反乱者があらわれ、室町幕府における将軍権力の低下が露呈すると、その政治的な立場が低下し、むしろ朝廷の立場が相対的に上昇することになる。義教にとって、非常にまずい状況であった。

こうした義教の危機意識は、名前にも反映されている。義教は義円から名を改めるとき、「義雅」「義規」「義英」「義宣」等の中から、義宣《よしのぶ》の名を選択した。その理由は、「宣」の字が決断を意味し、天下の政務を決断する将軍権力を象徴する文字であったからだと言われている（『建内記』）。しかし、その義宣の名も「世を忍ぶ」という語呂の悪さを嫌って、再度「義教」と改名している（『建内記』）。義教は改名の文字に将軍の地位を象徴させていると言われ、ここから専制的な将軍権力を確立しようとの強い意識をうかがうことができる。

義教の政治手腕

義教は当初、諸重臣の意見に耳を傾け政務を行っていたが、のちに将軍専制の志向を強めることになる。『満済准后日記』によると、義教は評定衆・引付頭人を再設置することを求めている。このことは、何を意味しているのか。室町期に至って、管領の設置とその地位権限の強化に伴い、実質的に評定・引付の制度は形骸化していた。つまり、評定・引付制度の再設置は、管領の地位や権限の抑制を意図した義教の政策であると考えられる。さらに、管領の配下にあった賦《くばり》奉行を将軍の直属とし、将軍が訴訟受理の権限を独占した。こうした一連の政策から、義教の専制的な性格を読み取ることができよう。

義教の専制的な性格は、守護や貴族を恐怖に陥れた。例えば、有力守護の家督改めが行われ、有力貴族である勧修寺家や日野家にも圧迫を加えた。日野氏はもともと足利氏と婚姻関係を通じて、密接な繋がりを持っていた。しかし、義教は義持の正室日野栄子が永享三年（一四三一）に没すると、徐々に圧力を加えていった。以前から義教は日野義資と折り合いが悪く、その所領を取り上げようとしたこともあったが、栄子の死後露骨な行動に出る。

永享六年（一四三四）、日野重子（義資の妹）は、のちの七代将軍義勝を産んだ。多くの人が重子の兄である義資亭に詰め掛け、その誕生を祝した。しかし、義教はあらかじめ義資亭に見張りをつけており、訪問者をすべて調べあげていた。そして、義教は祝賀に訪問した、公家らを大量に処罰したのである。義資もその後、不慮の死を遂げた。高倉永藤は、うっかり義資の不慮の死を義教の仕業であると噂し、流罪に処せられている。

些細な不手際から死に至らしめられた者は、身分の貴賤を問わず、多くの数に上った。その受難者は、二〇〇名を超えるといわれている。

義教に叛旗を翻す者は、徹底して弾圧された。武家では、永享の乱がよい例である。永享の乱とは、永享十・十一年（一四三八・三九）にかけて鎌倉公方足利持氏《もちうじ》が起こした内乱である。室町幕府と鎌倉府は以前から対立関係が続いており、持氏も反抗的な態度を取っていた。乱の発端は、持氏が嫡子の元服に際して、慣例を無視し将軍の偏諱を受けなかったことにある。

関東管領上杉憲実《のりざね》はこれを諫めたが、持氏は逆に憲実を討とうとした。この報に接した義教は、今川・武田・小笠原の諸氏に、持氏討伐を命じたのである。これら軍勢に関東管領上杉氏が加わり、持氏を追い詰めた。結局、持氏は降伏し、永享十一年（一四三九）十一月武蔵国金沢称名寺で出家した。しかし、義教はこれを許さず、憲実に命じて持氏を自害させたのである。

また、永享十二年（一四四〇）の大和越智氏の討伐では、一色義貫と土岐持頼を謀殺するなど、容赦ない処罰を行った。ちなみに、一色義貫は三河、若狭、丹後の守護、そして侍所頭人、山城国守護を務めるなど、室町幕府の重鎮であった。このとき、赤松氏は畠山氏とともに大和へ進発したが、多くの兵を討たれ苦戦を強いられている。

一色氏と土岐氏の没落後、その守護職を継承したのは、武田信栄《のぶひで》、細川持常《もちつね》、一色教親《のりちか》らであるが、彼らはいずれも義教の近習であった。『看聞御記』の記主である伏見宮貞成《さだふさ》は、義教の政治姿勢を「万人恐怖」と称した。義教の政治は、まさしく恐怖政治だったのである。むろん、こうした状況について、満祐が鈍感であるはずはないのである。

2　嘉吉の乱の勃発

すでに述べたように赤松氏は、打ち続く土一揆などで領国支配に安定さを欠いていた。そのようなことが災いしたのか、やがて中央政治の舞台においても凋落の一途をたどることになる。特に、義教が跡を継いだあとは、以前に増して赤松氏への風当たりは厳しくなる。以下、そのあたりを確認しておこう。

嘉吉の乱前夜

すでに述べた通り永享五年（一四三三）閏七月、比叡山の衆徒が嗷訴を行い、その中に赤松満政を理由とするものも含まれていた。その内容とは、満政が賄賂を受け取り、ある山僧に便宜を与えたというものである。比叡山衆徒は満政の遠流を要求したが、結局惣領家預けとなった。満政の処罰が軽減されたのには、幕府の強い意向があったとされている。このような配慮を見せていることから、将軍義教は満政に対して、特別な感情を抱いていたと考えられる。

満政は先にも触れたように、幕政における重要な地位にあった。当時、将軍と地方の守護・国人の間を仲介する取次は、有力守護がこれを担当している。例えば、赤松満祐は、薩摩国島津氏と伊勢国司北畠氏の取次を担当しており、彼らから幕府への上申および幕府から彼らへの下達を取り扱った。しかし、後に有力守護から取次の役割が手を離れ、満政は将軍の近習にも関わらず、取次を担当するようになった。義教による守護抑制策の一端を垣間見ることができる。

その事実が裏づけられるがごとく、幕府内では三管領家が次々と家督を交替させられており、将軍による守護家への介入が進められた。永享九年（一四三七）二月、義教は正親町三条実雅邸を訪れていた。このとき義教は、満祐から播磨・美作を取り上げることを考えていたようである（『看聞日記』）。その手始めとして、永享十二年（一四四〇）三月、義教は満祐の弟義雅の所領を没収し、その所領を満祐・貞村そして細川持賢に与えたことを確認できる（『建内記』）。義雅の所領が没収された理由は、よくわかっていない。

義雅の所領の概要は不明であるが、そのうち摂津国昆陽野荘（伊丹市）は、明徳の乱の勲功として与えられたため、満祐は惣領家に留めるよう義教に懇願した。満祐は、昆陽野荘が本来惣領家に与えられたものであるが、父義則によって義雅に与えられたことに不満を抱いていたのである。しかし、その願いはついに聞き届けられなかった（『建内記』）。こうした義教による赤松氏に対する揺さぶりは、満祐を精神的に追い込んだことであろう。

義教、暗殺される

赤松氏と幕府の関係は、徐々に悪化していった。永享十二年（一四四〇）十二月には、満祐の扱いがどうなるのかと世上で噂になっていたようである（『公名公記』）。このように満祐の危機が世上に広く伝わるほど、両者の関係は微妙なものに変化していたのである。

こうした情勢の中で勃発したのが、嘉吉の乱である。以下、特に注記しない限り、『建内記』と『看聞日記』によって経過を述べることとしたい。

年号が嘉吉と改まった四月、結城合戦における幕府方の戦勝が報ぜられ、諸家で招宴が催された。満祐の子息教康《のりやす》は嘉吉元年（一四四一）六月二十四日、西洞院の自邸において、義教を招き招宴を催した。山名持豊・細川持之・大内持世といった諸大名も招かれている。満祐が催さなかったのは、前年末から狂乱によって出仕していないからであった。

この招宴では、酒宴とともに赤松氏がひいきにした観世流の能楽師により、猿楽が演じられていた。宴は大いに盛り上がったことであろう。ところが、このとき突如、甲冑に身を包んだ武者十数人が乱入し、あっという間に義教を斬殺したのである。義教を直接殺害したのは、赤松氏の被官人である安積行秀であったという。

この時、近習として隣室に控えていた山名熈貴《ひろたか》・細川持春らは、ただちに反撃を試みた。しかし、ご相伴ということもあって、武器を携帯していなかった。彼らは儀礼用の金覆輪の太刀を用いて、応戦した。結果、持春・熈貴は討ち死にし、持世は深手を負った。ちなみに熈貴は即死、持春は片腕を切り落とされ間もなく亡くなったのである。

結局、管領以下、守護および将軍近習らは、義教の遺骸を放置したまま逃げ帰った。義教の首は、敵つまり赤松氏の手に渡った。この義教暗殺の一件は、どのように評価されていたのであろうか。伏見宮貞成親王の日記『看聞日記』には、かなり辛辣な感想が綴られている。その内容とは、「管領細川持之らは逃走し、そのほかの人々も右往左往して逃散した。もとより潔く腹を切るものもなく、赤松氏を討伐しようと追いかける者もいなかった」というものである。

そして、貞成は義教の死を「自業自得」としたうえで、「将軍のこのような犬死は古来からその例がない」としている。これまで義教は世間からの評判が芳しくなかったが、その死は「自業自得」であると冷たく突き放されたのである。

赤松氏の宿所が放火されたため、義教の遺体を取り出すことができなかった。狂乱の噂のあった満祐は、奉行人の一人である富田氏の宿所から輿に乗って落ち延びたという。それだけではない。満祐の弟である義雅と則繁は、自らの宿所に放火し、そのほかの一族・被官人らも放火して逐電したと伝える。ただし、一族の中でも、赤松満政、貞村は「野心」がなく惣領家に従わなかった。それは、有馬義祐も同じであった。同じ赤松氏一族でも、対応は異なっていたのである。

義教の遺体は、結局どうなったのであろうか。義教が殺害された翌二十五日、焼跡から遺体が見つかり、等持院に安置された。義教の葬儀が執り行われたのは、翌月の七月六日のことである。葬儀ののち、義教には普広院と追号がなされた。肝心の義教の首は、満祐によって摂津国中島に運ばれたと伝えている。

『公名公記』によると、満祐は将軍の首を播磨国に運び、葬儀を行ったという。現在、安国寺（加東市）の裏手にある宝篋印塔が義教の首塚と言われているのはその証であろう。葬儀ののち、満祐は義教の首を京都に返しており、相国寺長老瑞渓周鳳が播磨に下向して受け取っている（『師郷記』『大乗院日記目録』）。満祐の反逆によって、様々な情報が飛び交っていた。貞成が『看聞日記』に「雑説種々雑多、委細不能記録」とあるのは、その混乱ぶりを示している。義教の首のありかについても、

足利義教首塚（加東市・安国寺境内）
（たつの市立埋蔵文化財センター提供）

多くの噂が流れたと考えられる。

室町幕府の対応

このような事態にも関わらず、幕府の対応は極めて遅かったといえよう。守護らは赤松氏追討を掲げることなく、家の門を堅く閉ざす有様であった。この間、満祐は一族を引き連れ、本国である播磨へと落ちていった。京都を出発するに際して、満祐は自邸をはじめ一族・被官人の邸宅を焼き払った。この事実は応永三十四年における満祐の播磨国下国事件と同様、幕府に対する反逆の意志表示を示しているのである。

義教の葬儀が行われたのは、同年七月六日であり、乱後十日余りを経過していた。これと前後して、諸大名は評定会議を開き、義教の子息千也茶丸（後の義勝）をその後継者とし、室町幕府に移している。義勝は、まだわずか八歳の少年に過ぎなかった。そして、政務の代行者を管領細川持之に定め、満祐討伐を守護らに命令した。大手の大将は阿波守護細川持常、搦め手の大将は但馬守護山名持豊にそれぞれ命じている。

持之は、諸大名への配慮も怠っていなかった。嘉吉の乱直後の六月二十六日、持之は小山持政ほかの諸大名に宛てて、二十四日に義教が満祐によって討たれたこと、義勝が跡を継いだので安心すること、満祐を討伐するので協力してほしいこと、などを伝えている（「井口文書」）。まさしく幕府の威信をかけて、満祐討伐に臨んだのである。

幕府の率いる軍勢には、細川氏一門のほか各地の守護、そして乱に与しなかった赤松貞村・満政、有馬義祐ら赤松氏庶流も加わった。一方、赤松氏側も一族および播磨国内の国人・被官人らが続々と終結した。とりわけ一族である、赤松教康・義雅・則尚は、その中核として播磨、但馬の防御線を守ることになった。

3　満祐による天皇・将軍の擁立

足利義尊の擁立

満祐は義教を暗殺する際に、周到な準備をしていたと考えられる。おそらく一般的には、満祐が半ば自暴自棄気味に反乱を起こしたと考えられているが、実際にはそうではない。それは、将軍と天皇を戴くという満祐の構想からうかがうことができる。まず、将軍構想から確認しておこう。

満祐が自らの権力を維持し、多くの味方を得るためには、権威——将軍・天皇——となるべき存在を戴く必要があった。満祐はそうしたことにも十分に配慮し、あらかじめ将軍と天皇を準備していたのである。そして、将軍の候補として擁立されたのが、足利義尊《よしたか》なのである。では、義尊とは、いかなる人物なのであろうか。

結論から言えば、義尊の父は直冬の子冬氏であるといわれている。直冬の実父は、尊氏であり将軍家の血筋を引いている。直冬の養父は直義であるが、観応の擾乱（一三五〇～五二）において、反幕府勢力——反尊氏派——となった。観応の擾乱とは、尊氏・直義の二元的な体制が崩れ、それぞれの派に分かれて争った内紛である。

特に、尊氏派で執事であった高師直と直義との対立は激しく、ついに観応元年（一三五〇）十一月になって、直義の追討令が光厳上皇から下された。これを知った直義は、同年十二月に南朝に降ったのである。そのとき直義と行動をともにしたのが、養子である直冬であった。その後、直義は尊氏と和解をするが、直冬は依然として南朝に身を投じていた。その点から言えば、直冬は尊氏に叛旗を翻したことになる。

直冬は主に山陽・山陰地域に拠点を持ち、同じ南朝方でもある山名時氏とともに、東上の勢いを見せるほどであった。延文三年（一三五八）に尊氏が没しても、その勢力は衰えなかった。しかし、貞治二年（一三六三）に山名時氏が幕府に帰順すると、直冬は貞治五年（一三六六）を最後に史料上から姿を消した。その間、直冬は一貫して南朝方にあり、「吉川家文書」に発給した文書を残している。直冬が南朝方に最後まであったことには、注意を払うべきであろう。

直冬の子息である冬氏は、「足利系図」などによると「中国武衛」と呼ばれており、法号を「善福寺」と号している。残念ながら生年は不詳である。武衛とは将軍を意味することから、南朝サイドから「中国地方を統括する将軍」程度に位置づけされていたと考えられる。では、法号の「善福寺」とは、何を意味するのであろうか。

善福寺については、水野恭一郎が指摘するように、岡山県井原市の「重玄寺文書」中の知行目録に「善福寺大御所」とあることから、冬氏に該当すると考えてよい。冬氏には相国寺に宝山乾珍という弟がいたが、彼によって「善福寺大御所」の菩提を弔うため、田畠が寄進されていたのである。つまり、冬氏は現在の井原市付近に勢力を築いていたと考えられる。

井原市内の重玄寺に程近いところには、善福寺という曹洞宗寺院がたしかに存在する。以上の点から、冬氏の拠点というべきものが、当時井原荘にあったことが理解されよう。そのあたりの経緯は不明であるが、冬氏の子息である義尊は貴種であるということから現地で尊重されていたと推測される。その点を踏まえて、もう少し義尊の動向を探ることにしよう。

義尊が史料上に登場するのは、『建内記』嘉吉元年七月十七日条である。同条によると、直冬の子孫である禅僧が満祐に擁立され、すでに「将軍」と称しており、播磨国内に迎えられたとある。もちろん、正式に将軍宣下を受けたわけではない。自称と考えてよい。義尊には禅僧となった弟が備中国にいたらしいが、播磨国へ逃れようとして、備中国守護細川氏に討たれたという。その首は、同月二十八日に京都に運ばれた。ちなみに義尊は、この年に二九歳であったというので、応永二十年（一四一二）の生まれとなる。

『建内記』同年八月二十一日条には、その禅僧が「井原御所」と称され、名を「義尊」と改めたと伝える。ちなみに御所とは、親王、将軍、大臣などの住居のことを意味する。したがって、満祐は義尊を「井原御所」と称することによって、事実上の将軍とみなしたのである。そして、義尊の名前を使って、各地に軍勢催促を行ったという。『建内記』に文面が記されていないのは惜しまれるが、おそらく将軍の発給する御判御教書を模したものである可能性が高い。

ところが、このことに気付いた幕府は、早々に対策を講じている。幕府は義尊の花押を写し取り、その花押を据えた文書を持つ者がいれば、召し取るように各地の関所に通達した。つまり、逆に言えば、幕府は義尊の軍勢催促を無視しえず、一定の効果を持つことを予測していたと考えられる。幕府にとっては、実に悩ましい問題であった。

一般的に、満祐が義尊を擁立した動機については、幕府に対抗するために軍勢を募るだけで、天下を欲したわけではない、と解されている。赤松氏は結果的に滅びてしまったので、そのように考えがちであるが、必ずしもそうとは思えない節がある。

改めて満祐が義尊を擁立した理由や背景を整理すると、次のようになろう。

(1)義尊は将軍家である足利氏の血を受け継いでおり、新たに将軍として擁立するにはふさわしい人物であること。

(2)満祐は義尊を播磨国へ迎え、あえて「井原御所」と称しているのは、正式な将軍宣下を受けているかは別として、内外に将軍として認識させていること。

(3)義尊の名前が将軍家の「義」の通字を使用していることから、少なくとも将軍を意識していると考えられること。

このように考えると、当初から満祐が義尊を将軍として擁立するため、周到に準備していたことは明らかであるといえよう。そして、義尊を将軍とみなすことによって、幕府と対抗することをあらかじめ想定していた。そうでなければ、わざわざ将軍家の血筋を引く義尊を迎え入れ、あたかも将軍のような形を取らなかったはずである。

そのことを裏づける史料がある。高坂好により、良質な軍記物語であると指摘された『赤松盛衰記』には、次のように記されている。

つまるところ、満祐は備中国井原の武衛（義尊）を尊び敬い、「日の将軍」と号し、日を経ず上洛して一家天下の執権となり、国土を掌握しようとしたことは、疑いないところである。

これは満祐の言葉であるが、要するに義尊を将軍として擁立して入洛し、自らは将軍を補佐し、天下を掌中に収めたい、との意である。「日の将軍」とは、満祐が義尊を敬った言葉である。『赤松盛衰記』は後世になった軍記物語であり、多少割り引いて評価すべきかもしれないが、この言葉はおよその事実を端的に物語っているといっても過言ではない。

では、満祐が自ら天下を握ろうとせず、将軍を奉じようとしたのはなぜだろうか。そもそも家格の問題があり、満祐が天下を取り将軍になるという道筋は現実的ではない。むしろ将軍の権威を利用して軍勢を募り、将軍を補佐しつつ天下を差配することが近道であった。先の満祐の言葉はそうした現実味を帯びており、信頼に値すると考えてよいであろう。

いうまでもなく、満祐は侍所所司などの幕府の要職を歴任し、幕政にかなり通じていた。将軍さえ擁立すれば、あとは自ら執権（管領）となり、天下を差配することも可能であると考えたことであろう。満祐は幕府に対して、決して無謀な戦いを挑んだのではなく、その後の展開まで計算を行っていたのである。それは、次に触れるとおり、南朝方の小倉宮を探し出し、天皇に模した点にも見られるところである。

そのように考えると、先の義尊による軍勢催促とは、まさしく防戦というよりも、天下を狙ったと考える方が自然である。義尊の名のもとで軍勢を募れば、義教に反感を持っていた諸大名が合流すると考えたに違いない。事実、『建内記』嘉吉元年七月二十六日条には、八月三日に満祐が京都に討ち入るとの噂が流れている。水面下では、満祐と幕府による自陣への引き入れ工作が進んでおり、満祐優位の噂もあったのであろう。

義教没後、幕府では早急に子の義勝を第七代将軍に据えているが、これは義尊を意識したものと推測される。つまり、将軍不在では赤松氏討伐をなし得ないと考えたため、幕府においても相当な警戒心を持ち、迅速に対応したのである。先に、細川持之が小山氏らに対し、義勝が後継者になったことを伝えたことを述べたが、それほど将軍の存在が重要視されたのである。

このように、満祐が敢えて将軍義教を討った事実は、あらかじめ綿密に計算されたものであり、しかも将軍を戴いた天下取りにあったと考えられる。そのキーワードとしてあげられるのが、南朝である。南朝は南北朝の合一以後は衰退気味であったが、大和国などを中心にして支持を得ていた。義尊はすでに触れたように、南朝方の直冬の子孫であった。満祐は、南朝末流の天皇さえも準備していたのである。

擁立されかけた小倉宮

嘉吉の乱における、もう一人のキーパーソンが小倉宮である。満祐が小倉宮を擁立しようとしたことは、『建内記』嘉吉元年七月十七日条に「南方御子孫小倉宮の末子を赤松が盗み奉った」との記録が見える。正確に言えば、小倉宮自身ではなく、その末子ということになる。「盗み奉った」という表現は穏やかではないが、幕府方から見れば、そのように写ったのであろう。しかし、『建内記』の同日付条によると、先の文章の脇に「後に聞く。この儀無しと云々」とあることから、残念ながら実現しなかったと考えられる。

では、小倉宮とは、いかなる人物なのであろうか。

南朝を継承した後亀山には、何人かの皇子が存在したが、その一人に恒敦《つねあつ》宮がいる。彼こそが、最初に小倉宮と称せられた人物である。しかし、恒敦に関する史料は大変乏しく、応永二十九年（一四二二）に没したことを伝えるのみである。むしろ注目されるのは、二代目小倉宮（聖承）の方である。応永二十二年（一四一五）、伊勢国北畠満雅《みつまさ》は、後亀山の吉野出奔を受けて伊勢で兵を挙げた。さらにその八年後、鎌倉公方足利持氏と呼応し、挙兵している。満雅は、このとき「南方宮」を擁していたのである（『看聞日記』）。

北畠氏も挙兵の際には、天皇の権威を必要としたのであろう。この点は、非常に重要である。彼らはやみくもに挙兵しているのではなく、正統性や求心性を担保するために、相応の準備を行っているのである。正長元年（一四二八）八月、満雅は再挙兵する。このとき満雅が擁立したのが、小倉宮（聖承）であった。

ほぼ同じ頃、称光天皇の病状が思わしくなく、新帝即位の話が持ち上がっていた。問題だったのは、称光天皇に子供がなく、誰を後継者に据えるのか揉めていたことである。小倉宮はこれをチャンスと捉え、密かに嵯峨を脱出すると、満雅を頼りに伊勢に向かったのであった。小倉宮の方も、密かに皇位継承の機会を狙っていたのである。

満雅は再び小倉宮を擁立すると、鎌倉公方足利持氏と連携しながら、兵を挙げた。やはり、満雅は天皇の権威を示す小倉宮、そして将軍家の血を引く鎌倉公方の存在を一つの拠り所としたのである。もちろん、小倉宮の目的は、皇位奪還にあったといっても差し支えないであろう。しかし、この戦いは、新伊勢守護として幕府から派遣された土岐持頼によって同年十二月に鎮圧され、満雅は敗死するに至ったのである。

満雅の挙兵そのものは失敗に終わったが、ここで重要なのは満雅の跡を継承した顕雅《あきまさ》が幕府に降伏した際、赤松満祐と三宝院満済がその宥免に尽力していることである。顕雅の宥免・所領安堵は、小倉宮の京都帰還と並行して進められた。このとき満祐は、小倉宮を擁護していることから、何らかの接点を得たと考えられる。こうした一連の経過が、満祐が嘉吉の乱において、小倉宮の末子を擁立しようとした背景になったと推測される。

その後、京都に戻った小倉宮には、過酷な運命が待っていた。小倉宮は幕府との交渉の中で、生活を支えるための経済的裏づけとして、諸大名からの援助を得ることが決まっていた。しかしながら、その納入は常に滞りがちで、経済的に困窮した小倉宮は不満をこぼすことになる。そのような事情もあって、永享六年（一四三四）二月、ついに小倉宮は出家することとなった。ある意味で、幕府の思惑通りである。

幕府の基本的な方針は、南朝皇胤の出家であったため、願ったり叶ったりというところであろう。しかし、小倉宮は、逆に南朝皇胤が断たれるという、強い危機意識を持ったことと推測される。それどころか、ますます南朝の再興という思いが深まったに違いない。

こうした状況下において、義教から執拗に目をつけられ、討伐される危機に瀕していた満祐が、小倉宮と何らかの形で連絡を取り合っていたことは、あながち否定できないと考えられる。つまり、満祐は義教を襲撃する際、あらかじめ小倉宮を擁立することを念頭に置いて、行動していた可能性が高いということである。小倉宮自身も、満祐が運良く幕府の戦いに勝利を得、入洛して天下を取ることがあれば、皇位継承が叶うと思ったに違いない。

仮に小倉宮を新天皇に擁立することができれば、先の新将軍義尊とともに、満祐は天皇と将軍をいただくことになる。そうなると、形式の上で国家としての体制を整えることとなり、軍勢も集まりやすくなったに違いない。そうなると、戦いの展開は、赤松氏にとって有利に運ばれることになろう。ただ、一つ疑問が残る点もある。それは、北畠満雅が小倉宮を擁立した際も同じであるが、三種の神器を持たない小倉宮が何らかの権威的な意味を持っていたのか、ということである。これは、将軍宣下を受けていない義尊の場合も同じである。

拙著『戦国誕生』でも触れたように、この頃から形式よりも実体を重んじる風潮が見られるようになっていった。したがって、小倉宮と義尊が正式な手続きを踏まずに、天皇あるいは将軍に就任していなくても、周囲がそうみなせば大きな意味があったのである。そうでなければ、満祐がわざわざ二人を探し出して擁立しないはずである。

それゆえに、義尊の場合は、新将軍の名のもとに軍勢催促を各地に発しえたのである。仮に、満祐が小倉宮末子を擁することに成功したならば、その名のもとに、やはり各地に軍勢を促したと予測される。もちろん、効果のほどは、満祐自身にもわからなかったに違いないが、幕府は義尊の文書発給を事前に察知し、各地に義尊の文書を持つ者を捕縛するように伝達した。少なからず、義尊の文書発給は効果が期待できたのである。

一般的に、嘉吉の乱の原因に関しては、満祐の突発的な行動が原因とされ、さしたる展望がなかったといわれている。しかしながら、満祐の一連の事前準備を見る限り、ある種「新幕府」のようなものを構想していたのではないか、と考えられるほどである。したがって、従来説のような計画性のなさという指摘は、今後改められるべきであろう。

しかし、この満祐の目論見というべきものは、決してシナリオどおりに進まなかったのである。その点を次に確認しておこう。

4　幕府による赤松氏討伐

幕府軍、播磨へ　同年七月十一日、京都を出発した細川持常を中心とする討伐軍は、赤松氏討伐のために下向した。しかし、討伐軍は未だ西宮にも達しておらず、翌八月十六日に攻め込むのではないかと予測されている。八月二十八日に搦手の大将である山名持豊が京都から丹波を経て、但馬から播磨に攻め込む準備をしていた。つまり、幕府の討伐軍は、細川軍と山名軍を中心とした攻撃を計画していたのである。

『公名公記』七月二十七日条には、兵庫に赤松氏が攻め込むのではないかとの風説が流れ、情報に混乱が見られたようである。この間、京都では軍費調達のため、山名持豊が「借物」と称し、強制的に金銭を借用するなど混乱が相次いだ。また、重傷で伏せていた大内持世が没したのも、ちょうどこの頃である。

幕府軍の歩調が乱れる中、赤松氏に関する風説が流れていた。赤松氏の一行が無事に播磨国に帰国できるよう、佳瑞として石清水八幡宮で旗竿を切ったところ、路次では何事もなく帰国することができた。赤松氏の人々は、歓喜で沸いたという。また、石清水八幡宮のご託宣によると、今回の満祐による反乱は、大菩薩の所行であるとのことであった。さらに幕府軍進発の際、赤松貞村が落馬し、細川持常の目が病に犯されたとも記されている。こうした出来事はすべて「信用に足りない」と記されているが、赤松氏の勢いを感じさせる噂である。

このような状況下において、幕府はいかなる対応をしたのであろうか。

難題となった綸旨発給

嘉吉元年（一四四一）六月二十四日、将軍足利義教が守護赤松満祐に謀殺されると、しばらく時間をおいて、幕府から後花園に綸旨発給が要請された。

この件については、その発給プロセスが今谷明らの研究により、かなり明らかになっている。一連の事態を重く見た幕府が、赤松氏討伐の綸旨を奏請したのは、七月二十六日になってからであった。しかし、この綸旨奏請は、武家の私闘であるがゆえ、当初反対意見があった。管領細川持之は、永享の乱における持氏治罰の綸旨を先例とするよう主張したため、ようやく八月になって下された。このとき、後花園天皇は、自ら綸旨の添削を行い、発給には随分と熱心であった。治罰綸旨の申請の背景には、持之が指導力に自信を持てなかったという理由がある。

改めて、乱の経過を簡単に確認しておこう。義教が横死して葬儀が行われたのは、十日以上を経過した同年七月六日のことであった。葬儀と前後して、後継の将軍に義勝が指名され、管領細川持之を中心とする赤松氏討伐軍が組織された。赤松氏討伐軍が京都を進発したのは、葬儀から五日後の七月十一日である。しかし、幕府軍の歩調が乱れ、なかなか赤松氏討伐には至らなかった。義教が亡くなってから、一カ月近くも経過していたのである。さすがの幕府にも、焦りの色が濃く滲んでいた。事態を重く見た幕府が、朝廷に綸旨発給を奏請するのは、翌七月二十六日であった。赤松氏を朝敵にすることによって、有利にことを運ぼうと考えたに違いない。

綸旨発給のプロセス

綸旨の発給には、意外なほど多くの困難が伴った。これまでの幕府の鈍い動きを見てきた通り、幼い将軍を支える管領細川持之は、自らの力量に少なからず不安を感じていたようである。幕府軍の足並みが揃わないのは、その証左の一つといえる。そこで、持之は七月二十六日に万里小路時房を招き相談をしている。赤松氏を討伐するために、いかにして綸旨を発給してもらえるかが、主たる相談内容であった。

『建内記』によると、このときの持之の心境は「義勝様が少年であるので、代わりに管領として下知を下しているのですが、守護たちはどのように思っているでしょうか。心もとないので、赤松氏討伐の綸旨を申請する次第なのです」というものであった。赤松氏討伐があまりに遅れているので、自責の念を感じているのである。裏返すと、幕府の権威ではどうにもならなかったことを示唆している。綸旨の発給があれば、各地の守護は赤松氏討伐に従ってくれるであろうという、持之の思いが込められていた。

しかし、持之に対する時房の回答は、綸旨の申請は本来朝敵に限られているという、実に素っ気ない正論であった。朝敵とは、朝廷に対して叛旗を翻した勢力のことを意味している。さらに付け加えると、赤松氏は将軍家の累代の陪臣であって、朝敵追討の綸旨は発給できないという回答だったのである。時房はこの時点で、今回の一件は足利氏と赤松氏との私闘であるとの見解を提示し、綸旨発給が困難だと拒絶したのである。

持之は、この回答に対して引き下がることがなかった。廷臣たちはその熱心な説得に折れ、ついに綸旨発給に同意した。二日後の七月三十日、綸旨の書記を担当する坊城俊秀は、文面を相談するため時房のもとを訪れた。時房は三十日が大赤口という軍事を忌む日なので、明日にして欲しいと要望したが、俊秀は容易に引き下がらなかった。どうも時房は、綸旨の発給に納得がいかなかったようである。そこで、やむなく時房は急いで綸旨の草案を書上げると、儒者である大外記舟橋業忠《なりただ》に添削を依頼したのである。

ところが、綸旨発給はなかなかうまく進まなかった。業忠は、霍乱《かくらん》（暑気あたりで起きる諸病の総称）と称して面会を拒んだのである。あるいは、業忠も気が進まなかったのかもしれない。そこで、時房は強引に邸宅に押しかけ、添削を要請した。こうして綸旨の草案が完成したので、俊秀は八月一日に後花園に披露している。

一見した後花園は、「草案の内容は差し支えないが、文章が少しばかり足りないようです」と述べると、自ら筆を取ってさらに変更を加えた。このようなことは、異例のことであったといえる。こうした後花園の意欲的な態度を見る限り、早く政治的混乱を鎮めたいという率直な気持ちをうかがうことができる。

後花園の綸旨添削

以上の複雑なプロセスを経て、綸旨はようやく完成した。では、最初に作成された草案と後花園の添削したものとでは、どのような相違点があるのであろうか。次に、その比較・検討を行うことにしよう。

〔草案〕

播磨国凶徒の事、忽ち人倫の紀綱を乱し、なほ梟悪の結構に及ぶ。攻めて赦す無く、誅して遺さざる者乎。急速に官軍を遣はし、征伐を加へしめ給ふべきの由、天気候ところなり。この旨を以て申し入らしめ給ふべし。仍て執達件の如し。

八月一日　左少弁俊秀（坊城）

謹上　右京大夫（細川持之）殿

〔添削後〕

綸言を被るにいわく、満祐（赤松）法師ならびに教康（赤松）、陰謀を私宅に構へ、忽ち人倫の紀綱を乱し、朝命を播州にふせぎ、天吏の干戈を相招く。然れば早く軍旅を発し、仇讎を報ずべし。忠を国に尽くし孝を家に致すは、唯この時にあり。敢へて日をめぐらすなかれ。兼ねてまた彼と合力の輩、必ず同罪の科に処せらるべし。てへれば綸言かくの如し。この旨を以て申し入らしめ給ふべし。仍て執達件の如し。

八月一日

謹上　右京大夫《（細川持之）》殿

左少弁俊秀《（坊城）》

両者を比較すれば一目瞭然であるが、共通する部分は線部の「忽ち人倫の紀綱を乱し」と「この旨を以て申し入らしめ給ふべし。仍て執達件の如し」の箇所だけである。後者の部分は、定型の文言である。したがって、実質的には文言の添削というよりも、全面的な書き直しといってもよい。前者はあっさりと命令を伝えているだけであるが、後者は内容がより具体的である。もう少し添削後の綸旨について、詳しく内容を確認してみよう。

添削後の冒頭部分では、綸旨を交付する理由が明確に示されている。何より重要なのは、まず「朝命を播州にふせぎ、天吏の干戈を相招く」という箇所である。「朝命を播州にふせぎ」というのは、「天皇の命令を播磨国で遮っている」ということと考えてよい。つまり、赤松氏が天皇の命令を無視していることを明確にし、「朝敵」の名に値することを明記しているのである。この部分が添削後の綸旨の一番重要な部分であった。そのような理由があったがために、「天吏の干戈を相招く」という事態になったのである。

また、「忠を国に尽くし孝を家に致すは、唯この時にあり」という文言は、後花園に対して臣下として本分を全うすることを求めている。対象となるのは、討伐に参陣する各地の守護・国人らである。さらに「兼ねてまた彼と合力の輩、必ず同罪の科に処せらるべし」という箇所は、赤松満祐らと与同する者がいれば、同様の措置を取ることを宣言している。より具体的な文面によって、満祐が朝敵であることを鮮明にしたのである。

要するに、前者の草案が甚だ事務的であるのに対し、後花園の添削した綸旨の文面は、自身の強い意思表明を感じ取ることができるのである。

後花園の意欲

なぜ、ここまで後花園は綸旨の文面にこだわったのであろうか。このとき後花園は二十三歳になっており、強い政治的な志向を持っていたと考えられる。通常、公文書的なものについては、先に示した草案のように、あっさりとした事務的な場合が多い。先例にならった、当たり障りないものが普通であった。

しかし、後花園自身が筆を取った添削後の綸旨は、明らかに自身の政治への熱い思い入れが含まれているのである。いうまでもなく義教没後の幕府は、混乱状態にあり、満祐討伐のために綸旨を欲していた。いうなれば、後花園は「綸旨」という究極の手段を用いることによって、政治への参画を間接的にも果たしたのである。

ところが、公家たちの思いは、全く別のところにあった。実際彼らは綸旨発給について、どのような感想を持ったのであろうか。綸旨を受け取った管領細川持之は、速やかに綸旨案を征討軍の陣中に回付し、この綸旨の発給については幕府からの強い要請があり、朝廷が応じたという形式によって整えられたことにした。つまり、例外的措置といってもよいであろう。したがって、綸旨の承認手続きについても事後承諾である。八月五日になって、ようやく綸旨の写が内大臣西園寺公名《きんな》のもとに回付されてきた。

今までの流れを見てきたように、一般的に公家衆は今回の綸旨発給に拒否反応を示していた。それは決してあからさまなものではないが、態度に滲み出ている。公名もまた自身の日記『公名公記』の中で、「納得できないことである」と強い不満の意を漏らしていた。彼らにとっては、この綸旨発給が「異常なもの」とうつったのである。公家は公家で、先例を重んじて業務の遂行を図ろうとしていたので、見解の相違が生じていたのである。

このような後花園の政治への熱い思いは、直接行動に出るわけではないが積極的である。一方で、公家にとっては先例に則っていないことや正規の手続きが踏まれていないことに、フラストレーションが残ったであろう。しかし、とにもかくにも、幕府は満祐討伐の綸旨を得て、ようやく戦いが本格化するのである。

5　幕府軍と赤松氏の交戦

合戦の経過

満祐討伐の綸旨を得たのち、合戦はいかなる経過で進んだのであろうか。まず重要なのは、前後して幕府が各地の有力な領主層に出陣要請をしていることである。その代表的な例を挙げると、次のようになる。

赤松満祐・教康以下の退治について一族らを率い、すぐに発向して忠節を尽くすように将軍様がおっしゃっていますので伝えます。

嘉吉元年七月四日　右京大夫（細川持之）（花押影）

小早川太郎四郎（盛景）殿

この史料は、「小早川家文書」の収められている室町幕府管領奉書案である。細川持之は幼い将軍義勝の意を奉じて、小早川盛景に軍勢催促を行っているのである。ほぼ同文の管領奉書は、小早川熙平、吉川経信、益田兼堯に宛てられている（「吉川家文書」など）。幕府軍が東部（摂津）と北部（但馬）から侵攻を計画していた点については、すでに述べたところである。中国方面の有力な武将に従軍を促すことによって、播磨西部からの攻撃を企図したものであろう。

戦いは武将による軍勢だけでなく、宗教界の協力も不可欠であった。同年七月七日、東寺（京都市）では播州静謐（赤松氏退治）を祈願して、五壇護摩が催された（「東寺二十一口方評定引付」）。五壇護摩（五壇の法とも）とは、天皇や国家の祈りに際し、息災・増益・調伏のために五大明王を東・南・西・北・中央の五壇に祭り行う密教の修法のことである。五壇護摩の実施に際しては、武家伝奏の中山定親が赤松氏退治という本意が速やかに遂げられるよう、東寺に祈禱の依頼を行っているのである（「東寺百合文書」）。

赤松退治の祈禱を行ったのは、東寺だけではなかった。近江国の園城寺（大津市）や奈良の七大寺

（東大寺・興福寺・元興寺・大安寺・薬師寺・西大寺・法隆寺）に対しても、赤松退治の祈禱を行うよう下知が下された（『薩戒記』）。鞍馬寺（京都市）でも代々逆徒を退治した佳例にならって、赤松退治の祈禱が催されている（『門葉記』）。そして、祈禱が行われたのちには、百日以内に赤松満祐の首が都大路を渡り、獄門に懸けられるであろうといわれた。満祐退治は、広く宗教界を巻き込んでの一大事だったのである。

城山城落城する

次に、幕府軍と赤松氏との合戦の経過をたどることにしよう。戦いの火蓋は、八月中旬にはすでに切られていた。『建内記』嘉吉元年八月十四日条によると、美作国の垪和《はが》右京亮が赤松氏の勢力に播磨から攻め込まれ、城衆は火を放って逃げ出したという。『建内記』では、幕府方の武将を官軍と記している。また、備前国では、松田氏と勝田氏がいったんは赤松氏の軍勢を追い払ったものの、再び合戦に及ぶと赤松勢に敗退し、備中国に引き退いた。細川氏の領国である備中国の軍勢が支援しなかったことに疑問が記されているが、まだ態勢が十分に整っていなかったからであろう。

このように、赤松氏は攻めて来る敵の撃退に見事に成功した。一方、幕府内部では、細川持之が教春に出陣を促したが、なかなか従わなかったようである。そのため持之は教春に出陣を要請するとともに、他家に示しがつかないと書状を送っている（「細川家文書」）。教春が重い腰を上げ、兵庫（神戸市）に着陣したのは、八月十七日のことであった。

八月十九日、淡路国守護である細川持親の率いる軍船が塩屋関（神戸市）を焼き払った。このとき赤松貞村も合戦で奮闘し、幕府軍を勝利に導いた。一方で、山名教清の率いる軍勢は、赤松氏の領国美作国へ侵攻し、朝敵つまり赤松氏の軍勢を退散させた。赤松氏の当初の勢いは、すっかり陰りを見せていたのである。先述の通り、赤松氏が義尊の名のもとに軍勢を募ったが、幕府軍によって遮られたのは、ちょうどこの頃である（以上『建内記』）。

同日、塩屋関で赤松氏を撃破した幕府軍は、そのまま進軍を続け、蟹坂・人丸塚（明石市）で赤松氏と交戦状態になった。このとき、教康を中心とした赤松軍は、有利に戦いを進め、いったん幕府軍を須磨へと追い返した。しばらく膠着状態が続いたが、二十五日の戦いでも赤松氏は勝利を収めている。しかし、二十六日には幕府軍の必死の反撃に遭い、赤松軍は敗走することとなった。この間の戦いは大変な激戦であり、吉川氏は多くの被官人を失っている（「吉川家文書」）。また、誤報ではあるが、『建内記』には加古川で赤松則繁が溺死したと伝え聞いており、天罰であると記している。

山名持豊や赤松満政の動きは、細川持之の書状によって、ある程度把握することが可能である（「足利将軍御内書幷奉書留」）。但馬を進発した持豊は、七宝寺（神河町）の要害を攻め落としたという。そして、そのまま一路、城山《きのやま》城を目指したのである。一方、赤松満政は二十五日に山王鼻構（たつの市）を攻め落としたという。北部と西部から幕府軍は赤松氏を攻略し、徐々に満祐らが籠もる城山城に迫ったのである。

蟹坂・人丸塚（明石市）は相当な激戦であったらしく、関連する多くの感状が残っている。吉川経信は、高戸氏、田坂氏、沢津氏などの被官人を失った（「吉川家文書」）。細川教春も被官人一名が討ち死にしたが、手負いの者が数十人に及んだという（「細川家文書」）。しかし、二人に対しては、翌月に御教書と太刀が忠節の証として与えられた。

美作国では八月二十三日に高尾城が山名教清によって落城させられ、協力した益田兼堯が細川持之から感状を与えられた（「益田家文書」）。一方の山名氏の状況は、どうだったのであろうか。八月二十八日、山名持豊率いる但馬の軍勢は、生野坂から大山口に侵攻し、赤松軍を敗走させている。翌二十九日以降、山名軍は粟賀から市川を渡り、赤松氏の居城坂本城（姫路市）を攻撃した。赤松氏の包囲網は、着実に本拠の坂本城に迫ったのである。

『建内記』九月五日条には、持豊が坂本城を攻略し、赤松氏の国人らを降伏させたことを記している。満祐父子は、北方の城山城（たつの市）へと逃れた。しかし、赤松氏に従った多くの国人は、降参したという。討ち取られた赤松氏被官人の首は、京都の六条河原で晒された。ほぼ同じ頃、備前国の守備にあたっていた小寺氏は、松田氏らの謀反に遭っていた。当初、勢いのあった赤松氏の勢力は、少しずつ幕府軍に対して劣勢に追い込まれていたのである。

赤松氏が城山城に逃げ込むことによって、播磨国は「無主の地」になってしまった。寺社本所領では、管領から制札を受け取り、現地での濫妨行為を防ごうとした。制札の大きさは、長さ一尺五寸（約四五センチ）、幅一尺（約三〇センチ）であったという。また、播磨国の東部八郡は合戦から解放され、年貢が京都に届くようになった（『建内記』）。もはや赤松氏の威勢は、播磨国内に届かなくなっていたのである。

同年九月十日、山名軍はついに城山城に総攻撃を仕掛けた。城は攻め落とされたが、赤松氏関係者の行方については、様々な情報が飛び交っていた。例えば、赤松則繁は城中で自殺したと記されているが、実際には脱出に成功している。また、赤松教康も自殺したと記されているが、実際には則繁と同様に脱出していたことが判明した。幕府方においても、赤松満政が陣中で自殺したとの誤報が流れたようである（以上『建内記』など）。

満祐の最期

実際のところ、赤松氏関係者で死を確認できるのは、赤松満祐だけであった。満祐は城山城中で自害したと考えられるが、その首は燃え盛る城山城内にあった。幕府軍からは、山名教之が火中の城内に入り、満祐の首を持ち出すことに成功した。しかし、一方では赤松満政が満祐の首を取ったとの誤報が流れ、その後の播磨国守護職をめぐって相論になるのではないかと記されている（『建内記』）。満祐の弟である義雅や被官人らは、幕府軍に生け捕りされた。実際のところ、首は満祐のものだけではなく、二六もの数に上ったという（『東寺執行日記』）。

九月十七日、満祐の首は京都に到着した。この日、細川持之が首実検を行い、満祐のものであると確認された。翌十八日、今度はまだ童体の将軍義勝と伊勢貞国が、宿所で首を確認している。満祐と義教を直接手に懸けた安積行秀の首は、都大路を渡り獄門となった。四条河原において、二人の首は長刀に付けられたという。誠に無残な姿であった。

満祐の弟である義雅は同族の満政の陣に降参したが、縁座は逃れられないと覚悟し、陣中で切腹している。また、義雅の弟である龍門寺真操は、播磨下国を機会に還俗したが、このときに自害した模様である。二人の首は満祐から遅れて、二十一日に京都に届いたという。そして、二十一日から三日の間、六条河原に晒されたのである（『建内記』）。

このように赤松氏の運命は過酷なものであったが、幕府軍に属した貞村も不慮の死を遂げている。貞村は城山城の落城後、陣中で突如亡くなったという。理由は全くの不明で、落馬したとも、誰かに討たれたとも伝わっている。貞村は今回の一件で、播磨国守護職を望んだという。そのためその死をめぐっては、多くの噂が流れた。

満祐の死と同時に、播磨国内で新たな動きが生じていた。例えば、播磨西八郡の守護代を務めていた宇野満貴は、早々に幕府軍に降参して柏野荘（宍粟市）にあった。宇野氏は直接合戦に参加し、城山城に籠城していなかったのであろう。おそらく宇野氏は柏野荘の代官をしていたので、逃げ込んだと考えられる。

満祐は一族と共に自害して果てたが、他の赤松氏庶流は城山城を脱出していた。教康・則繁らがそうである。ちなみに義雅の子は、のちに時勝と名乗った。時勝の子が、応仁の乱を契機に赤松氏再興を図った政則である。こうして赤松氏一族は守護としての地位を失い、いったん歴史上から姿を消してしまうことになる。嘉吉の乱の戦後処理については、次に触れることにしよう。

また、嘉吉の乱が鎮圧されたあと、軍勢による濫妨狼藉を防ぐために、播磨国松原八幡神社（姫路市）、備前国安養寺（備前市）に禁制が交付された。通常、禁制は寺社や村落からの要望によって、制札銭と引き換えに交付されるものである。つまり、嘉吉の乱が終わったとはいえ、まだ近隣を徘徊して濫妨狼藉に及ぶ赤松氏の残党などが残っていたのである。

6 乱後の戦後処理

嘉吉の乱の戦後処理

赤松氏のその他の一族の動向と戦後処理は、相前後するところであるが、最初に嘉吉の乱後の論功行賞について述べておきたい。閏九月二十一日、嘉吉の乱に勲功のあった諸将に、論功行賞が行われた。その内容は、次の通りである（『斎藤元恒日記』）。

(1)山名持豊――播磨国守護職（後掲の三郡除く）
(2)山名教之――備前国守護職
(3)山名教清――美作国守護職
(4)赤松満政――播磨国三郡（明石郡・美嚢郡・賀東郡）守護職

この結果を見ればわかる通り、赤松氏の旧領国はすべて山名氏に与えられ、細川氏や満政には僅かに分郡守護が与えられるに止まった。満祐の首を取ったのが山名氏だけに、当然の結果といえるかもしれない。以降、山名氏は播磨国に入部し、本格的な領国支配を展開することになる。一方の赤松満政については、当初の目論見どおり播磨国一国の守護職を獲得できなかっただけに、不満が生じたと

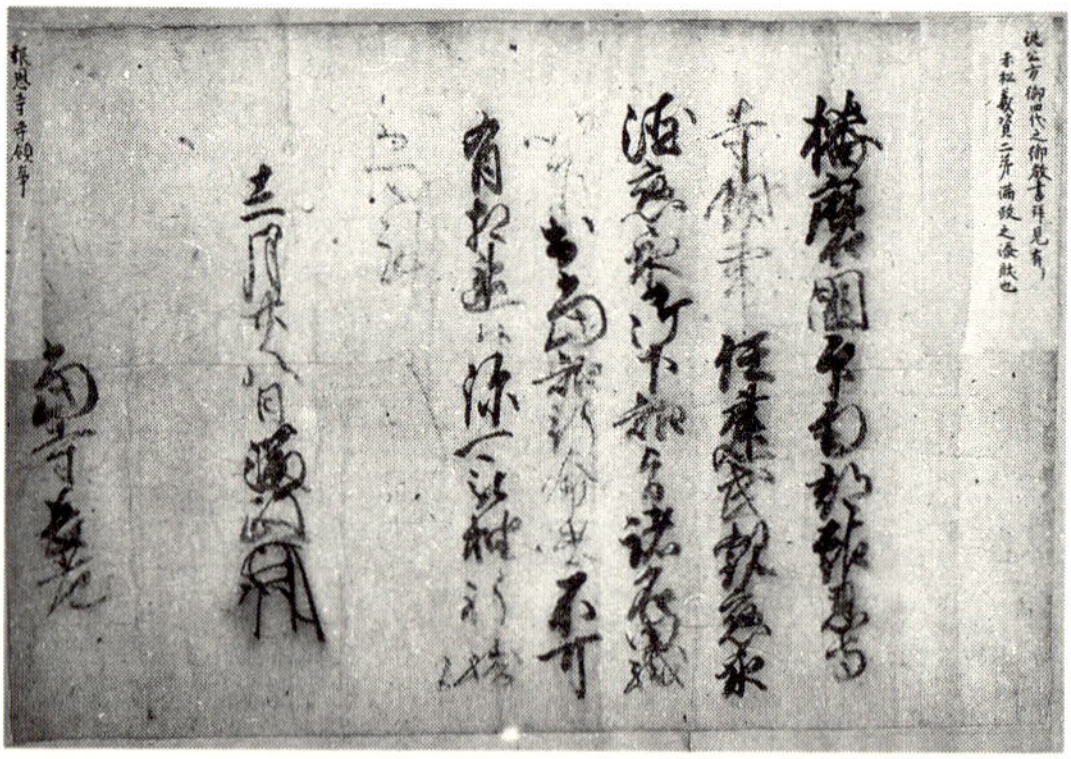

赤松満政（則房）寺領安堵状
（報恩寺文書／兵庫県立歴史博物館提供）

いうのが本音であろう。

ところで、満政に与えられた三郡は、明石郡・美嚢郡そして印南郡（または賀東郡）と考えられていた。その史料的な根拠となる『建内記』には、明石郡・美嚢郡を明確に記しているが、肝心の三郡目が抜け落ちている。従来説では、「報恩寺文書」の赤松満政寺領安堵状に基づく印南郡説が最も有力であった。

しかし最近、同安堵状の発給者は、天正年間に活躍した赤松則房であったことが指摘されている。則房の初名は、満政だったのである。この発見により、印南郡説は誤りとして退けられた。やがて、「西本願寺文書」に明石郡・美嚢郡・賀東郡が満政に与えられたことが紹介され、ようやくこの問題は決着した。満政に与えられた最後の三郡目は、賀東郡で確定したのである。

このような不満があったのか、満政はのちに叛旗を翻し、持豊と戦うことになる。この点は後述することにしたい。

一方で、国衙眼代の小河氏の一族と考えられる小河源左衛門尉は、その才覚を認められ、宍粟郡比地御祈保代官職を山名氏に与えられた。小河氏は先述の通り、領国支配のノウハウを蓄積していたことから、その手腕を評価されたのであろう。このように赤松氏没落後、山名氏に仕えた赤松氏旧臣もあったのである。

義尊の最期　将軍足利氏の系譜を引き、井原御所と称された義尊は乱後、どのような運命をたどったのであろうか。

『赤松盛衰記』という軍記物語によると、当初、満祐は幕府軍が攻めてこないので、義尊を坂本城下の定願寺で接待したという。義尊は連日酒宴を楽しみ、猿楽を鑑賞した。後世の編纂物であるがゆえに、割り引いて考える必要があるものの、もしそうだとするならば、義尊は勝利を確信して酔いしれていたことになろう。しかし、結果は無残な敗北であった。

敗戦後、義尊は再び僧形になると、畠山持国のもとに身を寄せている。しかし、持国は義尊のもとへ家人を送ると、これを討ち取らせたという。誠にあっけない最期であった。ちなみに、義尊の弟の叔父にあたる宝山乾珍は、当時相国寺鹿苑院主の地位にあった。宝山は義尊が赤松氏に奉載され、反乱に加わったことに自責の念をいだいたのか、やがてその職を辞している。そして、鹿苑院主を退いた嘉吉元年（一四四一）十二月、宝山は四八歳でこの世を去った。

教康の最期　嘉吉の乱後、義尊のみならず、赤松氏一族は次々と討伐されることになる。最初に確認するのは、満祐の子息教康《のりやす》である。

教康は嘉吉の乱で切腹したと考えられていたが、ひそかに伊勢国司北畠教顕《のりあき》のもとに逃れていた。

教康が北畠氏を頼った理由は、父満祐と教顕との友好的な関係からであった。正長元年（一四二八）、教顕の弟満雅は、後亀山天皇の皇子小倉宮を奉じ挙兵した。しかし、満雅は敗死し、小倉宮は教顕を頼ったのである。満祐は小倉宮を京都に迎えると共に、教顕を罰しないよう努めた。以来、赤松氏と北畠氏との関係は懇意となり、教顕の女は教康のもとに嫁いでいる。教康は何とか生き長らえるため、教顕を頼るしかなかったのである。

室津（たつの市）を脱出し、北畠氏の居城多気《たけ》城に向かった教康には、過酷な運命が待ち構えていた。嘉吉元年（一四四一）九月、教顕は教康を殺害したのである。北畠氏は教康をかばいきれなかったというよりも、むしろ進んで教康を討ったのではないだろうか。十月一日、教康の首は京都に送られ、ほかの赤松氏一族と同様に六条河原に梟首された。教康に従った一二名の従者も、同様の扱いを受けたという。

教康を討った教顕は、その恩賞として美作国大原荘（美作市）を与えられた（『斎藤元恒日記』）。しかし、教顕は恩賞に対して貪欲であった。当時、教顕は侍従であったが、中将を望んだという（『建内記』）。さすがにこれは呆れられたようで、少将、従五位上くらいが妥当ではないかと記されている。したがって、教顕はそもそも教康を匿《かくま》おうとする気持ちがなかったのかもしれない。

もともと大原荘は、満祐の子息義雅の旧領であった。幕府は義雅の所領を闕所とし、教顕に与えたのである。ところで、大原荘は義雅の頃から「無理の押妨」によって、トラブルが生じていた。大原荘を所領とする高野山金剛三昧院は、幕府から制札などを得て、ようやく事態が収拾したところであった。しかし、教顕が大原荘に与えられると知ると大変驚き、「仰天迷惑」「寺家滅亡」と称して撤回を求めている（「金剛三昧院文書」）。

則繁の最期

赤松氏一族の中で、異彩を放ったのが赤松則繁《のりしげ》である。則繁も教康と同様に、城山城で亡くなったと考えられていた。先述の通り、則繁は「松ばやし」で華々しい活躍を見せた人物である。幕府の近習としても、史料上にあらわれる人物であった。

城山城を脱出した則繁は、その後の行方が知られなかったという。そのような事情もあって、則繁の所領は闕所地とされ、恩賞として幕府方の武将に与えられた。例えば、備前国宇治郷（岡山市）は細川教春に与えられたことがわかっている（「細川家文書」）。しかし、嘉吉の乱から二年ほど経過して、思いがけない則繁の姿を見ることになる

実のところ、乱後の則繁は筑前守護少弐《しょうに》氏を頼り、朝鮮半島で猛威を振るっていた。いうなれば倭寇として、海外でもその名を轟かしたのである。『建内記』によると、嘉吉三年（一四四三）に義教を弔うため来日した朝鮮の正使が、この情報をもたらした。則繁は少弐氏と行動を共にしたが、文安五年（一四四八）の大内氏との戦いに敗れ、播磨へ落ち延びたのである。

則繁は播磨から河内へと逃れ、河内守護畠山氏を頼ったが、幕府は細川持常をもってこれを討たせた。文安五年八月八日、則繁は当麻寺に隠れていたところを囲まれ、遂に自害したのである（『東寺執行日記』）。則繁の討伐には、満祐の甥にあたる則尚がかかわっていたという。則尚は則繁討伐の恩賞として、播磨国を望んだと伝える（『経覚私要抄』）。このことは細川氏と山名氏との間に波紋を広げ、

のちに面倒なことになる。

翌日の九日、則繁の首は京都に運ばれたが、放生会（捕獲された鳥類魚類を山野池沼に解放する仏会）が行われていることもあって、終了後に河原に晒すように指示があった。結局、則繁の首が六条河原に晒されたのは、九日後の十八日であった。首は満祐らのように大路を渡ることなく、夕方まで晒されたという（『康富記』）。

則繁のように各地を逃亡し続けた者もあったが、赤松氏の被官人らも事情は同じであった。文安五年（一四四八）七月、赤松氏の被官人の北野兵庫なる人物が、京都市中の北小路富小路付近で、山名氏によって討ち取られた（『康富記』）。北野兵庫は「牢人」と称されるように、京都市中を徘徊していたのであった。北野兵庫の首は、六条河原で懸けられたという。赤松氏の被官人も、いつ討たれるかわからないという脅威に晒されていたのである。

文安の乱と赤松満政

このような状況の中で、赤松満政は播磨国内に三郡を与えられ、命脈を保ったはずである。しかし、その後は、予想さえしない悲劇が待ち構えていた。

播磨国三郡を与えられた満政であったが、嘉吉四年（一四四四）正月にはその三郡が召し上げられ、山名持豊に与えられたのである。持豊は軍功と称して、播磨国守護職を強く望んだという（『建内記』）。そもそも持豊は乱が終わったあとで、播磨国一国を与えられず不満を抱いていたと考えられる。山名氏は播磨国の残り三郡を拝領すると、守護使を派遣して着々と支配を展開した。さらに同年六月、管領畠山持国は満政の子満直をして、赤松氏の名跡を継がせている。

ところで、嘉吉三年（一四四三）七月、満政の子教政と赤松氏残党の反乱があり、持豊に討伐され摂津国で自殺したという説がある。しかし、この説は『嘉吉記』等の後世の編纂物を根拠としており、当時の一次史料に見えない。現在では、嘉吉三年の挙兵の事実は、様々な史料が交錯したことによる混乱が生じており、一部の記述が文安の乱の内容と重複していることから、その事実が疑わしいと指摘されている。

こうした一連の出来事に、満政が不満を抱かないはずがない。文安元年（一四四四）十月、満政は則尚らを従え、京都を離れて播磨国へ向かったのである（『東寺執行日記』など）。関連する史料を見ると、「没落」などの文字が見える。満政らが何らかの意図を持って播磨に下向したのはたしかなことであり、丹波国守護代の内藤氏や摂津国守護代長塩氏も下向し、それぞれの国での警固を強化しているのである（『師郷記』）。一言でいえば、幕府への反逆であった。

満政の下向を知った持豊は、本国但馬へ帰国し、満政との合戦に備えた。幕府ではこの私闘を禁ずべく、播磨に使者を下し説得に努めた。しかし、満政はこれに応じることなく、合戦を避けることができなくなったのである。同年十一月、持豊は一族を播磨国に先発させると、自らも追うようにして播磨国へと進軍した。幕府は石見国の益田兼堯に対して、守護に従って忠節を尽くすよう命じているので、満政は幕府に対する反逆者とみなされていたのである（「萩藩閥閲録」）。

同年十二月、戦いの火蓋は、但馬と播磨の国境付近である真弓峠で切って落とされた（『師郷記』）。このときは両者互角で、多数の死者を出したという。文安二年（一四四五）二月、持豊は満政との交戦に際して、朝廷から綸旨を得た。満政は、朝敵になったのである。綸旨を得た持豊は、七宝寺（神河町）で満政の軍勢を打ち破り、討ち取った首を京都へと運んだ。戦いに敗れた満政は、一族の有馬持家を頼り摂津国有馬へと逃れたという。

当初、持家は満政を助けるため挙兵したが、同年三月の有馬郡で細川氏が率いる丹波勢に敗れると、態度を一変させた。持家は逆に満政を襲撃し、ついに討ち取ったのである。満政と若党一二四人の首は、四月四日に京都の高辻河原に晒されることとなった。高辻河原に晒されたのは、近日稲荷祭が催されるからであった。

満政はこれまで述べた通り、赤松氏一族の中でも幕府に重用され、また教養ある有能な人物であった。しかし、赤松氏の惣領家滅亡以後は、悲惨な末路をたどったのである。

享徳の乱と赤松則尚

最後に残ったのが則尚《のりひさ》である。則尚は満政と共に挙兵したため、失敗後は逃れていた。則尚の窮地を救ったのが、有馬持家の子元家である。元家は妹が将軍義政の室になっていたため、則尚の罪を許すよう願い出た。しかし、元家の赦免に激怒したのが、山名持豊である。持豊は義政を非難したため、逆に討伐の対象となった。

先述の通り、則繁討伐に軍功のあったのが則尚であった。その功によって、文安五年（一四四八）九月には則尚に播磨・備前・美作の三カ国を与えるとの下知があった（『経覚私要抄』）。しかし、持豊は決して指示に従わなかった。幕府がいうには、則尚に則繁を討つように命じた際、播磨国を与えるというのが契約だったようである。則尚の件をめぐっては、山名持豊と細川持常との関係が険悪になったようであるが、結局は則尚に播磨国が与えられなかった。

享徳三年（一四五四）十一月、持豊を討つべく則尚らは幕府に駆けつけたが、結局細川氏の協力が得られなかったため中止となった。持豊は義政から本国での蟄居を命じられたが、時を同じくして則尚も播磨へと下った。山名家の家督を継承したのは、持豊の子息の教豊である。一部で、則尚が播磨国を拝領したとの噂が流れたが、やがて嘘説であることが判明した。一連の流れを見る限り、則尚は実力行使によって、播磨国を獲得したと考えられる。

同年十一月、播磨国に下向した則尚は、早速矢野荘に兵粮米や人夫を課した（「東寺百合文書」）。則尚は正式に播磨国守護に任じられていなかったが、その振る舞いはあたかも守護のようであった。年貢については白旗城に搬入するようにしているので、合戦モードに入っていたのであろう。実際にそれらを差配していたのは、奉行人である富田氏である。

則尚の動きに反応したのが、持豊の子教豊である。翌年四月、教豊は則尚を討つため但馬国に下向し準備を進めた。一方、則尚は一族・被官人を集結し、鵤の檀特山に立て籠もり、残りを室山城へ向かわせている。しかし五月になると、山名氏率いる但馬勢が大挙して播磨国に押し寄せ、則尚は戦うことなく坂本城をあとにした。戦いの余波は、意外なところに広がっていた。山名氏の軍勢が書写山に雪崩れ込み、財宝、仏像、経典などを強奪したのである（『御廟講式裏書』）。

則尚はさらに備前国に逃れたが、結局大島郡鹿久居島において家人らと共に自害して果てた。その首は赤松氏の菩提寺である法雲寺において、持豊が直々に首実検を行った。首が京都に運ばれなかったのは、則尚が特段幕府に反抗したわけではなかったからである。この間、則尚の被官人は丹波あるいは摂津で捕らえられ、中には討たれる者もいた（『師郷記』など）。

かくして嘉吉の乱後、赤松氏一族は滅亡を遂げた。しかし、義雅の子息である時勝が何とか生き長らえ、さらに時勝には一子があった。この一子こそ、後の政則その人であり、赤松氏再興の鍵を握るのである。また、自らの主家である赤松氏を失った旧臣らも、やがて政則のもとに結集し、長禄の変をきっかけにして復活を遂げることになる。

則尚を最後にして、赤松氏の血縁に連なる有力者はほぼ姿を消すに至った。残ったのは、赤松春日部家あるいは有馬氏くらいであった。このような状況に至っても、赤松氏は奇跡的に復活を果たすことになる。その点に関しては、次章で取り上げることにしよう。

7　赤松氏関係軍記の世界

嘉吉の乱と軍記

嘉吉の乱については、数多くの軍記物語に記録されている。それらは、『群書類従』等に収録された『嘉吉記』がよく知られている。こうした軍記物語の果たした役割については、これまで種々論じられてきたが、とりわけ先祖の功績を称え、子孫の仕官に利用されていた点は重要であろう。つまり、軍記物語は単に戦乱の記録を留めるのではなく、残された者にとって貴重な価値があったのである。

しかし、一般的にいわれているように、歴史史料として扱うには、十分な史料批判が必要であり、安易に用いることは慎まなくてはならない。冒頭でも記したように、軍記物語によって、赤松氏の誤った部分が数多く伝わっているからである。したがって、一次史料との対比を行うなど、一定の手続きが必要である。

ところで、高坂好は『赤松盛衰記』を高く評価し、自身の著書でもよく用いている。『赤松盛衰記』は、平成七年（一九九五）九月に国書刊行会から刊行された『室町軍記　赤松盛衰記――研究と資料』に収録された。同書には、それ以外にも活字化されていない赤松氏関係軍記物語が網羅されており、赤松氏研究者にとっては欠かせない書である。この節では、同書に収録されている『赤松盛衰記』（以下『盛衰記』と略す）を中心に嘉吉の乱と軍記物語について考えてみたい。

『盛衰記』中之巻所収の『赤松嘉吉年間録』（以下『年間録』と略す）は、白国氏が深くかかわった形跡が見られる。しかしながら、白国氏に関する研究は皆無といってよく、その実態は明らかではない。また、『盛衰記』の作者の研究も十分ではない。魚住氏・嵯峨山氏・白国氏などは、熱心に赤松氏関係資料の収集や成立に関わっているのであるが、その背景については不明な点が多い。

白国氏関係の史料は数少ないが、それらを検討することにより、赤松氏関係軍記物語の成立背景について触れることにしたい。

白国氏について

最初に『年間録』の編纂に関わった白国氏と白国神社について触れておこう。

白国神社（式内社）は、姫路市白国字山田に鎮座する神社である。四宮に位置づけられている。同社の祭神は神吾多田津姫神（木花開耶姫）であり、相殿は稲背入彦命を祭っている。白国神または白国国主明神とも称し、新羅国国主大明神の神号を持つ。社名の白国が新羅を指すと言われているが、その所以は「白国という所以は、新羅国の人が日本に来たときこの村に宿したので新羅訓《しらくに》というようになったと」と『播磨国風土記』に記されていることから、新羅系渡来人が住み着いたことによると思われる。

白国氏の系譜については、『白国系譜』（以下『系譜』と略す）が拠るべき唯一の史料である。白国氏は、『年間録』に記載されているように、稲背入彦命をその祖とする。稲背入彦命の孫阿曾武命は、神功皇后の三韓征伐に従ったとされ、新羅国にちなんで姓を白国に改めたと伝える。阿曾武命の子阿良都命の代になって「佐伯直」の姓を与えられ、以後「佐伯連」「佐伯宿弥」を名乗った。ようやく「白国宿弥」を名乗るのは、二十代の藝胡多になってからである。

白国氏が確実な史料にあらわれるのは、鎌倉期の白国宗直《むねなお》からである。宗直は、「系譜」で確認できる人物でもある。宗直に関しては、寛元二年（一二四四）に置文が伝わっている（「白国文書」）。この史料によれば、子である松鶴丸（頼貞の幼名）に対し知行地を記したうえ、「子々孫々為存知之」とある。「くらたに（鞍谷）山四至ほうし（牓示）の事」とあることから、白国氏が鞍谷城を本拠としていたことをある程度裏づけられる。

次に登場する白国氏の一族は、「祇園社記」（嘉吉三年十月）に見える宗政《むねまさ》である。ただし、宗政に関しては、系譜上の位置づけにやや疑問が残る。「系譜」に見える宗政は、天文年間に活躍する人物であり（後述）、年代的に大きな矛盾がある。

嘉吉の乱後、白国宗貞《むねさだ》が赤松則実《のりざね》に仕えていたことが知られる（「白国文書」）。赤松氏と白国氏とのつながりが、史料上確認できるのは、この宗貞以降である。白国氏が仕えた赤松則実の家系は、則祐の四男持則《もちのり》の系統に属する。持則の系統は上野《こうずけ》家と呼ばれ、赤松一族内でも家格の高い家柄であった。持則の孫祐利《すけとし》は、御供衆であったことが知られ、将軍の近習として活躍した。白国氏はこの赤松上野家の配下にあり、宗貞は赤松上野家の所領美作国弓削荘の代官職に補任されていた（「白国文書」）。

その後の白国氏の活動は、約三十年後の宗貞の子宗政を待たなければならない。宗政は、天文七年（一五三八）に尼子詮久《あきひさ》が播磨国に進攻した際、赤松氏に従い城を守り抜いた（「白国文書」）。尼子詮久の播磨侵攻は激烈を極め、一気に西播磨一帯を席巻した。龍野赤松氏や広岡氏などの有力諸氏は、尼子氏に従ったくらいである。この史料により、白国氏は政村（後に晴政）についていたことが判明する。なお、宗政は赤松村虎により、天文十年（一五四一）に福泊の代官職に任命された。その後、村虎は赤松政村に討伐され、宗政は政村に従ったため感状を与えられている。

次に、『系譜』では、宗政の子として宗長の名が記載されている。しかし、宗長は「白国文書」を含めた他の史料に登場しない。宗政から一代おいて、宗把が「白国文書」に登場する。天正二年（一五七四）、宗把は則房に従い、恒屋肥前守を討った。十六世紀を境にして、白国氏は赤松上野家から赤松惣領家に仕えていたのである。いずれにせよ、白国氏が赤松氏から福泊の代官職に任ぜられたことから、赤松氏に重用されていたことがわかる。

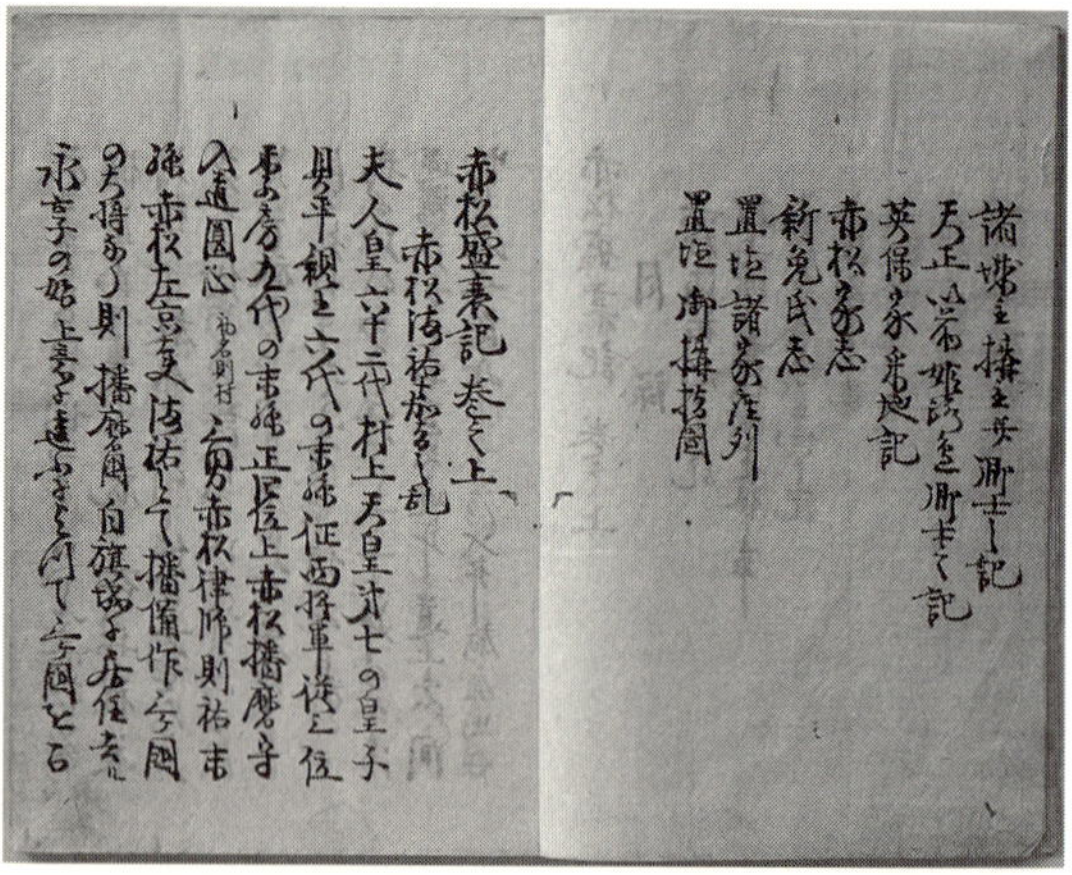

『赤松盛衰記』（たつの市立龍野歴史文化資料館蔵）

織豊期に至っても、白国氏は羽柴秀長から増位山林と広峰山を預け置かれている。赤松氏の衰退後も巧みに豊臣側につき、うまく世を渡っていったと考えられる。

白国氏と「赤松嘉吉年間録」の成立

『赤松盛衰記』は、龍野歴史文化資料館蔵本および東京大学史料編纂所蔵本の上・下二巻本と静嘉堂文庫蔵本の上・中・下三巻本が伝わっている。『年間録』は、静嘉堂本の中巻に収録されている。中巻は、『年間録』以外に「村上源氏赤松家先祖之事」「赤松諸士判鑑」の全三章から成立し、本来はそれぞれ独立した一書であったと考えられている。中巻は上巻と内容的に重複した部分をかなり含んでいるが、静嘉堂本ただ一本にのみ伝わっている。

次に、『年間録』の作者に関して考えてみたい。『年間録』の作者および成立については、その巻末に詳細が記されている。その中の「宝治二年故アッテ赤松ノ一族トナリ、鞍谷ノ城ニ住ス」の箇所は、『系譜』の頼貞の傍注に「宝治二年に伯父小寺河内守頼景に実子がなかったので、頼貞を猶子とした」

とあることから、内容的にほぼ一致する。つまり、宝治二年（一二四八）白国頼貞は、小寺氏の猶子になったのである。頼貞は以後「従四位下備前守」に任ぜられ、赤松氏系に加えられたと伝える。

ところが、『赤松諸家大系図』には、隆頼（頼景の父）が正嘉元年（一二五七）に生まれ徳治元年（一三〇六）に没したとし、頼景が永仁元年（一二九三）に生まれ貞和元年（一三四五）に没したとある。したがって、仮に『赤松諸家大系図』の記述が正しいとすれば、宝治二年（一二四八）は、隆頼・頼景誕生以前の出来事であるので、これは年代的に合わないことになる。しかも、『赤松諸家大系図』では、頼景の実子として清治を挙げており、『系譜』の「無実子」という点で矛盾する。

『系譜』は、宗直・頼貞親子の傍注に多くのスペースを割いており、何とか赤松氏との関係を繋ごうとした意図が感じられる。例えば、宗直・頼貞親子はそれぞれ七〇歳、八二歳と、当時としてはかなりの長寿であり、『系譜』に没年月日と没年齢を記しているのもこの二人くらいである。また、「赤松ノ一族トナリ」と記されつつも、実際には本姓を藤原氏とする小寺氏の一族となった理由も今のところよくわからない。したがって、鎌倉期に赤松氏（事実は小寺氏）と白国氏が婚姻により結ばれたという説には、大いに疑問が残るのである。

『年間録』の「時ニ天文四年正月十三日、鞍谷ノ城主白国土佐守宗安謹デ是ヲ記ス」の部分では、白国土佐守宗定の活躍と城山城での自害を、その甥である宗安が天文四年（一五三五）正月十三日に記したとする。「室町軍記」の解説も、同年をもって『年間録』が成立したとする。

しかし、『系譜』によると、宗安は文安四年（一四四七）二月四日に没したと記録され、年代的にも大きな矛盾を露呈している。天文年間は、宗安から三代経た宗政が活躍した時期である。宗定について『系譜』は、「嘉吉元年九月十日於城山戦死」と極めて短い記事しか残していない。以上の点を考慮すれば、『年間録』の巻末の記載には、十分に注意する必要がある。

最後に、『年間録』の書写された経緯について考えることにしたい。『年間録』の奥書には、白国氏の著述した『年間録』が或人の「秘書」であったにかかわらず、天川友親が所望して書写したことがわかる。天川友親は、飾東郡御着村（姫路市）の人であり、『播陽万宝知恵袋』の著者として知られる。同書は、播磨の神社・仏閣等の史料はもちろんのこと、軍記物語や当時の学者の著した書物まで網羅した史料集である。

先行研究によると、天川友親の著作の大部分が宝暦年間（一七五一〜六四）に集中しており、明和六年（一七六九）に著述の「寺院考略記」「武名事実記」を最後にして、没する天明二年（一七八二）までの一三年間著書が見当たらないとする。そうなると、『年間録』は天川友親の晩年に近い著作（筆写）となる。

以上の点をまとめておこう。『年間録』の作者に関して言えば、少なくとも白国氏一族がその編纂に関わったことは間違いない。ただし、『年間録』の作者が白国宗安であることについては、さらに検討を要すると思われる。その成立過程に関しても、赤松氏との関係（系譜的繋がり）を意識したものであり、到底事実とは考えがたいのである。

これまで述べてきたように、白国氏の系譜には謎が多いところである。近世初期の白国氏は、赤松則平と交流があった。則平は『赤松之伝』を書写した人物として知られる。では、赤松則平とはいかなる人物であろうか。則平は、『赤松諸家大系図』によると則房の孫にあたり、後に牛堂山国分寺の住持になったと伝える。しかし、則平の生没年やその事歴は不明である。

赤松則平と白国氏

『赤松之伝』の内容に簡単に触れておきたい。『赤松之伝』は、福住道祐が万治元年（一六五八）八月に書写したものである。現在、無窮会図書館・天淵文庫、尊経閣文庫、加賀市立図書館・聖藩文庫などに所蔵する。内容的には、応永元年から康正年間の約六十年に至る赤松氏の歴史に触れ、赤松軍記の中で唯一永享の乱にも筆が及んでいる。

「白国文書」には、則平に関して史料が残されており、内容が実に興味深いものになっている。則平は白国氏に代々伝わる「書物」を閲覧し、白国氏の「先祖備前殿」が様々なことを書き留めていたことに感心している。それでは、この「書物」とは何の書物のことであろうか。「書物」とは、おそのところ系図や古文書あるいは軍記物語的なものであったと推測される。

「備前守」は先に述べたように、鎌倉期に頼貞が名乗った受領官途である。その後「備前守」を名乗ったのは、わずかに宗貞くらいしかいないものの、この備前守が白国氏の一族を示すことは間違いないであろう。次に、則平は「性賢公」御早世のため、「孤と罷成」ったと記している。「性賢公」とは、『赤松諸家大系図』等により則平の父貞俊であることが判明する。

その後、則平は数年間の牢人生活を経ながらも、赤松氏代々の礼法をいろいろなところで指南したという。さらに、「小身之家中」に仕えることはプライドが許さず、「大名家」に仕えることを熱望している。則平は、白国氏に「私が世にでるようになったら必ず訪ねて欲しい」と述べ、「白国の名字を断絶しないように計らって欲しい」と記している。

以上のことから、近世に至って白国氏が相伝の書物を所持していたことを指摘できる。その書物とは、系図もしくは軍記物語のようなものと想像され、意外と『年間録』もその中に含まれているのかもしれない。「系図」「古文書」「軍記物語」などは、「家」の歴史を語るうえで必要不可欠であったと推測される。当時、仕官にあたってそれらが「ものを言った」のは、想像に難くない。

こうして考えてみると、近世に至ってなお、赤松氏や白国氏が名門意識を保持していたと推測される。とはいえ、すでに没落した彼らの拠り所は、系図・古文書・軍記物語であった。特に、一族の活躍場面が描かれる軍記物語は、当時の人々に強烈なインパクトを与えたであろう。『年間録』成立の背景には、こうした赤松氏や白国氏の仕官運動があった。そして、『年間録』は、彼らの名門意識を支える貴重な書物だったのである。

赤松氏情報センターとしての書写山

近世以降、赤松氏の一族や被官人らにとって、嘉吉の乱の功績や系譜を示すことは仕官等に必要であり、重要な意味を持ったと考えられる。したがって、それらの記録類は、ある程度組織的に収集等がなされていたと思われる。

先に触れた軍記物語や系図等の作成にあたっては、書写山円教寺がその情報センターとしての役割を果たしていたと推測される。では、赤松氏と書写山円教寺とは、どのような関係にあったのであろうか。『御廟講式裏書』に「鎮増私云」として、次のように記されている。

だいたい書写山は、本来住侶の中に赤松一族やその被官はいない。また、円教寺は守護の私の寺でもない。花山法皇の勅願寺として、代々天下の御祈禱を行う寺なのである。

この記述からわかるように、少なくとも十五世紀の前半には、書写山円教寺の住侶に赤松一族およびその被官人が存在していなかった。しかも、書写山円教寺は守護＝赤松氏の私の寺ではなく、花山法皇の勅願寺であることが強調されている。

ところが、赤松氏の系図や軍記物語を一覧すると、書写山との関係は明らかなのである。次に、書写山円教寺と赤松氏関係軍記（系図なども含む）との関わりを示す史料名を提示しておきたい。

(1)「赤松系図」（『群書系図部集』第三巻）
(2)『赤松記』（『室町軍記総覧』明治書院、一九八五）
(3)「播州神吉合戦記」（『播陽万宝知恵袋』）
(4)「普光院軍記」（『室町軍記　赤松盛衰記――研究と資料』）
(5)「赤松家嘉吉乱記」（『室町軍記　赤松盛衰記――研究と資料』）

(6)「村上源氏赤松家先祖事」(『室町軍記　赤松盛衰記――研究と資料』)

(1)の「赤松系図」は、赤松兵部少輔政村(義村が正しい)が書写山十地坊に残した系図である。政村の代で系図が終わっているところを見ると、永正末年頃に成立したものと推測される。奥書に見える政村は義村の子息ではなく、義村が政村と改名したものであるとする。系譜の最後の部分は、政村の傍注に「義村改之政村兵部少輔」と記されている。しかし、実際に義村が政村と改名したかどうかは不明である。この系図は、寛文二年(一六六二)七月中浣(「中浣」とは月の半ばの十一日から二十日の間)に、魚住雅範が書写山十地坊で書写したものである。

(2)の『赤松記』は、天正十七年(一五八九)八月に、実祐が八十五歳で執筆したものである。貞享二年(一六八五)九月十九日には、魚住雅範がそれを書写山十地坊で転写した。ちなみに、貞享二年(一六八五)九月には、「書写山十地坊過去帳」も書写されている(記主は不明)。

(3)の「播州神吉合戦記」は、正徳二年(一七一二)三月に魚住往寿が七十余歳で執筆した軍記物語である。同書は一連の三木合戦における、神吉城の攻防を綴った内容のものである。往寿の執筆の意図として、「世に戦記多しといへども誤あり、右の一書予年来是を正し集め、後世に残さむため、走筆ながら自記して永く伝へん事を思ふのミ。」と記されている。つまり、往寿は正しい歴史を残すべく、取り急ぎ同書をまとめたことが知られる。『播陽万宝知恵袋』の解題によれば、文章の主要な部分は「別所長治記」といった軍記と同じであることが指摘されている。なお、往寿は飾東郡広峰神社の神職を勤め、正徳五年（一七一五）八月九日に没した。
(4)の「普光院軍記」は、上月為秋が書写山円教寺浄雲坊に伝わる同書を借用し、享保十一年（一七二六）に書写したものである。(5)の「赤松家嘉吉乱記」に関しては、書写山において記されたことを伝えるのみである。(6)は、後藤氏が関係するところであるが、同氏も赤松氏の被官人であった。同じく被官人である魚住氏と情報交換をしていたのではないかと推測される。

以上のことから、まず書写山に赤松氏に関する資料（軍記・系図）などが所蔵されており、それらの書写活動が熱心に行われたことがわかる。ここで注目すべきは、いくつかの奥書に登場する魚住氏の存在である。魚住氏に関する研究は、皆無に等しく参考となる文献も少ない。まず、魚住氏の系譜について考えてみたいと思う。

魚住氏は、明石市の魚住をその出自とする。魚住氏の系譜は、『赤松諸家大系図』にその記載が見られる。同系図によると、小寺相模守頼季の三男長範を魚住氏の祖とする。長範は、同系図傍注に「魚住太夫判官」とあり、続けて「文和ノ頃ノ時赤松則祐ノ下知シ給フ節魚住抔武功ヲ尽セシ人々也」とある。たしかに魚住氏は、『太平記』巻第三十二「神南合戦事」に「魚角大夫房」なる人物が登場する。また、わずかではあるが、『蔭涼軒日録』や古文書にも登場する。つまり、魚住氏は赤松氏の有力な被官人だったのである。

今となっては、奥書の類にしか頼れないが、魚住氏が赤松氏の系図や記録そして軍記物語を熱心に残したことが判明する。また、それらの情報蓄積の本拠となったのが書写山円教寺であった。これだけでは不十分であるが、魚住氏が赤松氏関係の系図や軍記物語を収集した意味や、赤松氏関係資料の情報センターの役割を担った書写山円教寺について、今後その文化史的な意義をさらに検討する必要がある。

一般的に軍記物語は、その史料的な価値――史実に忠実であるか――に目を奪われがちであるが、別の角度から見ることによって、違った価値を見出すことが可能なのである。

第六章　赤松氏の再興過程

1　山名氏の播磨国支配

播磨国守護山名氏による支配

嘉吉の乱における赤松氏惣領家滅亡後、着々と山名氏による播磨国支配が進行した。当初、山名持豊は赤松満政に与えられた三郡を除く、残りすべての播磨国支配を任された。もちろん播磨国以外にも、旧赤松氏領国である備前国・美作国も、山名氏一族に与えられた。山名氏は一族の繁栄を謳歌することになる。

先述の通り、満政は山名氏に叛旗を翻したが、あえなく敗死した（文安の乱）。文安の乱後、山名氏は目論見どおり播磨国一国を掌中に収めることになる。山名氏による播磨支配の特色は、旧赤松氏勢力を一掃し、自らの一族や有力被官人らを守護代や郡代に任命した点にある。例えば、山名四天王のうちの垣屋氏は、守護代として積極的に播磨国支配に関与した。

山名四天王とは、山名氏配下の重臣層のことで、垣屋・太田垣・田結荘・八木の四氏を示している。しかし、実際に表舞台で活躍し、播磨国内で史料上にもよく登場するのは、垣屋・太田垣の両氏である。彼らは在京する山名氏の代わりに、実際に播磨国支配に関わった。また、その配下の野間・佐々木といった山名氏有力被官人らは、郡代として登用されている。

実際の支配機構において、山名氏は赤松氏にならって奉行人制を採用している。奉行人とは、守護膝下で訴訟案件などを処理し、現地の守護代に守護の命令を伝える役割を担った。ところが、但馬国における山名氏の支配機構には、奉行人制がほとんど見られない。したがって、このケースでは赤松氏の例にならい、播磨国の国情に合わせた支配形態を採用していたと考えられる。現実問題として、但馬国には東寺、東大寺などの大寺社の荘園が乏しかった。それゆえに、それらとの交渉窓口となる奉行人制が十分に発達しなかったのかもしれない。

分郡守護の配置

最近の研究によれば、持豊は分郡守護として一族を任命していたことが知られている。分郡守護とは、通常のように一国支配を一人の守護に任せるのではなく、各郡ごとに守護を配置することである。分郡守護の制度に関しては、摂津国などでも見られ、先に触れた有馬郡の有馬氏（赤松氏一族）の例がよく知られている。

まず、三木郡の分郡守護には、山名教豊が配置されていた。教豊は持豊の長男であり、後に備後・安芸国の守護職を兼帯した。教豊の配下には、田原氏あるいは斎藤氏が郡代として活動していた。田原氏の前任者は斎藤氏であったが、その支配は極めて厳しいものがあった。一例を挙げておこう。万里小路時房は、家領である美嚢郡吉川上荘が、たびたび美嚢郡代斎藤若狭守に押妨されるのに憤っていたことを確認できる。

『建内記』によると、斎藤氏は「猛悪至極」「一郡の政道虎狼のごとし」と表現されており、過酷な支配を行っていた。しかし、そうした苛烈な支配が続くべくもなく、斎藤氏は守護から譴責を受け、逐電することになる。以後、美嚢郡代として、田原氏が補任された。

美嚢郡では、奉行人制度を採用していたことも知られているが、残念なことに確認できる事例が極めて少ない。享徳四年（一四五五）、山名教豊は一通の奉行人奉書を上月甲斐守に発した（「東大寺文書」）。内容は大部荘百姓五郎左衛門父子の雅意に任せた振る舞いに対して、領主として進退すべきことを申し付けたものである。

この時期の播磨国守護代は垣屋豊遠であり、播磨国内の荘園に対する権限行使はすべて同氏に委ねられていた。つまり、この奉行人奉書の発給は、極めて異例のことといえる。最近ではこうした事例を通して、荘園の監督や諸公事の賦課・免除は守護代垣屋氏が行い、国人の指揮・統括権は守護家が行ったと理解されている。

赤穂・揖西郡は、持豊の次男是豊《これとよ》が分郡守護として配置されていた。のちに、是豊は山城国守護に就任し、自らの領国である備後・安芸国守護を兼帯している。

是豊は両郡の支配にあたり、膝下の奉行人を組織していた。しかし、是豊の保持した守護権は全面的なものではなく、案件によって惣領（＝持豊）の監視下で職務を遂行した。例えば、矢野荘の例で見ると、少なくとも是豊は矢野荘例名の役夫工米や公用段銭の賦課・免除の権限を認められていたが、それ以外の部分では不明な点が多い。そこには、太田垣氏や垣屋氏などの守護代クラスが関与することも見られ、複雑な様相を呈していた。

山名氏による苛烈な支配は、矢野荘においても確認できる。「東寺百合文書」によると、赤穂郡郡代が百姓等を絡め取り誅戮したと記している。その背景は不明であるが、少なくとも在地百姓の抵抗が見られたため、力による行使に出ざるを得なかったのであろう。

佐用・印南両郡の支配に関しては、持豊自らが行っていたことが指摘されており、一口に播磨国支配といってもかなり複雑であった。

一例を挙げると、山名氏の奉行人奉書は所務沙汰や検断沙汰に使われていたが、惣領家と庶子家の職務を合わせて指示する場合は、惣領家守護代加判の連署奉書が使用された。のちに持豊は、享徳三年(一四五四)から約四年間、但馬国で蟄居するという事態に見舞われた。それでも持豊は、一部の権限を子息らに委任しつつも、なお中核となる支配権は保持したかったのであろう。

特に注目すべきは、郡代によって陣役が催促・徴発されたことである。この事実は、郡代が郡を単位とした、軍事編成を行ったことを示している。このような守護代―郡代の支配体制は、領国の裁判権の確立とともに駐留体制=強力な治安維持体制の確立を目指していたと考えられる。もともと播磨国は赤松氏領国であり、未だに不穏な動きを見せる赤松氏残党への対応から、厳しくかつ木目細かな支配を行ったのである。

さらに山名氏は闕所地処分権の行使を通して、大量の給人層を自らの陣営に抱え込んだ。「山内首藤家文書」によると、文安元年（一四四四）、山名持豊は明石郡枝吉別苻（渡辺兵庫助跡）を給分として、山内上野介に与えた。つまり、山名氏は領国内の闕所地を配下の国人層に給与し、領国支配の強化に臨んだのである。仮に、播磨国内で有事があれば、彼ら国人は山名氏の軍事指揮下で行動することになる。国人が山名氏に従う理由は、その所領が播磨国内に所在するからであった。

十五世紀以降、守護職は一族で世襲・継承され、他の守護が配置されることが稀になってきた。特に赤松氏の場合は、南北朝期から嘉吉の乱に至る百十年間余り守護職を独占してきた。それゆえ、新たに守護として入部した場合、その支配は極めて困難を極めた。山名氏の場合は、一族・有力被官人の守護代・郡代の配置、郡単位による陣役の催促・徴発、闕所地処分権を通じた国人層の掌握等を通じて、播磨での駐留体制を整えたのである。

山名氏の支配体制の特色は、分郡守護の配置や奉行人奉書にも見られる。分郡守護の役割は、国内寺社の経営安定、国人の指揮、中央諸権門の権益保護、領国内寺院の造営段銭賦課などである。また、奉行人奉書は所務沙汰や検断沙汰に使用された。しかし、その辺りのメカニズムは複雑であり、山名氏の但馬支配の実態と併せて、今後検討されるべき課題である。

2 赤松春日部家の動向

御供衆としての赤松春日部家

文安・享徳の乱において赤松氏の一族が決起し、その結果滅亡を遂げたことは先述の通りである。しかし、赤松春日部家だけは、赤松氏一族が衰退・滅亡する中で、生き残りを果たしている。ここでは、赤松春日部家の動向（赤松貞村の子息・教貞以降）に触れておこう。

永享五年（一四三三）十一月、赤松貞村は菅野村を除く所領を長男である二郎法師、つまり後の教《のり》貞《さだ》に譲っている（「赤松春日部家文書」）。貞村は嘉吉元年（一四四一）までその生存が確認できるので、かなり早い段階での譲与であった。教貞が父貞村と同じく将軍近習であったことは、「康正二年造内裏段銭並国役引付」という史料によって明らかである。教貞が将軍近習としていかなる役割を果たしたかは、史料的な制約もあり確認が難しい。

正徹の家集「草根集」によると、錚々たる守護らに混じって、教貞の名前が散見する。教貞が幕府や武家らの主催する歌会に参加したところを見ると、幕府近習としての安定した地位を保持するとともに、和歌に通ずる教養を兼ね添えた人物であることがわかる。

教貞は、康正三年七月二十二日に没した（「太山寺文書」）。教貞の遺跡所領は、いったん長男千代寿丸（＝範行）に譲られたが、その後一転して刑部少輔貞長に与えられた（「赤松春日部家文書」）。その理由は、千代寿丸が逐電したからであるが、詳しい経緯などは明らかでない。結論のみを言えば、千代寿丸の逐電の原因は、貞長との所領を巡る争いであったと推察される。ところが、この貞長は赤松春日部家の系譜上に見えない人物である。果たして貞長とは、いかなる人物なのであろうか。

貞長は、「長禄二年以来申次記」に御供衆として登場する。御供衆とは室町幕府直臣団の上層に位置し、将軍の外出に従うなど、将軍身辺に仕える職であった。同じ史料によると、貞長は年頭に椀飯《おうばん》を務めており、幕府から重用されていた形跡が窺える。椀飯とは、歳首にあたって将軍に供応することである。しかし、この貞長の名前はやがて消え、『斎藤親基日記』文正元年閏二月十七日条に「刑部少輔貞祐《さだすけ》」なる人物が登場する。貞祐と貞長とは、どのような関係にあるのだろうか。

混乱している赤松春日部家の系図

貞祐は同史料の翌年正月七日条により、年頭に椀飯を務めたことがわかる。この貞祐は、先の貞長と同一人物であり、教貞の弟つまり貞村の次男であったと考えてよい。何らかの契機に、名を貞長から貞祐へと改めたのであろう。ちなみに、各赤松氏系図における貞祐の位置はまちまちである。赤松氏の系図を調査すると、貞祐を貞村の弟とする系図、あるいは貞祐を貞村の次男とする系図とが存在する。

その点については、混乱が見られたようであるが、「政所賦銘引付」には赤松範行（貞村子息）から見て貞祐が「伯父」と記されている。つまり、貞祐は教貞の弟だったというのが正しい。貞祐は、文明二年正月十六日に没した（「太山寺文書」）。

このようにしてみると、同じ赤松氏であっても、惣領家や庶子またその身分によって、その後の明暗がはっきり分かれたことがわかるであろう。赤松満政は惣領家滅亡後、播磨国分郡守護となったが、結果的に幕府により討伐された。しかし、赤松春日部家の場合は、将軍近習として幕府に仕えることにより地位が保たれ、幕府から重用されることになる。

ところで、教貞の早世に伴い、その所領が弟貞祐に譲られたことを述べた。所領を奪われた教貞の長男千代寿丸は、いかなる対応をとったのであろうか。のちにこの事態は、赤松春日部家内部に大きな禍根を残すことになる。

3 赤松氏再興をめぐる運動

悲願の赤松氏再興

播磨国において山名氏の領国支配が進展する中、赤松氏旧臣は赤松氏再興を悲願としていた。当然ながら赤松氏旧臣は領国支配の系列から排除され、守護代・郡代には山名氏の被官人らが任命された。赤松氏旧臣は単に一介の浪人でしかなく、北野氏のように京都を徘徊中に討たれる者もあった。彼らは、そのような厳しい境遇にあったため、赤松氏再興を悲願としていたのである。

このような赤松氏旧臣に、赤松氏再興のチャンスが訪れることになる。その契機になったのは、嘉吉三年(一四四三)九月、奥吉野に潜んでいた旧南朝のグループ源尊秀《たかひで》らが後花園天皇の内裏を襲撃し、三種の神器を強奪しようとした事件であった。この襲撃事件は、禁闕《きんけつ》の変と呼ばれている。このとき尊秀は幕府軍と交戦し、内裏に火をかけた。後花園天皇は辛うじて難を避け、賢所（宝鏡）とともに無事であったが、神璽だけは奪われてしまったのである。三種の神器は天皇家に必要不可欠なものであり、世が騒然としたことはいうまでもない。

この事件の首謀者である源尊秀は、後鳥羽院の後胤といわれているが、定かではない。加えて後南朝の勢力には、金蔵主《こんぞうす》（万寿寺僧）・通蔵主《つうぞうす》（相国寺常徳院僧）といった、京都五山の禅僧も加わっていた。また、日野氏のような有力貴族が加わっていたことも注目される。少なくとも、禁闕の変は周到に準備されたものであり、出自も階層も異なった広範な勢力を形成していたのである。

周知の通り南朝は、明徳三年（一三九二）の足利義満主導による南北朝期合一によって、事実上消滅している。その際、南朝・北朝が交替して皇位を継承すべきことが決定された。ところが、その取り決めは、のちに反故にされてしまった。以後、不満を持った旧南朝グループ（後南朝）は、後亀山法皇を中心に吉野へと拠点を移したのである。

禁闕の変後はさらに拠点が南下し、吉野から奥地の川上・北山へと拠点を移している。その影響もあり、大和や伊勢では後南朝勢力が根付き、たびたび兵乱を催すことになる。特に、伊勢国守護北畠氏は、後南朝を擁護する側に回った。室町幕府は後南朝問題の対応に苦慮するが、一向に解決を見なかったのである。

この後、南朝勢力による神器奪還は、赤松氏旧臣の仕業であるとの噂が流れた。理由はよくわからないが、惣領家再興を望む赤松氏旧臣の不穏な動きが看取されたのかもしれない。こうした状況下、前内大臣三条実量の「御内」である石見太郎左衛門を通じて、赤松氏旧臣に赤松氏再興の条件が打診されたのである。

その条件とは、(1)奥吉野の一の宮・二の宮を討伐すること、(2)神璽を奪還する、の以上二つであった。この打診の背景には、幕府・朝廷との合意が得られており、成功の暁には赤松氏が中央政界に復帰する道が用意されていた。赤松氏旧臣にとっては、赤松氏再興という大きなチャンスが与えられたのである。

長禄の変勃発

長禄の変に関しては、「上月文書」中の「南方御退治条々」という史料に詳しく記述されている。この史料は、後南朝襲撃に加わった上月満吉《みつよし》が、長禄の変後二十余年を経た文明十年（一四七八）に記したものである。変後、二十年近い時間を経過しているが、当事者が残したものだけに信憑性が高い史料である。以下、その史料を中心に、長禄の変の経過を記すことにしよう。

康正二年（一四五六）、まず上月満吉らは吉野山に入り、神璽のありかなどの情報収集に努めた。吉野への出発にあたって、満吉の残した書状がある（「上月文書」）。その書状には、神璽奪還が「御屋形様（赤松政則）」と「勅諚」「上意」との約束であり、もし失敗すれば、二度と帰らないと決意を述べている。満吉は決死の覚悟で臨んだのである。ほかの赤松氏旧臣も、同じ気持ちで臨んだことであろう。むろんそうした調査は短日で終わらず、一年余りの期間を要した。

長禄元年（一四五七）十二月、赤松氏旧臣は、奥吉野に侵入し北山・川上の南朝後胤一の宮と二の宮を殺害した。一の宮・二の宮がいかなる南朝後胤につながるかは、明確なことがわからない。少なくとも同地においては、南朝後胤として崇められていた。満吉は吉野の河野郷にいる二の宮殺害に加わり、その首を討ち取っている。

一方、一の宮を襲撃した丹生谷《にゅうのや》帯刀左衛門尉・四郎左衛門尉兄弟は、逆に討ち取られてしまった。のちに、一族の丹生谷正頼《まさより》は、この二人を供養するため田地を備前国安養寺に寄進している（「安養寺文書」）。このとき赤松氏旧臣らは、いったん神璽を奪い返したが、再び吉野郷民らに奪還された。しかし、赤松氏旧臣の一人である小寺性説は、大和の国人越智氏や小川氏と協力し、吉野郷民から再び神璽を奪い返した。その結果、長禄二年（一四五八）八月に神璽が無事入洛し、赤松氏の再興は認められたのである。

伝二の宮の墓（奈良県川上村）
（川上村教育委員会提供）

長禄の変によって、赤松氏再興が認められたが、その背景には強大化した山名氏へ幕府が牽制を行ったとも考えられる。山名氏は、嘉吉の乱における赤松氏討伐に貢献し、一族で数カ国の守護職を保持するようになり、幕府を脅かす存在になりつつあったからである。とにかく赤松氏は再興し、その旧臣もようやく息を吹き返した。長禄の変で活躍した赤松氏旧臣は、やがて中央政界に復帰した赤松惣領家のもとで活動することになる。

4 赤松氏再興後の動向

赤松氏の再興と加賀国半国支配

神璽を奪還した赤松氏は、無事再興を遂げた。しかし、その勲功として赤松氏に与えられたのは、加賀国半国守護職と備前国新田荘《にゅうた》、伊勢国高宮保であった。特に、赤松氏への所領付与の件は、細川勝元が積極的に関わっており、そこに政治的な意図が感じられる(『蔭凉軒日録』)。この細川氏と赤松氏との強力な連携は、のちに細川＝赤松体制と呼ばれるほど密接なものであった。細川氏は、赤松氏を取り立てることにより、強大化した山名氏に対抗しようとしたのである。

赤松氏の新しい所領への入部は、極めて困難であった。まず、備前国新田荘への入部に際しては、一族の宇野上野入道を差し向けているが、備前国守護山名氏と交戦状態に入っている。備前国はかつて赤松氏が守護職を握っていたが、嘉吉の乱後は山名氏の手に渡っていた。

備前国守護山名教之《のりゆき》は幕府に対して、新田荘のうち三石・藤野・吉永が含まれているか否かの訴訟を起こしているが、結局教之の訴えは退けられている。赤松氏は山名氏にとって歓迎されざる存在であったが、在地の難波氏などは赤松氏勢力に加わっている。つまり、幕府権力によって再興された赤松氏は、赤松氏の旧領国である在地領主にとって、新守護山名氏よりも親密な関係を持ち得る存在だったのである。

伊勢国高宮保は、文正元年（一四六六）に政則自身が加賀国内の闕所地と替地を願い出ており、幕府に認められている。恐らく、高宮保は遠隔の地にあったため、守護職を得た地との替地を求めたのであろう。

加賀国半国の方は、本来富樫氏が守護を務めていた経緯もあり、赤松氏にとって全く無縁の地であった。『蔭凉軒日録』によると長禄三年（一四五九）十月、赤松氏は加賀国半国へ入部しようとしたところ、激しい抵抗にあったという。抵抗勢力はいうまでもなく、前守護である富樫氏の被官人や国人らであった。

前守護の影響力が強かったため、新守護赤松氏による統治は困難を極めた。しかし、その後は幕命に応じて越中畠山氏が出兵し、賀茂社領金津荘を自ら守護請の地にすることを幕府に披露するなど、比較的順調にいったようである。一方で、前守護富樫氏の被官人岩室氏が抵抗するなど、予断を許さない状況も続いた。

赤松氏による加賀国半国支配の実像は、関連史料が僅少なため、そのほとんどが秘密のベールに包まれている。『蔭凉軒日録』文正元年（一四六六）閏二月八日条によると、小寺藤兵衛門尉が加賀国郡代（守護代）であったことが記されている。小寺氏は長禄の変で活躍した、小寺性説自身もしくはその一族に連なる人物であろう。ところが、この小寺氏が具体的にどのようにして加賀国支配を行ったかは、関連史料を欠くため不明である。

長禄三年（一四五九）に推定される「中村文書」や「上月文書」によって、赤松氏が奉行人連署奉書によって感状を発給したことが確認できる。先にも触れた通り、それらの史料は赤松氏が加賀国半国に入部した際に、在地勢力との間に合戦が起こったことを示している。奉行人奉書には、阿閉重能《あへしげよし》、堀秀世、浦上則宗がそれぞれ署判を加えている。この三人は、先の長禄の変で活躍した人物、もしくはその子孫と考えられる人物である。赤松氏は旧臣の中から有能な者を選び出し、膝下の奉行人として編成した。その際には、長禄の変における活躍も考慮されたと考えられる。

赤松氏が再興する過程において、浦上則宗の功績は非常に大きいと言わねばならない。では、則宗の地位をいかに考えるべきであろうか。通史などを一読すると、

浦上則宗の台頭

則宗は守護代であったと記されることが多い。これが、最も通説的な理解であろう。時を同じくして、美濃国土岐氏の被官人斎藤妙椿《みょうちん》や近江国守護京極氏の被官人多賀高忠が権勢を振るった頃であった。彼らも守護代として取り上げられていることが多い。

これまで浦上氏は守護代として権力を握り、後に主家である赤松氏を打ち倒したことが強調され、下克上の典型として描かれた。しかし、現在では則宗に様々な評価が与えられているが、単純に守護代と考える研究者は存在しない。なぜなら、本来守護代とは守護の代官を意味するものであり、守護が在京している間、領国支配を代わりに行っていた職務だったからである。

則宗は守護赤松政則を補佐するとともに、各国守護代に当主の命令を下す立場にあった。一方で、

則宗は幕府とも密接に繋がっており、その点も非常に重要である。したがって、則宗の地位を単に守護代とみなすのは、正確な理解といえないであろう。それゆえ、則宗の政治的地位は、その多様なあり方から現在も議論が続いている。

則宗の権力形成過程の源泉は、いかなるものがあったのであろうか。浦上氏一族は嘉吉の乱以前から、守護家内部で備前国守護代や守護奉行人として活躍しており、実務的官僚として訴訟裁定などに加わっていた。先述の通り奉行人は守護膝下の実務官僚として尊重され、やがて領国の守護代よりも相対的に地位を高めることになる。

則宗は実務官僚として、赤松氏にとって欠かすことができない人材であった。のちに、浦上氏は室町幕府において、侍所所司代や山城国守護代として要職を任された。浦上氏は赤松氏の領国支配上に加え、室町幕府にとっても貴重な存在であった。則宗が赤松氏内部で大きな権勢を誇ったのも、このような一族の経歴が影響している。

則宗は長禄の変以降、中央政界での活躍が顕著になる。寛正三年（一四六二）十月、山城国で土一揆が勃発するが、則宗を中心とする赤松軍は大きな戦功をあげた。また、寛正六年（一四六五）十一月の山城西岡の土一揆においても、則宗は京極氏被官人多賀高忠とともに鎮圧に貢献した。室町幕府では、彼らが守護を凌ぐ勢力とみなしたに違いない。このような幕府からの厚い信頼が、赤松氏被官人の中で則宗の地位を相対的に高めたのである。

足利義政
（国宝。東京国立博物館蔵／Image: TMN Image Archives）

赤松氏の播磨国奪還

応仁の乱勃発前、播磨国では赤松氏浪人の動きが活発化していた。寛正六年（一四六五）六月十二日、室町幕府は、罪科を招く播磨国の牢人衆の名前を注進せよ、と播磨国守護山名持豊に命令を発した（「伊和神社文書」）。この事実は、播磨国内部において赤松氏再興を企てる勢力が活発となり、領国の治安を脅かす存在になりつつあったことを示している。以上の状況から、少なからず播磨国内における山名氏への不満分子が、抵抗勢力として結集されつつあったことを示している。

応仁の乱が起こる前には、将軍権威の失墜、守護勢力間の均衡関係の崩壊など、室町幕府の動揺が起こっていた。引き金となったのは、将軍家・守護家の家督争いに他ならない。将軍家内部では、足利義政の後継をめぐって、弟の義視《よしみ》と実子の義尚《よしひさ》との争いが生じていた。もともと将軍義政には子供がなく、止むを得ず弟の義視を後継者とした。ところが、義政に子息である義尚が誕生すると、家督争いを巡って、亀裂が走ることになる。

管領家においては、畠山氏および斯波氏のいずれも、内部で家督争いが生じていた。また、幕府内部では、細川勝元と嘉吉の乱で功を遂げた山名宗全とが覇権を争う情勢となっていた。細川氏が山名氏に対抗するため、赤松氏を再興して味方に引き入れたのは、すでに述べた通りである。こうした複雑な政治情勢が、山名氏（西軍）と細川氏（東軍）という二大勢力に結集し、応仁元年（一四六七）五月ついに全面的な争乱に突入したのである。

応仁の乱勃発の地
（京都市上京区上御霊堅町・上御霊神社）

応仁の乱が始まると、赤松氏は細川氏の陣営つまり東軍に属した。ときの赤松氏当主政則は細川勝元から重用され、勝元の全面的バックアップのもとで政界に復帰した。政則の「政」の字は、将軍義政の一字を与えられたものである。その背景には、細川氏と山名氏との対抗関係があった。山名氏は嘉吉の乱で戦功をあげ、幕府内に大きな影響力を持ち、一族で多くの守護職を獲得していた。勝元は山名氏を牽制するために政則を引き立て、対抗する手段を取ったのである。以降、赤松氏は政治史の重要な場面で、細川氏と行動をともにすることになる。

次に、応仁の乱勃発時における、播磨国の状況を見ておこう。応仁の乱に乗じて、赤松氏が旧領播磨国に侵攻したのは、応仁元年（一四六七）五月のことである。『応仁記』という軍記物語によれば、赤松勢が播磨国に乱入した際、「本国のことなので百姓・土民とも協力したため、容易に手に入れることができた」と記している。『応仁記』は軍記物語であるが、先の赤松氏牢人衆のことを考慮すれば、ほぼ実態に近い記述であると考えられる。

「難波文書」にも、応仁元年五月に播磨国を手に入れたとあり、『応仁記』を補う史料として重要である。さらに「広峯文書」には、広峯神社の神官広峯氏が赤松氏に加勢したことを記している。つまり、応仁の乱では、赤松氏が旧領播磨国の国人・土豪から百姓・土民に至るまで幅広い支持を得ていたことがわかるのである。

こうして赤松氏は播磨国奪還に成功したものの、内部においていくつかの問題を孕んでいた。家督をめぐる争いもその一つである。応仁の乱勃発後、赤松氏の一族有馬氏が惣領家の座を狙って叛旗を翻した（『大乗院寺社雑事記』など）。有馬氏はすぐさま討ち取られたが、大きな不安が残った。つまり、赤松氏の一族であるならば、彼らにも惣領家を継ぐ資格があったことを示している。以後、政則は一族との内紛に悩まされることになる。

5　赤松政則の人となり

赤松政則の人物像

赤松氏当主の座についた赤松政則とは、いかなる人物なのであろうか。

『実隆公記』などによると、政則は明応五年（一四九六）閏二月、播磨国久斗山長円寺で四十二歳でその生涯を閉じた。逆算すると、康正元年（一四五五）の生まれとなる。珍しいことに、政則の誕生日は史料上確認することができる。『蔭凉軒日録』延徳四年二月十八日条によると、政則の誕生日が翌日の二月十九日であると記されている。

政則の父は時勝（法名性尊）というが、政則が生まれた年の十月に亡くなった。時勝は九歳のとき、嘉吉の乱で父満祐を失い、天隠龍澤の助力で難を逃れたといわれている。母も早世したらしく、政則は不幸な幼少期を過ごした。しかし、「浦上美作守則宗寿賛」によると、政則は幼少期に被官人である浦上則宗に養育されたとある。まさしく則宗は、政則と苦楽をともにしたのであった。のちに政則が則宗に支えられる体制は、幼少期から築かれていたのである。

政則の人となりは、どのように評価されていたのであろうか。寛正六年（一四六五）十二月、政則の元服出仕に列した季瓊真蕊《きけいしんずい》は、少年ながら政則の「威儀粛然《いぎしゅくぜん》」とした態度に感嘆し、殿中の人すべてが慶賀したと述べている（『蔭凉軒日録』）。季瓊真蕊は赤松氏に近い人物なので、やや大袈裟な表現かもしれない。しかし、他の公家日記を見ても、政則のことはあまり悪く書かれていないようであり、少なくとも優秀な人物であったことはたしかである。

政則と芸能・刀剣

特筆すべきは、政則が芸能に秀でていたという事実である。まず、政則は猿楽の名手であった。室町期には猿楽が武人の嗜みとされ、広く愛好された。赤松満祐が猿楽を愛好していたことは、先述の通りである。『蔭凉軒日録』によると、政則が猿楽の名手であったことが記されており、人々が政則の舞に感嘆したとある。政則は自分自身でなく、被官人らも巻き込み、猿楽に勤しんでいたことが知られる。

また、『晴富宿禰記』という史料には、政則が『矢開記《やびらきき》』一巻を所望したことを載せている。「矢開」とは、武家の子供（男子）が鳥獣を初めて射たとき、餅を搗き、射た鳥獣を料理して祝うことをいう。『矢開記』とは、矢開の祝の餅について記したものである。政則は幕府の要職である侍所所司でもあったため、武家の故実に通じる必要性があったと思われる。

政則が著名であるのは、刀剣であろう。現在、政則の為打銘のある刀剣は、全部で十三口（為打でないもの一口含む）が知られている。そのうち現存するものは八口である。政則の銘のある刀剣の初見は文明十三年（一四八一）であり、山名氏の播磨侵攻を翌々年に控えた年でもある。文明十三・十四（一四八一・八二）に政則が作刀した刀剣は、ほとんどが自らの被官人への為打である。この辺りの事情を勘案して、恩賞を意図した領国統制の一環という説も唱えられている。

以上の点から、政則は高い素養と芸術的センスを兼ね備えた人物といえるであろう。これ以外にも、様々な記録に政則が和歌・連歌に親しんだ形跡が見られる。政則は教養を身に付けていたため、ときの将軍足利義政からも寵愛を受けた。しかし、後にも触れる通り、武将としてはひ弱な側面も見られ、領国支配に苦慮することになる。

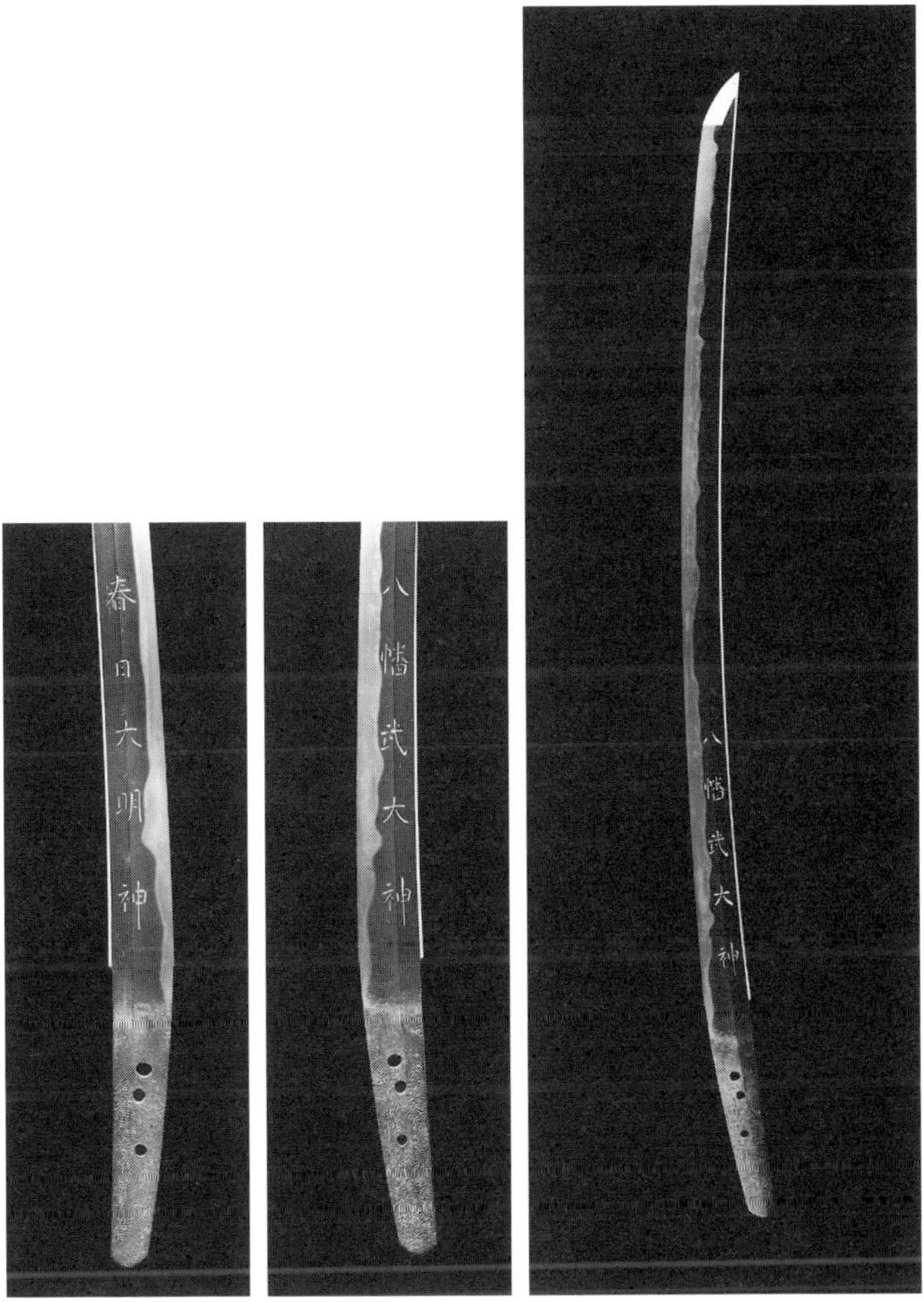

赤松政則刀（姫路市立美術館蔵）

6　不安定な播磨国支配

応仁の乱以降、政則は自らの領国である播磨国等三カ国を回復し、安定した地位を築きつつあった。応仁の乱は、文明五年（一四七三）に当事者である山名宗全と細川勝元が相次いで没すると、その翌年には山名政豊と細川政元の講和によって終結した。政則はこの講和について、最後まで抵抗を試みた（『大乗院寺社雑事記』）。政則は、乱終結によって三カ国守護の地位を失うと考えたのであろう。結果的に政則の三カ国守護としての地位は保全されたが、文明十年（一四七八）前後を期に、播磨国内における政情不安が露呈することになる。

播磨国の政情

不安材料の一つには、赤松氏一族による反乱を挙げることができる。応仁の乱が始まってから、赤松氏の有力な一族有馬氏が政則に叛旗を翻し、討伐されたことはすでに述べた。ところが、同様の事件がその後も起こっている。赤松氏の有力一族の中に、北播磨に勢力を持った在田氏が存在する。在田氏は文明三年（一四七一）に仙洞御料所の松井荘を押領したため、政則が守護代赤松政秀・堀秀世を派遣するという事件があった（「島田文書」）。

しかし、以後も在田氏と守護家との仲はしっくりせず、文明十二年（一四八〇）五月に在田氏一族が没落したことが知られている（『大乗院寺社雑事記』）。その後も、在田氏の残党と推測される在田左近将監が、文明十二年（一四八〇）九月に広峯神社参銭・諸公事を押領し、赤松氏奉行人奉書によって違乱停止を申し渡されている（「魚住文書」）。

最終的には、文明十四年（一四八二）閏七月、政則が在田氏の子供四人を殺害している（『大乗院寺社雑事記』）。こうした一連の赤松氏惣領家と一族在田氏の確執については、その原因が詳らかでない。しかし、赤松氏の有力な一族が、惣領家に対して対抗心を燃やし、その家督を狙っていたことは十分に考えられる。

年未詳五月晦日赤松政則判物
（報恩寺文書／兵庫県立歴史博物館提供）

一方で、政則と幕府との関係が、徐々に悪化していたことも指摘しなければならない。文明十一年（一四七九）八月、政則は幕府への出仕を止められている（『晴富宿禰記』『雅久宿禰記』）。理由は三カ国寺社領のことについて、将軍義尚の意に添わなかったからと記されている。こうしたことは、何も赤松氏に限ったことではないので、なぜこのような処分に至ったか判然としない。ましてや、政則は義尚の父義政の寵愛を一身に受け、その「政」の字を与えられ、政則と名乗っているのである。

さらに、文明十二年（一四八〇）十月には、徳政に関連して土一揆蜂起の風聞が流れている（「清水寺文書」）。

このとき赤松氏は奉行人連署奉書で、張本人や激しく抵抗する者には厳しい対応で当たることを清水寺衆徒に伝達した。赤松氏は政治的のみならず、在地の動向においても大きな不安を抱えていたのである。

このように、播磨国内の政情不安を招いたのは、政則の政治的手腕の力量不足であった。先に触れたように、政則の政権は有力被官人らに支えられたものである。そのため、彼らの協力が得られなければ、その基盤は極めて脆弱なものになってしまう。次項で述べる、山名氏と赤松氏との間の長期にわたる抗争は、一つには赤松氏サイドの政情不安が原因であったと思われる。

山名氏の播磨国侵攻

山名氏は応仁の乱で播磨国等三カ国を奪還すべく、虎視眈々とそのタイミングをうかがっていた。果たして、山名氏が播磨国侵攻を目論んだ理由は、いかなるものであったのか。その理由は、次のようになろう。

(1)山名氏の領国因幡国において、国人の毛利次郎が強大な勢力を持ち、守護山名豊氏を圧迫していた。その背景には、赤松氏がその毛利氏を背後から支援しているとの風聞があったこと。

(2)第二に、同じく山名氏の領国伯耆国では、山名豊氏の弟元之が守護に任じられていた。ところが、豊氏の子政之はこれを妬み、元之の追放を企てた。この策動を影で操ったのが、赤松氏であったといわれていること。

要するに、赤松氏は背後から山名氏を脅かす存在であり、山名氏としてはこれを何とか措置しなければならなかったのである。

赤松氏と山名氏との戦いは、文明十五年（一四八三）十二月未明、播磨国と但馬国の国境付近の真弓峠で勃発した。垣屋越前守率いる山名軍は、一気に赤松軍を打ち破ると、播磨国に侵攻したと伝える。一方、大敗を喫した政則は家臣らと姫路を目指したが、途中で行方知れずとなった。政則の動向に関しては、様々な風聞（堺に逃れたなど）が飛び交うことになる。この敗北は、政則にとって大失態であった。

敗報を聞いて激怒したのが、赤松氏の有力被官人浦上則宗である。事態を重く見た則宗は、他の有力被官人らとともに、政則の三カ国守護職を廃し、代わりに有馬慶寿丸（のちの澄則）をその地位に就けることを幕府に願い出た（「蜷川家文書」）。則宗は長禄の変で活躍した、明石・依藤・中村・小寺の各氏を説得し、赤松氏被官人の総意として幕府に申請を行ったのである。

この一事は、政則の持つ権力が決して磐石なものではなく、有力被官人らの支持の上に成り立った、極めて脆弱なものであったことを示している。ただ、注意しなくてはならないのは、則宗が赤松氏の一族である有馬氏を擁立していることである。いくら則宗が絶大な権勢を誇るとはいえ、自らが守護に就任することはできなかった。そこには、家格という問題が横たわっており、則宗は赤松氏の一族を守護に擁立し、コントロールすることしかできないという大きな限界があったのである。

『大乗院寺社雑事記』によると、しばらくして政則解任のことは無効であると記されている。政則失脚の情報は、被官人らの分裂と反乱を招いた。赤松氏一族の有馬右馬助は山名氏と同心し、同じく在田氏・広岡氏は「新赤松」を擁立し、政則に叛旗を翻したことが記録されている。赤松氏と山名氏との抗争は、彼ら赤松氏一族にとって、惣領家に取って代わる大きなチャンスだったのである。

別所則治の台頭

政則没落後、突如として台頭したのが別所則治《べっしょのりはる》である。別所則治の賛を執筆した天隠龍澤《てんいんりゅうたく》は、別所氏を赤松氏の庶流であると位置づけている（『赤松別所則治公寿像賛』）。

則治登場の経過は、天隠龍澤の手による『赤松別所則治公寿像賛』に詳しく記されている。文明十六年（一四八四）二月、則治は和泉国に敗走した政則を伴い、ときの将軍義尚に謁見させた。同年十二月、すぐさま則治は摂津国有馬郡を経て、政則とともに播磨国への帰還を果たした。以後、則治は山名氏を駆逐すべく、政則の片腕となって活躍する。則治はその功績を称えられ、政則によって東播守護代に任命された。

政則が則治を登用した背景には、新興勢力である別所氏を味方に引き入れ、旧勢力である則宗に対抗しようとしたと考えてよい。旧来の被官人らにそっぽを向かれた政則にとって、則治は味方となる貴重な存在であった。則治の登場によって、播磨に駐留した山名氏に対抗すべく、赤松氏の士気は一気に高まることになる。

山名氏の播磨支配

山名氏は播磨国侵攻後、着々とその支配を進めていった。文明十六年（一四八四）四月、政豊は京都金蓮寺に故持豊の寄進の旨に任せて、飾東郡国衙内二十石の寺納が不要であると伝えている（「金蓮寺文書」）。この通達は、政豊が持豊以来、播磨国守護職に返り咲いたことを強烈に意志表示したものと解されよう。また、大徳寺の侍衣禅師には、播磨入国に際して青銅三百疋を贈っている（「大徳寺文書」）。山名氏は、寺社に寺領安堵の懐柔策を採用し、迅速な支配体制の構築を目論んだのである。

一方、山名氏の勢力は、在地に厳しい措置を行っている。例えば、三条西家領大山荘は、代官安丸氏が没落し、山名四天王の一人太田垣氏が新たに代官を務めることとなった。安丸氏は、赤松氏と関わりのある人物である。また、垣屋平右衛門尉孝知のごとく、地下人《じげにん》に折檻を加える者もあった（「三宝院文書」）。山名氏は、懐柔策と厳しい政策により、播磨支配に臨んだのである。

山名氏は戦功のあった被官人・国人に対し、次々に新しく給分地を与えるか、安堵を行っている。牧田孫三郎には、「播磨国賀西郡道山村地頭方内切米、多可郡松井荘右方半分」等の給分地が安堵されている（「牧田文書」）。さらに、山内豊成には、給分を宛て行った。いずれも播磨国内であり、山名氏の播磨侵攻がかなり浸透していたことが理解される。こうして、山名氏は被官人らに新しく給分地を与えることにより、自らへの求心性を高めることを企図した。守護としての器量を示し、播磨国支配をより有利に展開するための手法である。逆に、山名氏の被官人らは、新たな給分地を失わぬよう、播磨駐留にも積極的であったと推測される。

抗争の終結へ

山名氏の勢力は播磨国へ急速に浸透するが、やがて両者の争いは泥沼化する。文明十六年（一四八四）二月、政則の有力被官人の一人である浦上則宗は、太山寺に三カ国奪還を祈願した（「太山寺文書」）。しかし、則宗の祈願に反するかのように、その後の戦局はあまり芳しくなかった。文明十七年（一四八五）二月、則宗は備前国福岡（岡山県瀬戸内市）での合戦において山名氏に敗れ（「田総文書」）、松田氏・菅氏一門が数多く落命している。

この影響からか、則宗は陣中祈禱のため、備前国餘慶寺に寄進を行っている（「餘慶寺文書」）。にもかかわらず、以後の戦況は好転することなく、一カ月後には備前国砥石城（岡山県瀬戸内市）で一族の浦上則国《のりくに》が敗死したと伝えられた（「蕉軒日録」）。則宗は守護政則を排斥し、新たな体制を築きあげようとしたと考えられるが、山名氏を相手に意外なほど苦戦を強いられていたのである。

山名氏と赤松氏が雌雄を決したのは、蔭木城合戦である。蔭木城の場所そのものは確定されておらず、現在もいくつかの説がある。文明十七年（一四八五）閏三月、播磨・但馬国境の真弓峠で赤松氏と山名氏は交戦状態に入った。赤松氏は蔭木城合戦で勝利を得、加えて山名氏の有力部将である垣屋氏をも討ち取った。以降、赤松氏は攻勢に転じ、山名氏との戦いを有利に進めることになる。政則は同年六月の片島の合戦（たつの市）において、浦上・島津氏といった有力な部将を失うが（『蔭凉軒日録』）、文明十八年（一四八六）一月の英賀《あが》合戦では再び勝利を得、同年四月の坂本合戦でも勝利を重ねた（『蔭凉軒日録』）。

敗戦を繰り返した政豊は、細川政元に援軍を依頼するが断られている（『蔭凉軒日録』）。細川氏は赤松氏との連携を深めていたので、当然の結果といえよう。このようななりふり構わぬ政豊の行動は、度重なる敗戦と合戦の長期化に伴い、焦りの色が色濃く滲んできたものと察せられる。赤松氏の快進撃は止まるところを知らず、政豊は赤松氏の坂本城攻撃に敗れ、行方知れずとなった(『蔭凉軒日録』)。政則は畳み掛けるように坂本城を攻撃し、ついに長享二年(一四八八)七月、政豊は播磨国から撤退せざるを得なかったのである(『蔭凉軒日録』)。

しかし、そこに至るまで、政豊は撤退を拒む備後衆を説得しなければならなかった。なぜなら、山内氏のごとく播磨国に給分地を得た者は、山名氏が播磨国守護であってこそ意味がある。要するに、播磨国を撤退するということは、給分地を放棄することにつながるのである。

7　別所則治と赤松政秀

山名氏と赤松氏の抗争が終焉を迎えようとする頃、赤松氏の領国支配体制は大きく変化を遂げようとしていた。それは、政則を強力に支援した、別所則治の影響が大きい。

別所則治と東播八郡支配

文明十六年(一四八四)以降、則治は軍事指揮官的な役割を帯び、播磨国内を転戦した。その任務を遂行するため、文明十七年(一四八五)に則治は田中荘(市川町)へ人夫を催促し(「醍醐寺文書」)、また松原荘寺家に軍勢催促状を発給した(「松原八幡神社文書」)。後者に関しては、赤松氏奉行人櫛橋則伊《のりただ》が文明十七年(一四八五)に松原八正寺へ軍勢催促状を発給している。

しかし、櫛橋氏が文書形式で奉書(守護の意を奉じる形式)を使用しているのに対し、則治は直状もしくは書状形式により発給している。つまり、則治の方が自らの意志で行動していることが読み取れるのである。政則は、則治に軍事的な面において、かなりの権限移譲を行っていたと推測される。軍事指揮権を背景に台頭した則治は、文明末年頃から東播八郡守護代としての下地を築いていく。

則治が東播八郡守護代として見えるのは、文明十八年（一四八六）に郡代佐々氏に三木郡細川荘（三木市）の諸役免除を命じた史料によってである（『冷泉家譜』）。佐々氏は稲屋氏とともに、則治の配下にあった人物であるが、出自など詳細は不明である。則治が東播八郡守護代であった証左は、明石郡伊川荘などでも見られる（『蔭凉軒日録』）。

さらに則治は、明石郡押部保三カ村代官職を務め、年貢五貫文を正法庵に納めた（『蔭凉軒日録』）。代官職を在地の有力者に依頼することは、よくある事例であった。これら一連の事実から、則治が東播八郡での実力者として認知されていたことは明らかである。政則没後、則治が浦上則宗や西播守護代赤松政秀に対抗しうる勢力となったのは、東播地域における勢力拡大が背景にあったのである。

永正元年（一五〇四）六月、則治は一族である福原弥四郎を加東郡郡代職に就任させた（「浄土寺文書」）。通常、守護代や郡代などの管国吏員の補任権は、守護の手中にあるとされてきた。しかし、守護権力の弱体化が進むにつれ、本来守護自身が持つ権限は下降分有され、守護代に吸収された。別所氏の場合では、福原氏の事例に見られるように、一族を郡代などに登用するのが慣わしであった。このような過程を踏まえ、則治は着々と東播八郡に勢力基盤を築いたのである。

応仁の乱で赤松氏再興の立役者となったのは、すでに述べた赤松下野守政秀である。政秀の系譜は不明であるが、嘉吉の乱以前に「下野入道」なる人物が守護代を務めていることから、その系譜に連なると考えられる。

赤松政秀と西播八郡支配

応仁元年（一四六七）十一月、政秀は石峯寺に「兵粮米諸公事以下免除」を伝えており、軍事指揮官的な役割と守護代的な役割を担ったと考えられる（「石峯寺文書」）。この後、政秀はしばらくの間、堀秀世とともに播磨国支配に従事することになる。堀氏は、長禄の変で活躍した「堀兵庫助」の子孫ではないかと考えられる。堀氏は長禄の変の功績により、その地位を上昇させていたのであろう。

はたして、堀氏は播磨国支配の中で、どのような役割を果たしていたのであろうか。政秀は守護代の地位にあったが、文明二年（一四七〇）に山科家領揖保荘を押領している（『山科家礼記』）。このとき室町幕府奉行人奉書が発せられ、当事者である政秀に対して押領の停止が求められた。守護である政則には、室町幕府から政秀の押領を止めさせるよう命ぜられた。

実は、堀氏にも室町幕府奉行人奉書が発せられ、政秀の押領を止めさせるよう、堅く申し含めてほしいと命じられているのである。つまり、堀氏は政秀の補佐役であったが、政秀の専横を監視するという役割をも担っていたと考えられる。しかも、「石峯寺文書」によると、堀氏は坂本城を本拠とし、執務を行っていたことがうかがえる。

ところが、政秀と堀氏との連携はそう長く続かず、文明六年（一四七四）を境に、新たな支配体制が確立されることになる。当時、浦上則宗は在京しており、赤松政則を支えながら、侍所所司代の要職を担っていた。主に播磨国に関する事案は、幕府から則宗に伝えられ、則宗から現地の守護代である政秀へと伝達されるようになった。

政秀は先に触れた別所則治とは異なり、違った形で郡代を任命していた。例えば、揖東郡郡代は、広岡氏であった（「大徳寺文書」）。広岡氏も関連史料が少なく、詳しい動向は不明であるが、赤松氏の一族であることはたしかである。同時に、政秀は在地の土豪も積極的に登用した。揖西郡郡代の円山氏や内海氏は、その代表といえるであろう（「大徳寺文書」）。

前項で述べた通り、山名氏の播磨国侵攻を契機として別所則治が台頭し、政則により東播守護代として登用された。一方、当初播磨国一国の守護代であった赤松政秀は、その勢力を西播八郡守護代へと縮小させた。以降、政秀およびその子則貞の発給文書は、西播地域でしか見られなくなり、別所則治と赤松政秀の勢力圏がはっきりと東西に二分されるのである。

第七章　赤松氏の終焉

1　政則没後の情勢

赤松政則の死

三カ国支配が、則宗をはじめ別所氏、龍野赤松氏そして奉行人らが分担・連携しつつ行われる中で、赤松氏に衝撃の事態が生じた。明応五年（一四九六）四月、当主の政則が突如として世を去ったのである。

その前に触れておかなくてはならないのは、政則が晩年に従三位に叙されたことである。明応五年（一四九六）閏二月三日、政則は従四位下から従三位に叙された（『和長卿記《かずながきょうき》』など）。しかし、これは必ずしも歓迎されたわけではない。東坊城《ひがしぼうじょう》和長は自身の日記『和長卿記』にこの事実について、「三管領のうち細川氏は未だ上階《じょうかい》していないのに、今度のこと（政則が従三位に叙されたこと）は納得しがたいことである」と感想を漏らしている。また、『親長卿記』の記主である甘露寺《かんろじ》親長は、「家において例なしか」と記している。政則の昇進は、周囲にとって不相応に映ったのであろう。

従三位に叙された政則は、親王に二万疋、禁裏へ一万疋をお礼として進上した（『後法興院記』）。政則の昇進は、朝廷への献金が大きく作用していたのである。そのような政則であったが、明応五年（一四九六）四月二十五日に坂田の久斗寺《くとでら》（加西市）で亡くなった（『赤松記』など）。その様子は、『赤松記』に次のとおり記されている。

政則は病気であった。慰めに鷹狩りに出て、坂田の久斗寺（加西市）というところを宿として宿泊していたが、思った以上に政則の病気が悪化していて、その寺で亡くなった。年齢は四十二歳であった。

『赤松記』は編纂物であるが、その記述は比較的信頼に足るものである。久斗寺とは、現在の長円寺《ちょうえんじ》（加西市）のことで、今も政則の供養塔が残っている。政則の亡くなった一報を耳にした東坊城和長は、『和長卿記』の中で「政則が身分不相応な上階をしたので、天からその罪を咎められたのだ」と記している。和長の見解には、相当な妬みが込められている。政則の死は、その後の赤松氏の動向を大きく作用した。特に、後継者の問題は、喫緊の課題であったといえる。

政則死後の権力争い

明応五年（一四九六）閏二月、赤松政則が没すると、三カ国守護には赤松義村《よしむら》が就任した。義村は政則の実子ではなく、七条家の流れを汲む人物で政資の子息である。ただし、義村の守護就任に際しては、赤松氏の有力被官人や守護代が室町幕府に義村の守護就任を求めていた（「書写山縁起附録」）。その際、義村の三カ国守護職就任を要望したのは、浦上則宗、別所則治、赤松則貞、小寺則職《のりもと》、薬師寺貴能《たかよ》の五名である。

彼らの顔ぶれを確認しておこう。小寺・薬師寺の両氏は、御着納所として領国支配の一環を担っており、赤松氏内部において有力な存在であった。別所則治と赤松則貞は、それぞれ東西の守護代を務めている。彼らが新守護を申請した事実は、すでに幕府権力が形骸化し、守護が被官人らの支持を得なければならなかった事情を物語っている。また家督に関しては、赤松氏一族や重臣層の意向が反映されたのである。

ところで、当時、権勢を誇っていたのは浦上則宗であったが、別所氏などとの抗争も絶えず、政則在世中から抗争を繰り広げていた。明応二年（一四九三）に勃発した明応の政変は、その好例であるといえよう。

明応の政変とは、細川政元がときの将軍義稙の河内出陣中に、堀越公方足利政知の子義澄を擁立した事件である。その結果、義稙を支える直臣団の大半が離反し、降伏せざるを得ない状況に追い込まれた。この事件を契機に、将軍の政治的権力基盤が崩壊し、細川氏がその実権を握るところとなった。細川政元は、このクーデターに赤松氏の協力を取り付けるため、姉洞松院《とうしょういん》尼《に》と政則との婚儀を画策したと言われている。

このとき赤松氏内部では、政変に対する対処を巡って、浦上氏と別所氏との対立が見られた。すでに細川京兆家内部において、被官人上原氏と安富氏との対立が明瞭となっていたが、彼らは浦上氏と別所氏との関係を深めることにより対抗したのである。

浦上氏は安富氏の子息を養子に迎え、結束を深めている。別所氏は一方の上原氏と連携し、細川政元の姉洞松院尼を政則に嫁がせた。政則と洞松院尼との婚約の背景に、明応の政変があったと指摘される所以である。『大乗院寺社雑事記』明応八年五月十九日条には、浦上氏が義村を取り、別所氏が洞松院尼を取ったと記す。いわゆる「東西取合」と称された浦上氏と別所氏の対立である。

以上に述べたような複雑な過程を経て、義村の守護職就任は実現した。しかし、文亀二年(一五〇二)に浦上則宗は没し、別所氏の勢いにも陰りが見えた。同年には、赤松政秀も没している。守護義村のサポート役として台頭したのは、政則の後妻洞松院尼である。洞松院尼は細川勝元の娘で、明応二年(一四九三)に赤松政則と婚約を交わした(『蔭凉軒日録』)。政則は再婚であったといわれている。

洞松院尼の登場

『後法興院政家記』などの記述によれば、洞松院尼は文正元年(一四六六)の生まれであることがわかる。しかし、洞松院尼は容姿に恵まれなかったようで、日記や後世の軍記物語にまでその不器量さが指摘されている(『蔭凉軒日録』など)。このため、政則が洞松院尼を政元に追い返したという風説が流れたほどであった。

政則と洞松院尼との婚儀は、いうなれば政略結婚であったが、政則没後、洞松院尼の活躍がにわかに目立つようになる。『赤松記』により政則没後の政務の取り扱いについて要約すると、次のように記されている。

つまり、義村が幼少のうちは、国の成敗は洞松院尼が行い、何事も印判状で行う。しかし、この間に訴訟があった場合は引き延ばし、義村の治世になるまで待つ、というものである。洞松院尼が守護の代理のような形で領国支配を担ったことは正しいが、あくまで義村が成長するまでの中継ぎ役と解すべきであろう。

永正年間には、洞松院尼の発給文書が何点か存在する。その内容を吟味すると、いくつかの共通点が認められる。まず、すべての文書が黒印を用いた印判状であるという点である。この黒印には、「釈」という文字が刻まれている。女性が黒印を使用するケースは極めて稀であり、駿河国今川氏親の妻である寿桂尼《じゅけいに》の例があるくらいである。

第二に、文言中に「松泉院殿（＝政則）さまの御判のすじめ（筋目）にまかせ」と記されているように、政則の先例を追認する形式を採用していることである。しかも、その書止文言は「おほせいだされ候、かしく」という奉書文言である。洞松院尼は、あくまで守護の意を奉じる姿勢を取っており、独自性を発揮していないのである。

したがって、洞松院尼が領国支配に参画したことを高く評価する論者もいるが、むしろ義村が成長するまでの繋ぎ役と認識すべきであろう。そうした洞松院尼の政治姿勢が、政則時代の政策を継承する文言や奉書文言に集約されるのである。

守護裁判の実際

先に指摘した繋ぎ役の事実を検討する素材としては、鵤荘（太子町）での裁判の事例が有名である（「鵤庄引付」）。以下、詳しく述べることにしよう。永正十一年（一五一四）、鵤荘と小宅荘との間に、用水を巡って相論が持ち上がった。このとき義村は召文《めしぶみ》を立て、

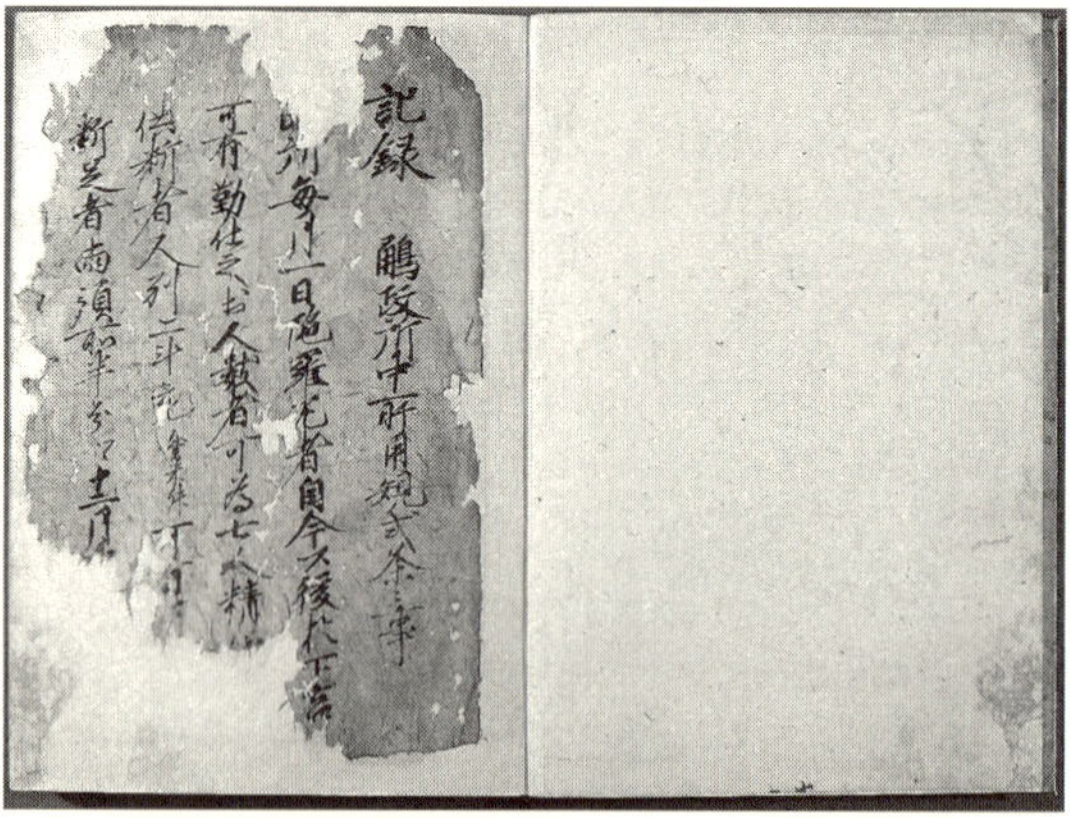

「鵤庄引付」（斑鳩寺蔵／太子町立歴史資料館提供）

旧鵤荘にある斑鳩寺（太子町鵤）

両荘園の百姓を守護所置塩城に集めたのである。

しかし、その結果は裁許を成すことは難しいというものであった。裁判は延期されることとなり、年老衆出仕の時に再度審理を行うことになったのである。その際、不満を和らげるため、洞松院尼の文書が発給された。つまり、訴訟や裁判に際しては、決して洞松院尼の独断専行で決定されたわけでなく、守護の意志や先例を尊重しつつ、正当な手続を踏まねばならなかったのである。ただ、当事者が洞松院尼の文書を要求したのは、当然効力が期待できたからである。

この事実は、永正十二年（一五一五）の「鵤庄引付」の記事によっても裏づけられる。同史料には、罪人の件について、御屋形様（＝義村）の儀によって成敗されるべきことである、と記されている。いかに洞松院尼であっても、守護の専権事項を犯すことはできなかったのである。その点に、洞松院尼の限界があると見るべきであろう。

それでも洞松院尼の政治的役割は、比較的大きかったと言わざるを得ない。永正八年（一五一一）七月、阿波国に逃れていた細川澄元は、細川政賢や細川尚春《ひさはる》と結託し、摂津に上陸し京都へ進撃した。目的は、細川高国の追討にあった。赤松義村は澄元に協力し、高国方の瓦林政頼が籠もる鷹尾城を陥落し、さらに伊丹城を囲んだ。しかし、細川高国と大内義興の連合軍は、澄元軍を京都船岡山合戦で破り、畿内近国での実権を握っている。これにより、澄元方についた義村は窮地に陥った。

このとき活躍したのが、他ならぬ洞松院尼である。洞松院尼は高国に願い出て、義村の赦免手続を進めた。この結果、永正九年（一五一二）には、義村を赦免する旨の御内書が、細川高国と大内義興宛に発給されたのである。こうして同年六月、摂津尼崎において高国と義村との間で和議が結ばれた。その後、高国は宿所に洞松院尼を招き、猿楽を催したと伝える（『後法成寺尚通公記』）。政治的な場面で、洞松院尼が細川氏の人脈を生かした好例と言えるであろう。

やがて、洞松院尼の存在は、義村の成長とともに影が薄くなってゆく。それらの過程に関しては、次項で述べることにしよう。

2 赤松義村の登場

赤松義村の守護職継承

政則の跡を継いだ義村とは、いかなる人物だったのであろうか。最初に、赤松義村の事蹟について、触れておくこととしたい。

義村は政則の実子でなく、赤松七条家の政資の子である。先に触れた通り、政則没後、義村は赤松氏の有力被官人らによって播磨国等三カ国守護に推挙された。義村の生年に関しては不明な点が多く、系図、軍記物語等の記載によれば、文明四年（一四七二）、延徳二年（一四九〇）、明応三年（一四九四）誕生の各説が唱えられている。いずれも確実な根拠に基づくものではないが、仮名《けみょう》の名乗りの時期を考慮すれば、少なくとも年代的にあわない文明四年（一四七二）誕生説は退けるべきである。

義村の幼名は「道祖松丸《さえまつまる》」といい、赤松氏歴代当主が名乗ったものと同じである。その後、同じく赤松氏歴代当主が名乗った仮名「二郎」を名乗った。永正九年（一五一二）六月、浦上村宗《むらむね》と別所則治は、義村の「御字」と「官途」を拝領するため上京した（「鵤庄引付」）。このとき義村は、将軍より「義」の字と官途「兵部少輔」を与えられ、その翌年から「兵部少輔」と呼ばれている（『後鑑』）。なお、義村を「政村」と記す系図が存在するが、義村が政村と名乗った発給文書は存在しない。

先に指摘した通り、義村幼少期には、母洞松院尼がその代理を務める形態を採用していた。しかし、それはあくまで義村が成長を遂げるまでの中継ぎであった。義村が独自の支配体制を築くには、いくつかのステップが必要になる。

義村にとっての画期

その画期については、永正九年（一五一二）を想定すべきであろう。すでに述べた通り、この年は赤松氏と細川高国が和睦した年であるが、それ以外にも理由がある。まず、義村が政則と同じ兵部少輔を名乗ったことである。赤松氏歴代当主の官途を名乗ることは、自らの存在を強く印象づけた。加えて、将軍から「義」の字を与えられたことも、同様の効果を持ったことと推測される。それら一連の流れは、義村が幕府・朝廷という公権力から認知されたことを意味する。

永正十三年（一五一六）、義村は椀飯のお礼として、馬一匹を幕府に献上している。そして、同年六月には斑鳩寺の修造に伴い、その奉加を義村の御判によって沙汰を行った（「鵤庄引付」）。この奉加は国中に勧進されており、義村の守護としての初仕事である。奉加という行為を通じて、義村の存在を強く領国内にアピールしたのである。永正十四年（一五一七）、義村は御代継目の御判を発給しており、本格的な領国支配を展開したといえよう（「鵤庄引付」）。

義村は単独の発給文書以外にも、膝下に奉行人を配置し、官僚機構というべきものを整備した。これまでの赤松氏歴代当主と同じである。その初期には、三奉行人の一人として、相川阿波守の名前が見え、その使者として河原氏の存在が確認できる。義村は自らの意志を政治上に反映させるため、意識的に膝下の官僚機構の整備を行ったと考えられる。

永正十四年（一五一七）十二月以降、いわゆる志水清実《きよざね》、衣笠朝親《ともちか》、櫛橋則高《のりたか》の三人が連署する奉行人奉書が確立する。志水氏、衣笠氏に関しては、その事蹟が詳らかでない。しかし、櫛橋氏は歴代赤松氏当主に仕えた、生え抜きの奉行人である。むしろ、志水・衣笠両氏は新興勢力といえよう。この年を境として、義村は強力なリーダーシップを発揮したのである。

浦上村宗との確執

義村が官僚機構を整備し、本格的支配を行うと同時に、かつて赤松氏膝下で活躍した浦上氏の子孫村宗が台頭しつつあった。

則宗の跡を受け継いだ村宗にとって、義村は名目的な存在に過ぎなかった。しかし、村宗は義村が膝下の官僚制度を整えるなど、独自路線を打出すのを目の当たりにして、脅威と考えたに違いない。逆に、義村にとって村宗は、自らの権勢を強化拡大するうえで、煙たい存在であった。永正十年（一五一三）には、東播磨で守護代を務めた別所則治が没したこともあり、両者の対決姿勢はますます深まってゆくばかりであった。なお、則治の没年は『赤松諸家大系図』に記載されたもので、さらに検討が必要である。

このような状況下で、ついに両者は戦いの火蓋を切ることになる。永正十五年（一五一八）十一月、置塩城を出発した義村は、村宗を討伐すべく、備前国三石城を目指した。しかし、「鵤庄引付」にある通り、義村は三石城の堅い守りを破ることができず、同年十二月に空しく居城である置塩城に引き返した。

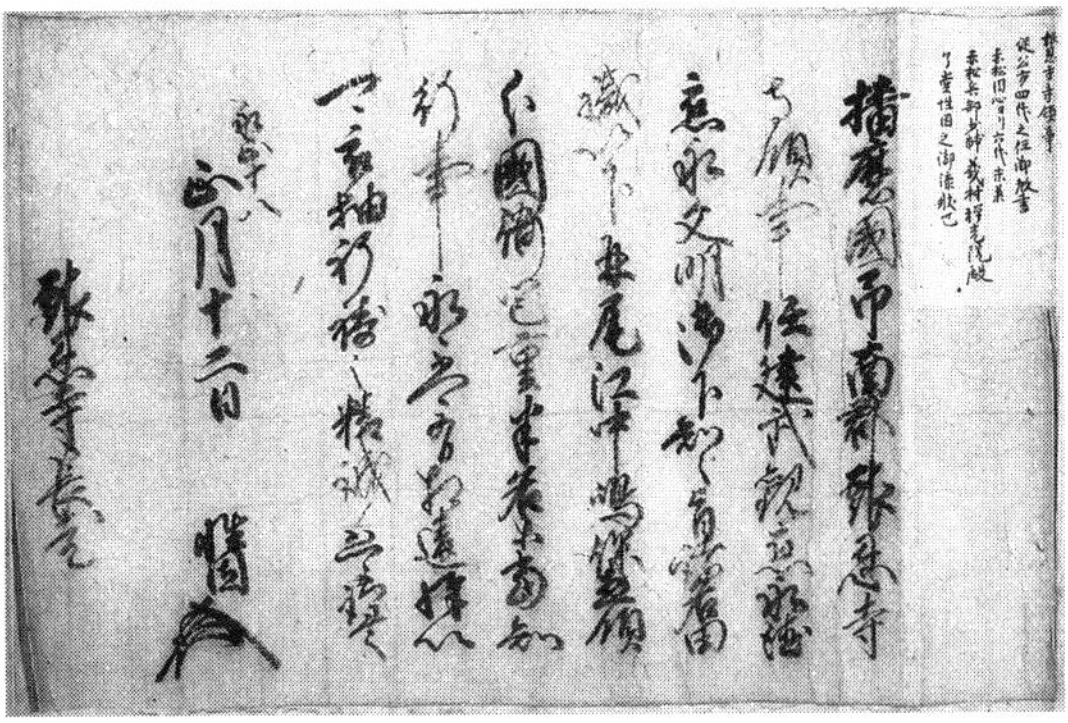

永正十八年一月十二日赤松義村寺領安堵状
（報恩寺文書／兵庫県立歴史博物館提供）

　翌年の永正十六年（一五一九）、義村は計略を巡らし、村宗の弟宗久を味方に引き入れた。義村の作戦は、宗久の居城香々登《かがと》城から三石城の背後を攻撃させるというものであった。しかし、この作戦は、香々登城内にあった宇喜多能家《よしいえ》の察知するところとなり、宗久は備中国に逃れることになった。そこで義村は、同年十一月、再度三石城に攻撃を仕掛けることになる。このときも義村は三石城を打ち破ることができず、退陣することになった（『実隆公記』）。

　度重なる失敗により義村は作戦を変更し、美作国へ侵攻を企てる。永正十七年（一五二〇）夏、義村は有力被官人の一人である小寺則職《のりもと》に、美作国久米郡岩屋城（岡山県津山市）の攻略を命じた。岩屋城には、村宗の属将中村氏が籠もっていた。ところが、この作戦も無残な結

伝赤松義村の墓（加古川市・常光寺境内）
（たつの市立埋蔵文化財センター提供）

果に終わることになる。「鵤庄引付」によると、岩屋城には三石城から援軍が派遣されており、小寺氏は一戦交えたものの敗北を喫した。

結局、小寺則職は敗死し、残りの軍勢は伯耆・因幡へ落ち延びることとなった。義村にとって、有力被官人である小寺氏を失ったことも痛手であったが、何よりもこの敗戦により、義村の権威は大きく失墜した。そして、村宗の権勢はますます高まってきた。永正十七年（一五二〇）、美作における戦勝に気を良くした村宗は、逆に播磨国に攻め込んだ。ついに義村は剃髪して「性因《しょういん》」と名乗り、家督を子の政村（のちの晴政）に譲ったのである。

逃亡した義村

義村は当時手許で養育していた将軍の遺児義晴を伴い、置塩城を脱出した。以後、義村は各地を転々とすることになる。置塩城を脱出した義村は、明石櫨谷《はぜたに》に至り、同地の領主衣笠氏を頼った。永正十八年（一五二一）正月、義村は再び村宗を討伐すべく、義晴を奉じて御着城に着陣したのである。このとき、赤松村秀や広岡氏が揖東郡太田城に進出し、義村を援護したが、広岡氏は突如として義村を裏切り、村宗方に寝返った。義村は、再び無残な敗北を喫したのである。

同年四月になると、状況は一変する。義村は村宗と和睦し、義晴を伴って英賀《あが》の今在家遊清院《ゆうせいいん》に入った。のちに、片島の長福寺に移っている。ところが、中央政界では、新将軍擁立の動きが進んでいた。永正十八年、ときの将軍義稙は細川高国を嫌って京都を出奔し、和泉の堺から淡路に走るという出来事が生じていた。

この事態に管領高国は新将軍擁立を検討し、具体的には播磨に滞在していた義晴を候補とする。播磨国において、義村はすでに実権を失っており、交渉はすべて村宗が義村を説得する形で行われた。結局、村宗の斡旋は実を結び、大永元年（一五二一）十二月、帰京した義晴は将軍の座に着いたのである。皮肉なことに、義晴の帰京は義村に災いをもたらした。村宗は長福寺にいた義村を室津へ移し、大永元年（一五二一）九月十七日に被官人らの手により、暗殺させたのである。

3　赤松政村の登場

赤松政村の時代

義村の没後、その跡を継いだのは子息政村である。最初に、赤松政村の生没年などについて、触れておくこととしたい。政村は初名であり、天文八年（一五三九）に晴政と名を改めている。政村の生年を記した史料には、『赤松諸家大系図』がある。同系図には、政村が明応四年（一四九五）に誕生し、永禄八年（一五六五）正月十七日に七十一歳で没したとある。ところが、『赤松盛衰記』は永正十二年（一五一五）、『備前軍記』は永正九年（一五一二）、『赤松記』

は永正十一年（一五一四）をそれぞれ政村の生年とする。

いずれの説が正しいかは、確証のないところである。しかし、少なくとも明応四年説は、義村の生年と齟齬をきたしており、誤りとすべきであろう。政村の生年は、おおむね永正九年から十二年の辺りが妥当なところではないだろうか。一方、政村の没年に関しては、各種赤松氏系図などにより、永禄八年（一五六五）正月十六日とみて間違いない。「上月文書」の赤松氏系図奥書には、同年に政村が病死したことを記載する。

政村が三カ国守護に復帰するまでには、厳しい道程を乗り越えなければならなかった。以下、政村が守護に返り咲くまでの過程を見ることにしよう。義村の死後、村宗が主導権を握り、播磨国等の支配を行った。しかし、かつて義村に仕えた旧臣らは、村宗の専横に憤りを隠せない者もおり、政村を担ぎ村宗に対抗することになる。以後、かつて義村に仕えた旧臣で、浦上村宗に対抗すべく終結したグループを政村派旧臣グループと呼ぶことにしよう。

赤松氏旧臣の挙兵

大永二年（一五二二）九月、淡路国に逃れていた小寺氏など政村派旧臣グループらは、村宗を討伐するため、一気に福泊に上陸した。その後、政村派旧臣グループは大貫・高峰山に陣取った。この政村派旧臣グループには、小寺藤兵衛（村職）・宇野中務少輔（村景）・浦上村国などが加わっている。東播磨の守護代である別所氏も、この勢力に加担していた。小寺氏はかつて赤松氏内部で有力被官として活躍しており、村景は龍野赤松氏の一族である。村国は、明らかに村宗と同族である。政村派旧臣グループは、播磨国内の反村宗勢力が結集したと考えてよいであろう。

　これに対して、村宗は坂本へ出陣し、双方睨み合いの状況が続いた。先に動きを見せたのは村宗の方で、三木の別所館を攻撃したが、あえなく敗北することになる。逆に村宗は、播磨国牢人衆三千人を率いた、別所・小寺両氏の連合軍に攻撃された。村宗はやがて備前国三石城へ逃れ、再起を期すことになった。しかし、細川高国と関係が深い摂津・丹波・四国の国人衆が村宗救援に動き出すなど、周囲の状況は、村宗有利に作用したと考えられる。

山名氏の第二次播磨国侵攻

　一方、こうした播磨国の混乱に乗じて、但馬国守護山名氏は密かに播磨国侵攻を企てていた。当時の但馬国守護は、山名政豊の次男誠豊《さねとよ》であった。大永二年（一五二二）六月、誠豊は「播州発向達本意」ことを立願しているのである（「日光院文書」）。呼びかけは但馬だけでなく、誠豊は遠く備後国上山氏にも十月十六日に播州へ発向することを伝えている（「萩藩閥閲録」）。また、「鵤庄引付」には、「因州（村国）幷村景ナントハ山名殿と同心ナリ」と記されており、早くから村国や村景と連絡し村宗包囲網を計画していたと推測される。

　以下、「鵤庄引付」によって、大永二年（一五二二）における山名氏の播磨国侵攻について触れておこう。十月十六日に但馬を出発した誠豊は、同二十四日に播磨国法楽寺に到着し、十一月十一日には広峯山に着陣した。「当国衆ハ悉以退散畢」と記されているように、山名氏の攻撃は激しく、播磨衆を蹴散らすところとなった。さらに山名氏は、占領地を給人に割当て、兵粮米の供出を命じるなど、たちまち播磨を占領下に収めたのである。

この状況に動揺したのは、播磨における政村派旧臣グループである。政村派旧臣グループは山名氏に対抗すべく、急遽村宗と和睦を結んだ。この間、村国が約束を破棄し村宗を攻撃することもあった。村国は村宗に従っていた宇喜多能家に撃退されるなど、多少の紆余曲折があったようである。結局、この同盟は功を奏し、一年後の大永三年（一五二三）十月、小寺氏を中心とする政村派旧臣グループは、書写山における合戦で山名氏を見事に打ち破ったのである。

山名氏の但馬帰還後、播磨国にも平和が訪れたが、政村の影響力はあまり大きくなかった。大永六年（一五二六）十一月、将軍足利義晴は細川尹賢《ただかた》を討伐すべく、政村をはじめ村宗ら播磨における有力国人に入京を命じた。村宗以外に出陣を命じられた国人は、赤松又次郎、赤松下野守、別所小三郎、明石修理亮の四名である。さらに翌大永七年（一五二七）五月、政村は将軍義晴の求めに応じて、再び堺へと出陣する。このように見ると、当時の政村は守護という威厳によって辛うじて地位を保っているが、実質的には有力国人衆の力が相当なものになっていたと考えられる。

浦上氏の滅亡

群雄割拠にあって、播磨国内ではいつ争乱が勃発してもおかしくない状況に達していた。例えば、享禄元年（一五二八）に播磨国内で争乱が起こり、将軍義晴の斡旋によって、ひとまず収まったことが知られている。義晴の発した御内書の宛名には、別所・在田・小寺・櫛橋の名前が挙がっている。御内書に「播磨東西和与」とあるところから、播磨国を東西に二分割するほどの争いであったと思われる。しかし、この争乱に関しては、関連史料を欠くため、詳細は不明である。

翌享禄二年（一五二九）には、村宗と在田氏が合戦に及んだことが記されている（「朽木文書」）。在田氏は、北播磨に勢力基盤を持つ国人である。同じ年の十月には、「三木西口出張口合戦」が起こり、美作国江見氏が赤松村秀より感状を与えられている（「江見文書」）。三木西口とは三木城のことであり、別所氏を指すものと考えられる。先の争乱と併せて考えると、東西に分裂した状況とは、浦上村宗のグループと政村派旧臣グループとの激しい権力闘争の一環と考えられるのである。

三木城跡（三木市上の丸町）
（たつの市立埋蔵文化財センター提供）

享禄三年（一五三〇）に至ると、状況はさらにエスカレートすることになる。同年六月、三木城主別所氏は、かねてからのライバル依藤氏を討伐するため、柳本賢治《かたはる》に協力を要請した。しかし、柳本賢治は細川高国を支援する村宗に刺客を向けられ、六月二十九日の夜半に暗殺された。この混乱に乗じて、村宗は庄山城・三木城・在田城を次々と攻撃した。一連の戦いにより、小寺村職《むらもと》は庄山城で討ち死にし、戦死者が千人余りに上ったと伝える。播磨の争乱は複雑な畿内政治と連動しつつ、ますます混迷の度合いを深めていったのである。

ところが、この複雑な政治的状況にようやく決着をつけるときがきた。享禄四年（一五三一）五月、細川晴元は阿波国の細川持隆の助力を得て、天王寺に陣を置く細川高国を攻撃した。この戦いには、高国側として赤松政村・浦上村宗の二人が参戦していた。しかし、意外にも勝敗を決したのは、政村の行動であった。

庄山城跡（姫路市飾東町豊国）

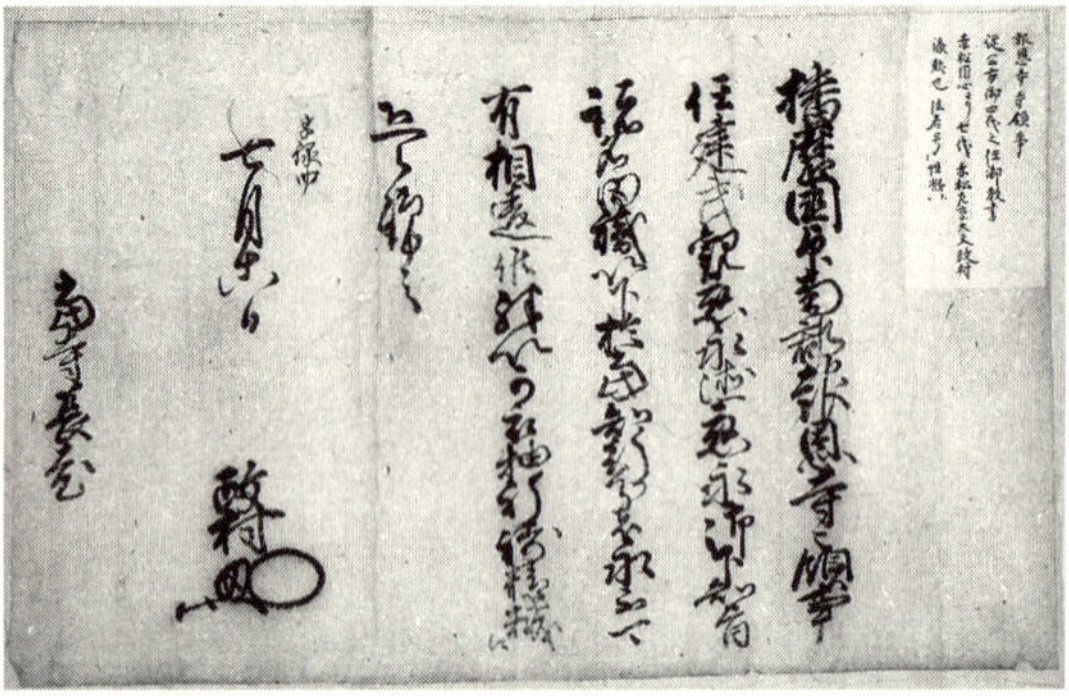

享禄四年七月十八日赤松政村（晴政）寺領安堵状
（報恩寺文書／兵庫県立歴史博物館提供）

政村は、この戦いで父義村の仇を討つため、急遽村宗に攻撃を仕掛け、これを討ったのである。政村は晴元と内通しており、村宗の軍勢も多数政村側に寝返ったといわれている。政村の裏切りにより、高国方は総崩れとなり、あえなく敗北を喫した。高国はこの敗戦により尼崎に逃れたが、のちに捕らえられ、尼崎広徳寺で自害させられたのである。

厳しい播磨国内の情勢

政村の復讐劇は成功裡に終わったものの、播磨国内の状況は相変わらず定まらない状況にあった。享禄四年（一五三一）七月、政村は早々に報恩寺に寺領安堵を行うなど、領国の安定化を図った。ところが、『二水記』によると、この年には早速浦上氏の残党が蜂起したと伝えている。京都にあった赤松氏関係者は、急ぎ播磨国に下り対応せざるを得なかった。近年の研究によれば、政村は浦上氏残党との戦いに苦戦を強いられ、おおむね天文三年（一五三四）頃まで合戦が続き、その後は膠着状態になったと言われている。

このような状況は、現実に政村の勢力がしっかり根付いていないことを示している。政村が播磨国守護に復活してから、その勢力範囲は実質的に西播磨方面に限定されつつあったといってよい。かつてのような、守護から現地の守護代そして郡代という命令系統は、実質的に効力を失っていた。したがって、政村自らが下国し、指揮命令を行う必要があったのである。

4　動揺する赤松氏の支配

政村復活後も、その安定期はそう長くは続かなかった。その大きな原因が、出雲国守護尼子詮久《あきひさ》による播磨国侵攻である。

尼子氏の播磨国侵攻

尼子詮久は永正十一年（一五一四）に誕生し、父政久が早逝したため、早くから祖父経久《つねひさ》に従った。詮久が祖父経久から家督を譲り受けたのは、天文六年（一五三七）のことである。当時、尼子氏は山陽・山陰地域を次々と攻略し、領土拡大に努めていた。播磨国が尼子氏のターゲットになるのは、時間の問題であった。

詮久の播磨国侵攻は、天文六年（一五三七）十二月に密かに行われた。しかし、翌年正月には、深い雪のため、いったんは退却を余儀なくされている。しばらく間を置いて、詮久は山名氏を頼って播磨国に侵攻を行い、その軍を一気に播磨国中央部へと進めた。詮久が城山城を本拠としたことは、「鵤庄引付」にも見えるところである。

『赤松記』の記述によると、「弘岡どのをはじめ国衆少々尼子に一味し」とあるように、播磨国の国人はこぞって尼子方に味方した。広岡氏以外も、龍野赤松氏の村秀が同様の立場を取った。播磨国で唯一尼子氏に抵抗したのは、東播磨に基盤を持つ別所村治《むらはる》である。村治は三木城で孤軍奮闘し、淡路国に逃れていた政村とも連絡を取っていたようである。

尼子氏の播磨国侵攻により、政村は流浪生活を強いられることになる。以下、『赤松記』等を参考に述べることにしよう。天文七年（一五三八）の詮久侵攻後、政村は居城置塩城を脱出し、高砂城主の梶原氏を頼ることになる。しかし、頼みとした高砂城は、詮久に寝返った小寺・明石の両氏に攻撃された。やむなく政村は高砂から、淡路国郡家の田村能登守のもとへと逃れた。

その翌年、政村は反撃へと転じ、播磨国回復を目指した。天文八年（一五三九）八月、政村は阿波国の細川氏・三好氏の援助を受け、明石に上陸し、明石城を攻撃した。さらに、政村は神吉の常楽寺に着陣し、在田氏の援助を受けつつ播磨回復を目指している。しかし、相変わらず播磨の国人衆は詮久に与しており、頼りの別所氏も尼子と内通しているとの噂が飛び交った。同年十一月二十五日、政村は播磨国を出奔し、和泉国堺へと落ち延びたのである。

政村の反撃

政村は、尼子氏の播磨侵攻に対抗するため、ある手段に訴えることになる。天文八年（一五三九）十一月、政村は幕府に申し出て、「左京大夫」という官途を与えられた。名前の方も、ときの将軍義晴の一字を拝領し、「晴政」と改名したのである。政村は官途を与えられたお礼として、太刀一腰と馬一匹を進上している（「赤松春日部家文書」）。

しかし、政村は天文三年（一五三四）段階において、すでに「左京大夫」を名乗っていたことが判明する（「西仙寺文書」）。『証如上人日記』なども、政村を指して「左京大夫」と称している。つまり、政村は「左京大夫」を僭称《せんしょう》していたが、尼子氏の播磨侵攻を機会にして、正式な任官を望んだと考えてよいであろう。

その意図は、どこにあったのであろうか。その理由は祖父政則が「左京大夫」に任官し、赤松氏歴代で最高の地位を獲得したことと関係している。また、「左京大夫」という官途が、侍所所司に関係する官途であることも、大いに影響していると考えられる。つまり、政村は幕府から正当な地位を与えられることにより、自らの権威を高めようとしたことが察せられる。

「左京大夫」任官にどれだけの効果があったかは不明であるが、以後政村は尼子氏の動静を逐一幕府に報告している。その甲斐あってか、尼子氏はやがて播磨から退却することになった。

播磨国の動揺

外部からの播磨国への侵略は、これだけに止まらない。天文二十三年(一五五四)、三好長慶《ながよし》の勢力が東播磨へ押寄せることになる。同年九月に合戦があり、三好勢は別所氏を攻撃している(『細川両家記』)。ほぼ時を同じくして、明石氏は長慶と結んでおり、早々に長慶は播磨に勢力基盤を築いた。同年十一月には、三好実休《じっきゅう》の禁制が明石の古刹太山寺に与えられている。

さらに、弘治三年(一五五七)十二月には、長慶から加東郡の清水寺に禁制が与えられた(「清水寺文書」)。三好氏は、おおむね東播磨を中心に勢力を展開したと考えられる。別所氏は東播の雄というべき存在であったが、三好氏の圧倒的な軍事力の前に屈することになる。播磨は畿内に近く、もろにその影響を受けたのであった。

この間の赤松氏の弱体ぶりは、いっそう進むところとなった。天文二十一年(一五五二)四月には、備前・美作など六カ国の守護職が尼子晴久に与えられている(「佐々木文書」)。むろん、このことによって尼子氏が備前・美作の領国で実効支配を完全に保証されたわけではない。形式的に晴政は、三カ国守護職のうち、二カ国を失ったことになる。

また、諸史料を踏まえて検討すると、晴政は弘治元年（一五五五）閏十月から弘治三年（一五五七）十月の間に、出家をしたことが判明する。後に、晴政は「性熙《しょうき》」と号することになった。その理由は判然としないが、こうした政治的混乱に対して配慮があったものと推測される。晴政が出家するに及んで、ますます播磨国における赤松氏の権威は低下することになる。

晴政の失脚

このような状況下で、ついに晴政は失脚することになる。永禄元年（一五五八）、赤松氏内部で騒劇が勃発し、晴政が同族の赤松下野守政秀のもとで庇護されることになった（「上月文書」の系図奥書）。この間の事情は、関連史料を欠き詳らかではない。別の史料には、晴政がその子義祐と不和であったと記している。晴政が政秀のもとに身を寄せたのは、晴政の嫡女が政秀の妻だったからである。

性熙は政秀に庇護されるに至り、路線転換を図ることになる。これ以前の天文二十三年（一五五五）八月、政秀は毛利元就に脇差を贈っていた。この意図は、恐らく東の脅威である三好氏に対抗して、政秀が毛利氏を頼ったとも推測される。性熙は政治的状況を鋭く見抜き、以後政秀と協力して、毛利氏へと接近することになる。

永禄二年（一五五九）十一月、性熙は小早川氏に書状を送り、助力を乞うている（「増補三原志稿」所収文書）。同じく、永禄五年（一五六二）六月、性熙は毛利氏に対して同様に助力を頼んでいる（「臼井家文書」)。この助力とは、おそらく播磨奪還のための援軍と考えてよいであろう。永禄二年(一五五九)は、毛利氏が石見小笠原氏を屈服させた年であり、永禄五年(一五六二)は毛利氏が石見国を平定させた年である。性煕は山陽・山陰地域の情報を適宜入手していたようであるが、結局毛利氏から援軍を得られた様子はない。

性煕署名の文書は現在何点か知られているが、先の事情を勘案すれば、政秀の居城である龍野城か

前期龍野城跡(たつの市龍野町北龍野)
(たつの市立埋蔵文化財センター提供)

松安寺境内赤松晴政供養塔
(姫路市夢前町宮置)
(たつの市立埋蔵文化財センター提供)

ら発せられたと思われる。つまり、性煕は義祐から家督を追われた後、西播地域における政秀との共同支配を模索していたと推測される。その際、有効だったのは、性煕が旧守護であったことに尽きるであろう。政秀にとって、性煕の存在は案外大きかったといえる。

永禄年間には、性煕署名の発給文書が少なからず残っているが、美作地域に残っているものが多く、豊福氏や廣戸氏の家督安堵などが行われた（『美作古簡集註解』）。義祐の勢力範囲が西播磨にあったため、性煕は美作など競合しない地域へと展開を望んだと考えられる。その際に、強力な庇護者を必要とするため、毛利氏の援助を得ようとしたのである。新たな展開を試みた性煕であったが、永禄八年（一五六五）正月十六日に病没した。同年二月六日、性煕の遺骸は置塩城下の宝殊寺に運ばれ、仁如和尚を迎えて葬礼が行われた。性煕の生涯は、まさしく争乱に始まり、争乱に終わったのである。

5　赤松氏の衰退過程

赤松義祐の登場

赤松晴政が没したのを契機にして、播磨国内は再び争乱の様相を呈することになる。晴政の子義祐は、先に触れた通り、永禄元年（一五五八）に父晴政から家督を奪った。しかし、義祐自身の活動は関係史料が少なく、その動きはわかりづらい。置塩城下（夢前町）に残された松安寺跡の五輪塔には、「松安寺殿前左京兆永岳性延大禅定門　天正四年丙子二月十五日」とある。この史料から、義祐は天正四年（一五七六）に没したと考えてよいであろう。

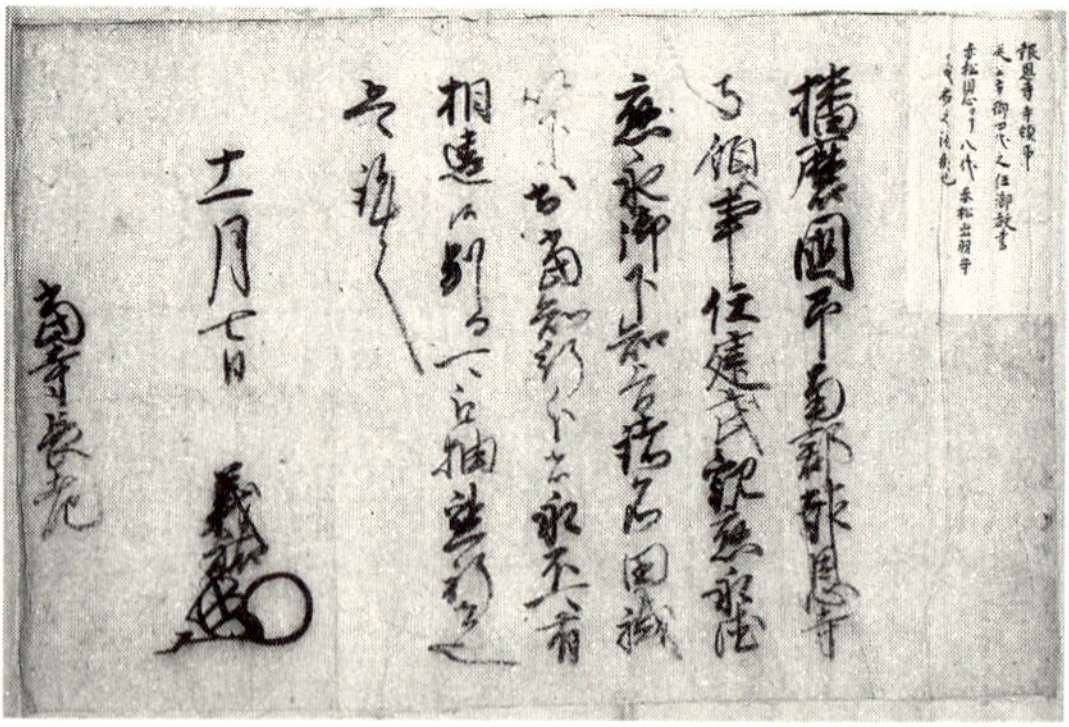

年末詳十一月七日赤松義祐寺領安堵状
（報恩寺文書／兵庫県立歴史博物館提供）

義祐は配下に奉行人を置くなど、従来の赤松氏と変わらない体制で支配を進めた。しかし、かつての三カ国守護の威厳はなく、かろうじて西播磨に威勢が及ぶに過ぎなかった。有力な領主層――別所氏・宇野氏など――は地域権力化を遂げ、唯一従うのは御着を本拠とした小寺氏であった（「小寺家文書」）。義祐の関連史料は乏しいが、「小寺家文書」によると将軍への接近を図っていたことがわかる。もはや将軍を頼る以外に、勢力の回復は望めなかったのである。

義祐のユニークな花押の形状

義祐がユニークなのは、彼自身が残した花押の形状である。通常、花押は時代とともに、多少なりとも変化を遂げるが、だいたい二つにパターンに分かれるようである。一つ目は、生涯一つの花押を使用するが、長い年月とともにある部分が長くなったり、短くなったりするという微妙な変化である。二つ目は、ある出来事を契機にして、花押の形状が大きく変化するパターンである。その契機とは、改名や出家、あるいは大きな政治的な変化を挙げることができる。

先行研究によれば、先に触れた赤松政村（晴政）は、二つのパターンが複合した形態であると指摘されている。政村（晴政）は享禄四年（一五三一）頃には、花押の右側部分がやや丸みを帯びた花押を使用している。しかし、天文年間に至ると、政村の花押の右側部分がやや四角く変化を遂げている。さらに、政村は天文八年（一五三八）に「晴政」と改名すると、全く異なった花押を使用している。したがって、政村（晴政）や義祐の文書に年号が付されていない場合、花押の形状の変化により年代を推測することが可能である。

赤松義祐供養塔（姫路市夢前町宮置・松安寺境内）
（たつの市立埋蔵文化財センター提供）

　義祐の花押は、四種類に分類することができる。義祐の花押の形状は、極端にその形状を変えている。しかし、義祐が発給した文書は数そのものが少なく、加えて年号の付されていないものが多い。したがって、ある程度花押の形状により年代を特定できるが、内容を吟味し精度を上げることが課題である。

織田信長の登場

　十六世紀の半ばを過ぎると、播磨国はますます畿内における政治的状況に左右されることになる。永禄六年（一五六三）に別所村治が没し、その翌年には播磨に侵攻した三好長慶が没した。永禄八年（一五六五）、長慶の家臣松永久秀は長慶の子息義継を擁立し、ときの将軍足利義輝を暗殺した。しかし、一連の行動に憤った三好三人衆は、久秀と対立を深めている。三好三人衆とは長慶の死後、家督を継承した義継の後見となった三好政康・同長逸《ながやす》・岩成友通の三人を指す。以後、畿内において三好三人衆と久秀は、激しく覇権を争うことになる。

村治の跡を継いだ安治は、当初三好三人衆との関係に腐心している。永禄九年（一五六六）二月、安治は丹波八上城に籠もる、久秀の甥松永六郎を攻撃した（『細川両家記』）。同年、安治は篠原長房とともに、摂津滝山城の松永久秀を攻撃している。さらに翌永禄十年（一五六七）九月には、安治が三好三人衆を助けるために、大坂へ出陣した。安治は三好三人衆に従うことによって、東播磨における地位を保全したのである。

ところが、その頃尾張で勢力を誇っていた織田信長が、いよいよ上洛を決意することになる。信長の勢力拡大は急速な勢いで進み、『信長公記』永禄十一年（一五六八）十月の条によると、五畿内とその隣国が配下に収まったと伝える。当然、播磨も信長の配下にあった。しかも、その翌年二月には、播磨などの国衆が在洛し、二条城の修築に従事していた。

信長の西国侵攻

中国地方の動静は、信長にとって最大の関心の的であった。永禄年間末期頃、毛利氏の出雲支配が動揺し、備前・美作の浦上宗景や宇喜多直家らが毛利氏との対決姿勢を鮮明にしていた。そこで、毛利氏は信長に出兵を依頼し、危機的状況を乗りきろうとしたのである。播磨国はその中間地帯にあって、思わぬ余波を蒙ることになる。

永禄十二年（一五六九）正月、信長の家臣池田勝正が鶴林寺に禁制を与えた。同年二月にも、信長は鶴林寺に禁制を掲げている（「鶴林寺文書」）。この年、信長はいち早く東播磨を掌中に収めたのである。ところで、西播磨の状況はどうだったのであろうか。永禄十二年（一五六九）一月、信長が擁立した将軍足利義昭は、赤松政秀の息女を侍女としている。

当時、赤松政秀は龍野城を本拠に定め、西播磨に勢力を拡張していた。先に見たように、信長は東播磨を配下に収めたが、御着城主小寺氏や長水城主宇野氏にまで手が及んでいなかった。義昭が政秀の息女を侍女にしたことは、信長が西播磨における基点作りを画策したと推測される。しかし、この動きには、赤松義祐による妨害工作が行われた（「小寺家文書」）。

永禄十二年（一五六九）八月、信長は播磨および但馬に大掛かりな攻撃を仕掛けた。信長の家臣木下助右衛門尉は、池田勝正と別所安治を先鋒にして、増井・地蔵院・大塩・庄山の五城を攻め落としている。置塩・御着・曽根などでは、半ば降伏する様相であった。さらに、柴田勝家ら一万五千人の兵が播磨に着陣し、小寺氏や宇野氏を攻撃しようとしていた。このとき、青山面合戦が行われ、赤松政秀の軍勢と小寺氏とが交戦したことが知られている。同年十月には、伊丹衆・池田衆などが赤松政秀を支援し、浦上内蔵助を攻撃した（『細川両家記』）。

『信長公記』天正三年十月二十日条には、「播州の赤松・小寺・別所、其外国衆参洛候て御礼これあり」と記されている。天正年間には信長勢力が播磨に浸透し、有力な領主層を配下に収めたのである。

以上、永禄末年から天正初年の政治的状況を概観した通り、播磨国は信長の登場をもって、統一されたかに見えた。しかし、時代の流れとともに、播磨各地で叛旗が翻されることになる。

信長の着実な攻撃

天正年間に至り、信長勢力が播磨に浸透してきたことはすでに述べた。信長の標的は、中国地方に覇権を築きつつあった毛利氏である。信長にとって、播磨はその中間地点であり、毛利氏に対抗するためにも支配下に治めなければならない地域であった。毛利氏の中国地方での影響力は大きく、元亀三年（一五七二）七月には因幡国武田氏を美作国へ侵攻させ、浦上・宇喜多両氏を攻撃しようとした。天下に覇を唱えるため、各地を転戦する信長は、打倒毛利氏を果たさなければならなかった。

しかし、現在の岡山県に勢力を持った宇喜多氏・浦上氏は、この攻防において、異なる選択を行った。信長の目覚しい躍進ぶりを見た浦上宗景は、信長陣営に付いて毛利氏に対抗することになる。一方、宇喜多直家は、毛利輝元の使僧安国寺恵瓊の誘引に従い、毛利氏陣営に属した。備前・備中・美作では、織田派に属する浦上氏と毛利派に属する宇喜多氏が、激しい武力闘争を展開するのである。

播磨では、信長に対抗する勢力はなかったのだろうか。この頃、赤松氏当主は弱体化しており、逆に東播磨に基盤を持つ別所氏や宍粟郡の宇野氏に勢いがあった。最初に触れなければならないのは、別所氏当主の長治である。長治は、安治の長男として誕生した。長治は幼少であったため、叔父である別所重棟や家臣三宅治定が幼君を支えていた。別所氏は幼君長治自身の意思というよりも、家臣の判断によって、信長方につくことを決定する。

天正三年（一五七五）七月、長治と重棟は京都相国寺で信長に謁見し、馬を拝領している。さらに同年十月、長治と重棟は小寺政職・浦上宗景・赤松広英らとともに、京都二条妙光寺にある信長の宿所を訪ねた（『信長公記』）。以降、長治と重棟はたびたび京都の信長に謁見し、ますます関係を深めてゆくことになる。同様に、播磨国では小寺氏や赤松氏も、信長の武威に屈することになった。

別所氏の滅亡

ところが、天正六年（一五七八）、その別所氏が信長に叛旗を翻した。別所氏は赤松氏を出自とする名門であるがゆえ、家臣である叔父別所賀相《よしすけ》らが長治に反乱を勧めたと言われている。別所氏の離反により、櫛橋氏・神吉氏・淡河氏・梶原氏ら東播の諸将は、こぞって長治に味方した。一方で別所氏は、毛利氏の援軍や同じく伊丹城で叛旗を翻した荒木村重の軍勢を期待していた。

しかし、いざ合戦が始まると、別所氏の戦況は芳しくなかった。頼みの東播の諸将は、次々と秀吉の率いる軍勢の前に敗れ去った。誤算であったのは、当初明石・高砂・花隈の海上ルートから食糧を運んでいたが、やがて秀吉軍に補給路を絶たれたことである。毛利氏の海上ルートによる援軍も意外なほど弱く、荒木氏も防戦一方であった。秀吉は付城を次々と築城し、別所氏の居城三木城を取り囲むように攻撃態勢を強化した。したがって、三木城への食糧の搬路は完全に絶たれ、城内に餓死者が続出した。これが俗に言う「三木の干殺し」である。

天正八年（一五八〇）正月十五日、長治は秀吉に書状を送り、自らと弟友之および叔父賀相の自害によって、将卒の助命を求めた。同年正月十七日、長治らは妻子を刺殺した後、自害して果てた。長治は二十三歳であったと伝える。近年では、助命嘆願が認められず、城兵が皆殺しにされたとの新説も提起されている。

宇野氏の滅亡

同じ年の四月、秀吉は姫路の英賀城の勢力を割き、宍粟郡長水山城を本拠とする宇野祐清《すけきよ》・政頼《まさより》を攻撃している。政頼は五十波《いかば》構を退き、その子祐清の籠もる長水山城に合流し、戦いの準備を進めた。しかし、宇野氏にとって誤算だったのは、かつて宇野氏の配下にあった安積氏が秀吉側に寝返ったことである。

秀吉の攻撃は激しいもので、英賀城や五十波構を攻略すると、五月十日に長水山城を陥れた。わずか二日の戦いであった。祐清・政頼は新免氏の養子となっていた宗近を頼り、美作国小原城を目指したが、その途中の千草で祐清・政頼以下一族全員が討伐された。なお、宇野氏討伐に功績のあった安積氏は、秀吉から宍粟郡内に百石の知行を与えられている（「安積文書」）。

6 赤松氏の消滅

最後の赤松氏
当主・赤松則房

赤松氏惣領家の末路はどのようなものであったのだろうか。赤松氏歴代のうち、その事蹟がはっきりするのは、赤松晴政までである。晴政の子息義祐については、十数通の発給文書が残っているが、その内容から事蹟をうかがうことは困難である。同様に、義祐の子息則房《のりふさ》に関しても、あまり史料が残っておらず、その足跡をたどるのは難しい。しかしながら、僅かばかり関連史料もあるので、それらをもとに則房について述べておこう。

則房は義祐の子であるが、その生年は不明である。則房はいつ頃から、活躍したのであろうか。置塩城下にある「松安寺跡石造五輪塔」の碑文は、義祐の没年を天正四年（一五六六）とする。管見の限り、義祐の発給文書は、永禄十三年（一五七〇）のものが最後である（「上月文書」）。この頃には何らかの理由により、当主としての活動を終えたのかもしれない。

ところで、元亀四年（一五七三）の年紀を持つ満政（＝則房）の掟書が存在する（「書写山文書」）。この史料は写しではあるが、内容的に問題ないものと思われる。したがって、則房の家督継承期は、おおむね永禄末年から元亀年間にかけてであると推測される。書写山の掟書には、検断や津料等の定めをはじめ、寺領内での殺生を禁ずる旨が記されている。この時期の前後に、則房は義祐に代わり、赤松氏の当主となったと推測される。

乏しい則房の史料

則房の初名が「満政」であったことは先に触れたが、このことが後の研究に混乱をもたらすことになった。「上月文書」や尊経閣文庫所蔵「武家手鑑」には、満政署名の書状がいくつか載せられている。しかし、いずれとも後の則房のことであり、室町中期に活躍した満政のことではない。この点は花押の形状に注目すれば判断できるので、注意が必要である。

則房の発給文書は数量が少ない上に、残ったものも欠年文書がほとんどである。しかも、それらの発給文書は、合戦時に発給される感状が多く、支配体制を示すものはほとんどない。それゆえに、則房の支配領域や支配体制は、ほとんどわかっていない。少なくとも言えることは、播磨国内で秀吉に従い、播磨各地を転戦したことである。

則房は秀吉に従うことにより滅亡を免れ、後に阿波国板野郡に一万石を与えられている。同地には、赤松氏の居城の置塩城にちなんで置塩という地名が残っている。しかし、則房は関ヶ原合戦で西軍に味方し、一転してその立場が危うくなる。西軍に属した則房は、その跡を断絶された。実はそのあたりの経緯も史料が乏しく、具体的なことはわかっていない。いずれにしても則房の断絶をもって、赤松氏惣領家は終焉を迎えたのである。

赤松広英の登場

次に触れておかなければならないのが、龍野赤松氏の赤松広秀《ひろひで》である。広英は龍野赤松氏の流れを汲み、龍野をその本拠とした。広英は広秀または広通とも表記されるが、以下、広英で統一する。また、ほぼ同時期に「広貞」なる人物が登場し、広英の兄といわれているが、広貞と広秀は同一人物であると考えたほうがよさそうである。揖西郡佐江村に住したことから、史料上には「斎村」という名字で記されていることもある。

広英は早くから豊臣秀吉に従い、天正十年(一五七二)には秀吉方の武将蜂須賀正勝の先鋒隊として、備中へ出陣している。同じ年、広英は斑鳩寺に賦課される地子米を聖徳太子への寄進として免除するなど、斑鳩周辺の領主として見える(「斑鳩寺文書」)。やがて、広英は天正年間に龍野から竹田(兵庫県朝来郡和田山町)に移封され、播磨国を離れることになる。広英は天正十八年(一五八〇)の小田原合戦や(「伊達家文書」)、文禄・慶長における朝鮮出兵のおりにも従軍しており(「浅野家文書」)、秀吉との強い繋がりを想起させる。しかし、広英が有名なのは、儒者藤原惺窩《せいか》や姜沆《きょうこう》との交流である。以下、その点について述べることにしよう。

藤原惺窩との交流

藤原惺窩が近世儒学の祖であることは、広く周知されているところである。惺窩は、永禄四年（一五六一）に播磨国三木郡細川村（三木市）で生まれた。惺窩の父は為純《ためずみ》といい、下冷泉家の系譜に属した。下冷泉家では、為純の祖父為孝の代より、家領細川荘に下向していた。しかし、戦国の波は細川村にも押寄せ、父為純は天正六年（一五七八）に別所長治の来襲により敗死した。

惺窩は幼少時から龍野の景雲寺に入り、剃髪して宗蕣と名乗った。天正六年（一五七八）に父を失ってから、惺窩は京都相国寺普光院の住職叔父の清叔寿泉を頼り、禅学の研鑽に励んだ。天正十一年（一五八三）、惺窩は吉田兼見の養子となったが、その辺りの詳しい事情は不明である。

天正十六年（一五八八）一月、惺窩は播磨へ赴き、赤松広英と親交を結んだ（「徳川義親氏所蔵文書」）。以後、惺窩は儒学に傾倒し、勉学に励むことになる。惺窩はたびたび広英のもとを訪れた。文禄三年（一五九四）、秀吉が伏見城を築くと、広英も同地に邸宅を構えた。このとき、惺窩は広英について述べているが、その内容から広英が好学の士であったことをうかがえる。

惺窩は、朝鮮捕虜である姜沆らに四書五経を筆写させた。現在、内閣文庫所蔵の程朱学関係を含む袖珍本十六種は、このときの成果である。この惺窩と姜沆との学問を通じた交流には、広英の強い勧めがあったといわれている。したがって、惺窩が近世思想史上に燦然と輝いた要因は、赤松広英の影響が非常に大きかったのである。

しかし、至福の時間は長く続かなかった。慶長五年（一六〇〇）、広英は因幡国鳥取城攻撃の際、火攻めの不手際を咎められ、徳川家康に切腹を命じられた。亀井茲矩《これのり》の讒言があったとも伝える。実は、このあたりの経緯も史料的な制約があり、不明な点が多いのである。広英切腹の報を聞いた惺窩は、慟哭しその死を歎いたという。惺窩の歎きは、「悼赤松氏三十首」に収められ、広英の死を悼んでいる。

則房の最期

以上の通り慶長五年（一六〇〇）をもって、赤松氏は嫡流・傍流を含め、その一族すべてが姿を消した。南北朝期以降、播磨国に君臨した赤松氏やその配下にあった別所氏・宇野氏などの滅亡をもって、播磨国の中世は終焉を迎えたのである。そして、江戸時代が幕開けしたものの、そこに赤松氏が加わることはなかったのである。

参考文献

著書・論文（発表順）

池永二郎「赤松満祐」（笠原一男編『室町幕府――その実力者たち』人物往来社、一九六五）
水野恭一郎「赤松則村」（豊田武編『人物・日本の歴史　第5』読売新聞社、一九六六）
青山英夫「室町幕府守護の領国形成とその限界」（『上智史学』一四号、一九六九）
高坂好『赤松円心・満祐』（吉川弘文館、一九七〇）
＊赤松氏に関わる初めての一般書。円心から満祐に至る赤松氏歴代について一次史料を駆使し、余すところなく論じている。ただし、刊行後約四十年を経て、見直すべきところもある。
太田順三「嘉吉の乱と山名持豊の播磨進駐――「室町幕府守護体制」のモノクローム」（『民衆史研究』九号、一九七一）
青山英夫「応永三十四年、赤松満祐下国事件について」（『上智史学』一八号、一九七三）
青山英夫「播磨国矢野荘における守護領国の展開」（『上智史学』二〇号、一九七五）
水野恭一郎「赤松被官浦上氏についての一考察――浦上則宗を中心に」（同『武家時代の政治と文化』創元社、一九七五）
水野恭一郎「守護赤松氏の領国支配と嘉吉の変」（同『武家時代の政治と文化』創元社、一九七五）
永島福太郎「書状・消息」（『日本古文書学講座4　中世編1』雄山閣出版、一九八〇）

小泉宜右『悪党』（教育社、一九八一）
今井啓一「嘉吉の變と長祿の變」（後南朝史編纂会編『後南朝史論集』原書房、一九八一）
小野勝年『雪村友梅と画僧愚中』（著者刊、一九八二）
岸田裕之「守護赤松氏の播磨国支配の発展と国衙」（同『大名領国の構成的展開』吉川弘文館、一九八三）
＊赤松氏の領国支配機構に初めて論及した論文。赤松氏領国下における歴代の守護代を明らかにするなど、赤松氏の統治機構を分析したものとして優れている。
水野恭一郎「赤松氏再興をめぐる二・三の問題」（同『武家社会の歴史像』国書刊行会、一九八三）
水野恭一郎「守護代浦上村宗とその周辺」（同『武家社会の歴史像』国書刊行会、一九八三）
五島邦治「武家猿楽と室町殿における興行――嘉吉の乱による猿楽の混乱にふれて」（『芸能史研究』八五号、一九八四）
蔭木英雄『蔭凉軒日録――室町禅林とその周辺』（そしえて、一九八七）
三宅克広「播磨守護赤松氏奉行人の機能に関する一考察」（『古文書研究』二八号、一九八七）
三宅克広「守護奉行人奉書に関する基礎的考察」（『法政史学』四〇号、一九八八）
＊三宅氏の以上二論文は、赤松氏配下における歴代奉行人やその役割について論じたもの。守護奉行人らの役割を明らかにしたという点で、高く評価されている。
依藤保「花押掲載の必要性について――二人の赤松満政」（『播磨小野史談』一〇号、一九八八）
小林基伸「文和年間の摂津守護職に関する一史料」（『わたりやぐら』一五号、一九九〇）
依藤保「北播磨の国人在田氏について」（『歴史と神戸』一六一号、一九九〇）
熱田公「赤松円心・満祐・政則」（姫路獨協大学播磨学研究会編『風は悪党の背に　播磨学講座2　中世』神戸新聞総合出版センター、一九九一）

石田善人「中世播磨の終焉」（姫路獨協大学播磨学研究会編『風は悪党の背に　播磨学講座2　中世』神戸新聞総合出版センター、一九九一）
筧雅博「続・関東御領考」（石井進編『中世の人と政治』吉川弘文館、一九九一）
高坂好『中世播磨と赤松氏』（臨川書店、一九九一）
＊高坂氏の遺稿集。これまで発表してきた諸論文は入手困難であったが、本書の刊行によって集成された。今も優れた着眼点に学ぶべき点が多々ある。
多田暢久「書写・坂本城の縄張りについて――室町期の守護所」（『城郭研究室年報』一号、一九九一）
藤原孝三「北播磨地方における在田氏の動静」（西脇市教育委員会・西脇市郷土資料館編『播磨・水尾城の調査と研究』西脇市教育委員会、一九九二）
依藤保「別所則治登場の背景――赤松政則と再興功労家臣団の葛藤のはざまに」（『三木史談』二十七号、一九九二）
寿松博編『歴墨遺纂・高坂好遺稿集』（兵庫県揖保郡新宮町教育委員会、一九九三）
松林靖明「嘉吉の乱関係軍記の一考察――『赤松盛衰記』をめぐって」（『甲南国文』四〇号、一九九三）
水野恭一郎「嘉吉の乱と井原御所」（『鷹陵史学』一八号、一九九三）
辰田芳雄「『嘉吉記』にみられる文安の乱――赤松満政の播磨合戦」（『季刊ぐんしょ』二六号、一九九四）
藤原孝三「在田氏の光明寺禁制」（『歴史と神戸』一八八号、一九九五）
矢代和夫他編『室町軍記　赤松盛衰記――研究と資料』（国書刊行会、一九九五）
馬田綾子「赤松則尚の挙兵――応仁の乱前史の一齣」（太山喬平教授退官記念会編『日本国家の史的特質　古代・中世』思文閣出版、一九九七）
森茂暁『闇の歴史、後南朝』（角川書店、一九九七）

＊後南朝を主題とした書籍であるが、赤松氏の再興過程で直面した長禄の変にも多くの紙数を割いており、学ぶべき点が非常に多い。

依藤保「播磨守護代別所則治についての一考察」（『歴史と神戸』二〇五号、一九九七）
小川剛生「南北朝期の二条家歌人と古今集説」（『明月記研究』三号、一九九八）
小林基伸「塩屋赤松氏から龍野赤松氏へ」（『わたりやぐら』四〇号、一九九八）
高田星司「播磨守護山名氏の分郡守護について」（『年報日本史叢』一九九八）
依藤保「享禄四年大物崩れ後の播磨——赤松政村の復権と浦上蜂起」（『歴史と神戸』二一六号、一九九九）
今谷明「赤松政則後室洞松院尼細川氏の研究——中世に於ける女性権力者の系譜」（同『室町時代政治史論』塙書房、二〇〇〇）
今谷明『土民嗷々』（東京創元社、二〇〇一）
小林基伸「有馬郡守護について」（『大手前大学人文科学論集』二号、二〇〇一）
野田泰三「戦国期における守護・守護代・国人」（『日本史研究』四六四号、二〇〇一）
森茂暁「赤松持貞小考——足利義持政権の一特質」（『福岡大学人文論叢』三三巻二号、二〇〇一）
小林基伸「十五世紀後期の播磨における守護・国人・地下」（『大手前大学史学研究所紀要』三号、二〇〇一）
渡辺真守「室町後期守護被官層の研究」（矢田俊文編『室町・戦国期畠山家・赤松家発給文書の帰納的研究』新潟大学人文学部科学研究費補助金成果報告書、二〇〇三）
川岡勉「赤松氏の分国支配と播磨土一揆」（矢田俊文編『戦国期の権力と文書』高志書院、二〇〇四）
小林基伸「浦上則宗論」（矢田俊文編『戦国期の権力と文書』高志書院、二〇〇四）
野田泰三「戦国期赤松氏権力と国人領主」（矢田俊文編『戦国期の権力と文書』高志書院、二〇〇四）
畑和良「天文・弘治内乱と赤松晴政——「小南文書」と戦国期赤松氏の動向」（『歴史と神戸』二四六号、二〇〇

四)
本多博之「「小寺家文書」について」(『兵庫のしおり』六号、二〇〇四)
川﨑晋一「戦国期宇野氏の播磨国宍粟郡支配——宇野村頼を中心として」(『千里山文学論集』四号、二〇〇五)
西面亜紀子「播磨守護赤松氏の支配機構——嘉吉の乱以前を中心に」(『神女大史学』二二号、二〇〇五)
畑和良「永禄～天正年間の赤松氏奉行人について」(『歴史と神戸』二五八号、二〇〇六)
畑和良「浦上村宗と守護権力」(『岡山地方史研究』一〇八号、二〇〇六)
濱田浩一郎「播磨国守護領国制下における寺社の存在形態(上・下)」(『皇学館論叢』三九巻二・三号、二〇〇六)
樋口健太郎「室町時代の摂津国輪田庄と赤松氏」(『神戸大学史学年報』二一号、二〇〇六)
湯川敏治「〈史料紹介〉『守光公記』に見る播磨国の禁裏料所について——赤松政則後室、洞松院尼発給の印判状も絡めて」(『史泉』一〇四号、二〇〇六)
夢前町教育委員会編『夢前町文化財調査報告書　第7集　播磨置塩城跡発掘調査報告書　国指定史跡赤松氏城跡』(夢前町教育委員会、二〇〇六)
依藤保「赤松円心私論——悪党的商人像見直しのためのノート」(『歴史と神戸』二二四号、二〇〇六)
濱田浩一郎「中世播磨国の寺院法に関する一考察」(『播磨学紀要』一二号、二〇〇七)
竹内智宏「室町幕府と赤松氏——申次赤松満政の活動を中心として」(『年報赤松氏研究』創刊号、二〇〇八)
*今まで着目されなかった赤松満政について、申次という視点から論じた好論。赤松氏庶流の動向を知るうえでも貴重な内容のものである。
畑和良「赤松義祐の花押と発給文書編年試案」(『兵庫のしおり』一〇号、二〇〇八)
川岡勉『山名宗全』(吉川弘文館、二〇〇九)

小林基伸「戦国末期の播磨における地域権力と荘園」（『年報赤松氏研究』二号、二〇〇九）
小林基伸「赤松下野守家と播磨国鵤荘」（『大手前大学史学研究所紀要』七号、二〇〇九）
野田泰三「戦国期赤松氏研究の課題と一、二の試論」（『年報赤松氏研究』二号、二〇〇九）
矢田俊文「戦国期播磨国権力構造に関する一視点――越後など諸国との比較から」（『年報赤松氏研究』二号、二〇〇九）
渡邊大門『奪われた「三種の神器」――皇位継承の中世史』（講談社、二〇〇九）
伊藤邦彦「鎌倉時代の小串氏」（同『鎌倉幕府守護制度の基礎的研究【論考編】』岩田書院、二〇一〇）
伊藤邦彦「室町期播磨守護赤松氏の〈領国〉支配」（同『鎌倉幕府守護の基礎的研究【論考編】』岩田書院、二〇一〇）
稲垣翔「播磨国における山名氏権力の地域支配構造――郡単位の統治機構に注目して」（『年報中世史研究』三五号、二〇一〇）
前田徹「赤松円心の花押と「三条殿御評定所」」（『日本歴史』七五一号、二〇一〇）
森茂暁「室町前期の国家祈禱と幕府財政――修法供料の支出における伊勢貞国・赤松満政の関与をめぐって」（『福岡大学人文論叢』四二巻二号、二〇一〇）
森茂暁「赤松満政小考――足利義教政権の一特質」（『福岡大学人文論叢』四二巻三号、二〇一〇）
渡邊大門「戦国期依藤氏の存在形態」（『年報赤松氏研究』三号、二〇一〇）
渡邊大門『戦国期赤松氏の研究』（岩田書院、二〇一〇）
稲垣翔「播磨国における山名氏権力の段銭収取構造」（『ヒストリア』二二四号、二〇一一）
渡邊大門『戦国誕生――中世日本が終焉するとき』（講談社、二〇一一）
渡邊大門『中世後期の赤松氏――政治・史料・文化の視点から』（日本史史料研究会、二〇一一）

渡邊大門『戦国期浦上氏・宇喜多氏と地域権力』（岩田書院、二〇一一）
渡邊大門「戦国期西播磨における地域権力の展開——龍野赤松氏の動向を中心に」（東寺文書研究会編『東寺文書と中世の諸相』思文閣出版、二〇一一）
前田徹「観応の擾乱と赤松則祐」（『塵界』二三号、二〇一二）
渡邊大門「『後藤衛藤系伝』所収の赤松氏発給文書」（『戦国史研究』六一号、二〇一一）
渡邊大門『備前浦上氏』（戎光祥出版、二〇一二）
渡邊大門「赤松広英に関する一考察」（『太子町歴史資料館館報』一四号、二〇一二）
渡邊大門「戦国期小寺氏に関する一考察」（『播磨学紀要』一六号、二〇一二）
渡邊大門「赤松上野家と美作国弓削荘」（『皇學館論叢』二五六号、二〇一二）
渡邊大門「新出の赤松氏関係史料二点の紹介」（『年報赤松氏研究』五号、二〇一二）
渡邊大門「天文・永禄年間における赤松氏の権力構造——晴政・義祐期を中心にして」（天野忠幸他編『戦国・織豊期の西国社会』日本史史料研究会、二〇一二）
＊筆者の赤松氏に関する主要な論文は、『戦国期赤松氏の研究』と『中世後期の赤松氏——政治・史料・文化の視点から』にほぼ収録されている。
※赤松氏研究の専門雑誌として『年報赤松氏研究』がある（五号まで刊行）。

主要史料集
『兵庫県史』史料編中世一～九（一九八三～一九九七）
『相生市史』第七・八巻〈上・下〉（一九九〇～一九九五）

『小野市史』史料編Ⅰ（一九九七）
『上郡町史』第三巻・史料編１（一九九九）
『太子町史』第三巻・資料編１（一九八九）
＊以上が兵庫県の主要な自治体史の史料集となるが、他の兵庫県内の市町村史の史料編も参考になる。
『岡山県史』第一九巻・編年史料（一九八八）
『岡山県史』第二〇巻・家わけ史料（一九八五）
斎藤一興輯録、水野恭一郎・藤井駿・長光徳和校訂『岡山県地方史資料叢書　第八　黄薇古簡集』（岡山県地方史研究連絡協議会、一九七一）
矢吹金一郎編『美作古簡集註解』（名著出版、一九七六）
水野恭一郎・藤井駿編『岡山県古文書集』第一〜四輯（思文閣出版、一九八一）
＊以上が岡山県の主要な自治体史の史料集となるが、他の岡山県内の市町村史の史料編も参考になる。
『増補続史料大成　蔭涼軒日録』（臨川書店、一九七八）
＊赤松氏が頻出する日記として挙げておく。

ホームページ

東京大学史料編纂所データベースＳＨＩＰＳ

おわりに

筆者が赤松氏研究を始めた一九八〇年代後半から九〇年代前半にかけては、当該研究のあまりの少なさに驚いた。当時、赤松氏のまとまった著作は、「はじめに」で触れた高坂好氏の『赤松円心・満祐』と水野恭一郎氏の『武家時代の政治と文化』（創元社）、同『武家社会の歴史像』（国書刊行会）の収録論文にしか過ぎなかった。これに加えて、青山英夫氏、伊藤邦彦氏、岸田裕之氏の論文があり、当時新進気鋭の中世史研究者であった三宅克広氏の論文が出始めた頃であった。以上の著作・論文が主に嘉吉の乱以前を研究対象としていたのは、おそらく当時まだ戦国期の赤松氏関係史料が活字化されていなかったからであろう。

当時、大学生であった筆者は加地宏江先生の演習に参加し、『吾妻鑑』や『高野山文書』の講読を受講していた。特に、『吾妻鑑』の史料講読は大変おもしろく、卒業論文では鎌倉時代を取り上げたいと考えていた。しかし、無能である筆者は鎌倉時代の重厚な研究史に圧倒され、「地元のことを調べたらよいのでは」という安易な考えにたどり着いた。

地元といえば、兵庫県は赤松氏（山名氏も有名であるが）である。先述の通り嘉吉の乱以前の赤松氏に関しては、それなりに研究があるので、筆者は応仁の乱以降——赤松政則期——を対象としたのである。ただ、内容は非常に乏しいもので、褒められたものではない。京都の学校法人に就職してからも、細々と研究の真似事を続けるようになった。

以後も戦国期の赤松氏を勉強していたが、一つの転機が訪れた。三十代半ばに差し掛かった頃、兵庫県の『揖保川町史』と『上郡町史』の本文編の執筆の依頼を頂戴したのである。大変な栄誉であった。このことを機会にして、応仁の乱以前の赤松氏についても勉強に取り組むようになった。仕事をしながら大学院へ進学し、二〇〇八年には赤松氏の研究で佛教大学大学院から博士（文学）の学位を授与された。そして、平成二十一年（二〇〇九）には、その一部をさらに『奪われた「三種の神器」——皇位継承の中世史』（講談社現代新書）に結びつけることができた。本書は以上の成果に加え、できるだけ新しい内容を盛り込んだものである。

本書を執筆するにあたって、常に心の中にあったのは故高坂好氏のことであった。氏は実業家としても活躍されたが、まだ活字化された史料が乏しい中、一次史料を博捜して多くの論文を執筆された。その苦労は並大抵のものではなかったと想像する。高坂氏の主著『赤松円心・満祐』では、当初赤松政則・義村まで取り上げる予定であったと聞く。しかし、執筆を開始した頃から氏は病に侵され、当初の計画変更を余儀なくされたという。刊行直後、氏は慌しく世を去られたが、同書は赤松氏研究の金字塔として残った。名著の誉れが高い『赤松円心・満祐』を超えられたかどうかは、非常に心もとないところである。その点は、読者の判断に委ねたいと思う。

ところで、「はじめに」でも記した通り、一九八〇年代後半以降になると、赤松氏関係史料の活字化が急速に進展した。一時期、戦国期を中心に赤松氏研究が盛んになったのは事実である。しかし、近年においては、研究の機運が盛り上がっていないのが実情である。筆者が事務局を担当する赤松氏研究会の会誌『年報赤松氏研究』に関しても、投稿原稿が乏しくなりつつある。

これを機会にして、赤松氏研究が再び盛んになることを願いたい。兵庫県・岡山県を中心に、一般の皆様にも赤松氏に関心を抱いていただけると幸いである。また、戦国期の赤松氏に関心のある方は、拙著『戦国期赤松氏の研究』（岩田書院）、『中世後期の赤松氏』（日本史史料研究会）、『備前浦上氏』（戎光祥出版）をご一読いただけると幸甚である。

なお、本書の執筆に際しては、多くの研究論文や史料を参照させていただいた。ただし、一般書という本書の性格から読みやすさを優先したため、学術論文のように出典等を逐一明示していない点を深くお詫び申しあげたい。巻末に参考史料・文献を掲出しているので、ご関心のある方には、一読をお勧めする。

最後に、前著『宇喜多直家・秀家』と同様に、本書の企画から編集全般までご担当いただいたミネルヴァ書房編集部の田引勝二氏に心から厚くお礼を申し上げる。

二〇一二年九月

渡邊大門

赤松氏五代略年譜

和暦	西暦	当主	齢	関係事項	一般事項
建治　三	一二七七	円心	1	赤松円心、茂則の子として誕生する。	
嘉元　三	一三〇五		29	この年、雪村友梅と京都で会い、貴人の相があるといわれる。	
元徳　元	一三二九		53	円心の三男・則祐、小寺相模守と共に護良親王に仕える。	12月護良親王、天台座主に還補する。
元弘　元	一三三一		55	8月則祐、小寺頼季、護良親王と共に比叡山から奈良に逃れる。	8月元弘の変。後醍醐天皇、笠置山に逃れる。
二	一三三二		56		3月後醍醐天皇、隠岐に配流される。
三	一三三三		57	1月円心、護良親王の令旨を奉じ、播磨国苔縄に挙兵する。2月護良親王、太山寺衆徒に対し赤松城参集を命じる。閏2月円心、摂津国・摩耶山に城を築き、六波羅軍と戦う。3月円心、摂津国瀬川で幕府軍に勝利を得、京都に進軍する。4月円	閏2月後醍醐天皇、隠岐を脱出し、船上山に行在する。4月足利高氏、幕府に反旗を翻し、六波羅を攻撃する。11月新田義貞、播磨国司に

三	一三三三	57	心、六波羅を攻略する。5月円心、後醍醐天皇を摂津国福厳寺に迎え、軍功を賞される。6月円心、護良親王を信貴山に迎え、共に入京する。8月円心、軍功により播磨国守護職に任じられる。	任じられる。
建武元	一三三四	58	6月頃円心、突如として播磨国守護を解任される。	5月後醍醐天皇、雑訴決断所、記録所を設置する。11月護良親王、鎌倉に幽閉される。
二	一三三五	59	7月足利尊氏の鎌倉下向に際し、円心の次男・貞範同道する。12月箱根竹下の戦いで、貞範が新田義貞の軍を破る。	7月中先代の乱起こる。11月新田義貞、足利尊氏追討の宣旨を受ける。
三	一三三六	60	2月円心、敗走する足利尊氏を助ける。2月円心、室津で軍議を行う。5月新田義貞、播磨から撤退する。	11月足利尊氏、室町幕府を開く。
四	一三三七	61	7月円心、播磨国苔縄に法雲寺を建立し、雪村友梅を住持に迎える。8月範資、摂津国守護に補される。	3月新田義貞の拠る金ケ崎城陥落する。
暦応元	一三三八	62	6月円心、湊川・生田で楠木正成と戦う。	5月北畠顕家、戦死。7月新田義貞、戦死。8月足利尊氏、征夷大将軍に任じら

	二	一三三九			7～8月則祐、播磨・摂津両国を転戦する。	れる。 8月後醍醐天皇、没。
	三	一三四〇		64	2～7月円心、播磨・摂津両国を転戦する。この年円心、法雲寺に大龍庵を造営する。	
康永	元	一三四二		66	8月円心、法雲寺の本尊などなるのを祝う。	
	二	一三四三		67	8月幕府、円心に東寺領矢野荘における寺田氏の濫妨を止めさせるよう命じる。	8月雪村友梅、万寿寺の住持となる。
貞和	元	一三四五		69	この年則祐。備前国新田荘に宝林寺を建立する。	12月雪村友梅、没。
	三	一三四七		71	9月範資、天王寺で楠木正行と戦う。	
	四	一三四八		72	この年円心、建仁寺に大龍庵を建立する。	
観応	元	一三五〇		74	1月円心、京都で没し建仁寺大龍庵で葬儀が執り行われる。	
			範資	?	7月範資、尊氏により円心の遺領の相続を認められる。	
	二	一三五一			1～3月範資、足利氏に従って、播磨・摂津両国を転戦する。4月範資没する。	
			則祐	41	範資の後継者として、則祐が播磨国守護に補される。7月則祐、護良親王の遺児・赤松宮を奉じる。11月則祐、南朝との和議を図る。	7月尊氏と直義不和となる。

文和	元	一三五二	42	7月則祐、備前国宝林寺を造営する。	6月南朝、光厳上皇らを賀名生に拉致する。
	二	一三五三	43	この年則祐、播磨、備前、美作で南朝と交戦する。	9月尊氏、鎌倉から上洛する。
	三	一三五四	44	8月則祐、城山城築城のため、荘園から人夫を徴発する。	
	四	一三五五	45	この年則祐、備前国宝林寺を播磨国赤松に移築する。	3月尊氏、京都を回復する。
延文	元	一三五六	46	12月則祐、賀谷新荘で金谷氏と戦う。	
	二	一三五七	47	11月則祐、宝林寺の寺規を定める。	2月光厳・崇光両上皇、金剛寺から帰還する。
	三	一三五八	48	12月義詮の将軍宣下式に、赤松光範・顕則供奉する。	4月足利尊氏、没。
	四	一三五九	49	『新千載和歌集』に則祐の和歌が入集する。	
	五	一三六〇	50	4月赤松氏範、南朝方につく。10月足利義詮、光範の摂津国守護を罷免する。	
康安	元	一三六一	51	10月則祐、山名時氏と美作国で交戦する。	10月義詮、京都から近江に逃れる。
貞治	元	一三六二	52	則祐、摂津国守護に補される。	
	二	一三六三	53	1月則祐、越部荘に守護屋形を造営する。1月光	9月山名時氏、幕府に降参

					範、摂津国守護に再び任じられる。	する。
	三	一三六四		54	3月赤松貞範、太山寺に禁制を下す。	
	四	一三六五		55	5月則祐、春王（のちの義満）を養育する。	
	六	一三六七		57	3月則祐、宝林寺の寺規を定める。	12月義詮、没。
応安	元	一三六八		58	4月則祐、天境霊致から自天の道号を授けられる。	12月義満、征夷大将軍となる。
	二	一三六九		59	8月則祐、播磨国瑠璃寺に梵鐘を寄進する。	
	三	一三七〇		60	9月則祐、禅律方頭人に補される。	
	四	一三七一		61	11月則祐没し、大龍庵で葬儀が執り行われる。	この年『太平記』が完成する。
	五	一三七二	義則	15	則祐の後継者として、義則が播磨、備前、摂津三ヶ国の守護に補される。	
	七	一三七四		17	10月義則、備前守護代浦上助景に命じて、同国金岡東荘の領家職を額安寺に安堵する。	
永和	元	一三七五		18	11月義則、播磨守護代宇野氏に命じて、高麗使者の進物を伝馬で送らせる。	
	四	一三七八		21	10月春日社神人、摂津守護赤松光範を退けるよう幕府に訴える。	
康暦	元	一三七九		22	この年義則、侍所所司に補される。	
	二	一三八〇		23	この年義則、絶海中津を法雲寺住持になるよう請	

				うが、代わりに良佐を推薦される。
至徳	三	一三八六	29	9月赤松氏範、清水寺で一族と自害する。
康応	元	一三八九	32	3月義則、室津で厳島参詣から帰路の途についた足利義満一行を出迎える。
明徳	二	一三九一	34	12月義則、明徳の乱で山名氏清、満幸の討伐で軍功を挙げる。
	三	一三九二	35	1月義則、美作国守護に補される。
	四	一三九三	36	7月義則、播磨伊和神社に美作国粟井荘を寄進する。
応永	元	一三九四	37	7月義則、大和国へ小夫宗清討伐のため発向する。
	三	一三九六	39	2月矢野荘百姓、強訴を行う。
	六	一三九九	42	11月義則、応永の乱で大内義弘の討伐で軍功を挙げる。
	九	一四〇二	45	2月義則、侍所所司を辞任する。
	一三	一四〇六	49	9月義則、赤松五社宮を修繕する。
	一五	一四〇八	51	12月義則、侍所所司に任じられる。所司代に浦上氏を任じる。
	一六	一四〇九	53	9月義持、赤松頼則の譲状により、子息・満則の所領を安堵する。
	一八	一四一一	54	4月義則、美作国総社に南三郷を寄進する。

一九	一四一二		55	12月義則、播磨伊和神社に名田を寄進する。	
二〇	一四一三		56	2月義持、赤松邸に渡御する。	
二一	一四一四		57	8月幕府、義則に命じて、国衙眼代・小河氏の播磨・備前の荏胡麻買い取りを禁止する。	
二二	一四一五		58	8月赤松貞村、播磨太山寺に名田を寄進する。	
二四	一四一七		60	10月赤松満祐、美作木山寺の寺領を安堵する。	
二六	一四一九		62	11月義持、赤松持貞に山科地頭職と久世郷を与える。	
三〇	一四二三		66	1月有馬義祐、没。	
三一	一四二四		67	3月赤松則繁、細川邸で安藤某を殺害し逃走する。	
三二	一四二五		68	3月赤松満政、備前安養寺の寺領を安堵する。	
三四	一四二七		70	9月義則、没。	
		満祐	55	10月将軍足利義持、満祐に播磨国を御料国とし、赤松持貞を代官にすることを通告する。満祐、怒って即日播磨国白旗城へ下国する。11月但馬国守護山名常熙が満祐討伐に出陣するも、持貞の不義が発覚し、義持から切腹を命じられる。	
正長 元	一四二八		56	8月満祐、侍所所司に補される。	1月義持が没し、義教が征夷大将軍となる。
永享 元	一四二九		57	1月満祐、播磨国の一揆を鎮圧する。	丹波でも上一揆勃発する。

二	一四三〇		58	1月満祐、室町邸で松ばやしを行う。	
三	一四三一		59	1月足利義教、満祐邸に渡御し連歌会を行う。	
四	一四三二		60	10月満祐、侍所所司を辞任する。	
六	一四三四		62	2月義教、兵庫津を御料所とし、赤松満政に与える。	
九	一四三七		65	7月京都の赤松邸火災に遭う。	
一〇	一四三八		66	11月満祐、再び侍所所司となる。	8月永享の乱により、足利持氏が謀反を起こす。
一一	一四三九		67	6月満祐、美作国衙の検注を行う。	2月足利持氏、鎌倉で自害する。
一二	一四四〇		68	将軍足利義教、赤松義雅の所領を没収し、その一部を赤松貞村と細川持賢に与える。	3月結城氏朝、足利持氏の遺児を奉じて挙兵する。
嘉吉元	一四四一		69	6月満祐、義教を赤松教康邸に招き、宴中に暗殺する。その後、播磨国に下国し坂本城に籠もる。7月満祐討伐のため、幕府軍（細川持常ら）が京都を発つ。8月満祐追討の綸旨が下される。9月城山城が落城し、満祐自害する。満祐の首が京都に梟首される。10月満祐の播磨国守護職などが山名氏一族に与えられる。	6月足利義勝、征夷大将軍となる。
二	一四四二	時勝	10	1月赤松満政、播磨三郡を取り上げられ、山名宗	

				全に与えられる。	
三	一四四三		11	6月赤松則繁が朝鮮で狼藉を振るうとの報告がされる。	7月義勝が没し、義政が征夷大将軍となる。9月禁闕の変起こる。
文安 元	一四四四		12	10月赤松満政、播磨に下向し挙兵する。	
二	一四四五		13	3月有馬元家、赤松満政を攻め殺す。	2月細川勝元、管領となる。
五	一四四八		16	8月赤松則繁、大和で討ち取られる。	
享徳 三	一四五四		22	11月赤松則尚、播磨国に下向する。	12月享徳の乱はじまる。
康正 元	一四五五		23	この年、赤松時勝没する。	6月足利成氏、古河公方となる。
		政則	1	この年政則、誕生する。5月山名宗全、赤松則尚を討つ。	
二	一四五六		2	12月赤松氏旧臣、偽って南朝に仕える。	
長禄 元	一四五七		3	8月赤松氏旧臣（小寺氏、上月氏ら）、吉野で二皇子を暗殺し、神璽を奪還する。この功績により、赤松政則が幕府より加賀国半国守護を与えられる。	12月足利義政、弟政知を還俗させ堀越公方とする。
二	一四五八		4	8月小寺性説、神璽を朝廷に献上する。この功によって、政則が加賀国半国守護となる。	
寛正 三	一四六二		8	9月政則、浦上則宗とともに京都の土一揆を鎮圧する。	
六	一四六五		11	12月政則、元服し義政から偏諱を受ける。	

応仁 元	一四六七	13	5月政則配下の将赤松政秀、播磨国へ侵攻し、山名氏から奪還する。	1月応仁の乱、勃発する。
二	一四六八	14	この年政則、侍所所司に任じられる。	
文明 元	一四六九	15	2月政則、備前西大寺に段銭を寄進する。	
三	一四七一	17	この年政則、父性尊の十七回忌を執り行う。	
四	一四七二	18	8月赤松政秀、浦上則宗、西軍と交戦する。	
一〇	一四七八	24	3月政則、鉄船尼の法要を執り行う。	
一四	一四八二	28	9月政則、備前一宮の社領を安堵する。	
一五	一四八三	29	12月政則、真弓峠で但馬国守護山名政豊と戦い大敗する。	
一六	一四八四	30	1月政則、播磨国から逃亡する。2月浦上則宗ら政則を廃し、一族の有馬澄則を擁立する。その後、政則、別所則治に擁立され、播磨国へ再入国を果たす。	京都に土一揆起こる。
一七	一四八五	31	この年政則、山名氏と播磨・備前の各地で交戦する。	
一八	一四八六	32	1月政則、山名政豊を英賀で破る。	
長享 元	一四八七	33	3月政則、山名氏の拠る坂本城を攻撃する。	
二	一四八八	34	7月政則、政豊を攻略し、播磨国など三ヵ国を奪還する。	6月加賀一向一揆、富樫氏を滅ぼす。

赤松氏五代略年譜

延徳 元	一四八九		35	12月政則、作刀し広峰神社に奉納する。	足利義尚、近江国で陣中に没する。
三	一四九一		37	11月政則、六角政綱を討伐するため近江国に向かう。	
明応 元	一四九二		38	9月政則、相国寺で則祐の木像と義則の画像を発見し、播磨宝林寺に送る。	
二	一四九三		39	4月政則、細川勝元の娘（洞松院尼）と結婚する。	明応の政変、勃発する。
四	一四九五		41	11月政則、大昌院を改築する。	伊勢長氏（後の北条早雲）、小田原城を奪取する。
五	一四九六		42	3月政則、従三位に叙せられる。4月政則、没。	
		義村	?	赤松氏重臣（浦上則宗ら）、赤松七条家から養子として義村を迎え、後継者とする。	
永正一六	一五一九		?	義村、備前国三石城の浦上村宗を攻めるが、撤退する。	
大永 元	一五二一		?	2月義村、村宗と交戦する。後に和睦をして、播磨国長福寺に入る。9月義村、室津において、村宗に謀殺される。	
		政村	?	義村没後、政村が後継者となる。	
享禄 四	一五三一		?	政村、摂津国尼崎で村宗を討つ。	
天文 七	一五三八		?	出雲国尼子詮久、播磨国に侵攻する。政村、淡路	

					国へ出奔する。	
	八	一五三九	晴政	?	政村、将軍足利義晴から「晴」字を拝領し、晴政と改名する。あわせて左京大夫の官途を与えられる。	
永禄	元	一五五八		?	この年、晴政（政村）、子息義祐と対立し、家督を奪われる。以後、娘婿で龍野城主の赤松政秀のもとに身を寄せる。	
	八	一五六五		?	この年、晴政（政村）没する。	5月松永久秀と三好三人衆が足利義輝を暗殺する。
天正	四	一五七六	義祐	?	この年、義祐没する。	
慶長	三	一五九八	則房	?	この年、則房没する。則房の死によって、赤松氏は事実上滅亡した。	豊臣秀吉、没。

竹越與三郎　西田　毅
内藤湖南・桑原隲蔵　礪波　護
岩村　透　今橋映子
西田幾多郎　大橋良介
金沢庄三郎　石川遼子
上田　敏　及川　茂
柳田国男　鶴見太郎
厨川白村　張　競
大川周明　山内昌之
西田直二郎　林　淳
折口信夫　斎藤英喜
九鬼周造　粕谷一希
辰野　隆　金沢公子
シュタイン　瀧井一博
*西　周　清水多吉
*福澤諭吉　平山　洋
福地桜痴　山田俊治
田口卯吉　鈴木栄樹
*陸　羯南　松田宏一郎
黒岩涙香　奥　武則
宮武外骨　山口昌男
*吉野作造　田澤晴子
野間清治　佐藤卓己
山川　均　米原　謙
岩波茂雄　十重田裕一
*北　一輝　岡本幸治
中野正剛　吉田則昭

満川亀太郎　福家崇洋
杉　亨二　速水　融
*北里柴三郎　福田眞人
田辺朔郎　秋元せき
*南方熊楠　飯倉照平
寺田寅彦　金森　修
石原　純　金子　務
J・コンドル　鈴木博之
辰野金吾　河上眞理・清水重敦
*七代目小川治兵衛　尼崎博正
ブルーノ・タウト　北村昌史

現代

昭和天皇　御厨　貴
高松宮宣仁親王　後藤致人
*李方子　小田部雄次
吉田　茂　中西　寛
マッカーサー　柴山　太
石橋湛山　増田　弘
重光　葵　武田知己
市川房枝　村井良太
*池田勇人　藤井信幸

高野　実　篠田　徹
和田博雄　庄司俊作
朴正熙　木村　幹
竹下　登　真渕　勝
*松永安左エ門　橘川武郎
鮎川義介　井口治夫
*出光佐三　橘川武郎
松下幸之助　米倉誠一郎
渋沢敬三　井上　潤
*本田宗一郎　伊丹敬之
井深　大　武田　徹
*佐治敬三　小玉　武
幸田家の人々　金井景子
*正宗白鳥　大嶋　仁
大佛次郎　福島行一
*川端康成　大久保喬樹
*薩摩治郎八　小林　茂
松本清張　杉原志啓
安部公房　成田龍一
*三島由紀夫　島内景二
R・H・ブライス　菅原克也
金素雲　林　容澤
柳　宗悦　熊倉功夫

バーナード・リーチ　鈴木禎宏
イサム・ノグチ　酒井忠康
川端龍子　岡部昌幸
藤田嗣治　林　洋子
*井上有一　海上雅臣
*手塚治虫　竹内オサム
山田耕筰　後藤暢子
古賀政男　藍川由美
*吉田　正　金子　勇
武満　徹　船山　隆
*力道山　岡村正史
*西田天香　宮田昌明
安倍能成　中根隆行
サンソム夫妻　平川祐弘・牧野陽子
和辻哲郎　小坂国継
矢代幸雄　稲賀繁美
石田幹之助　岡本さえ
*平泉　澄　若井敏明
安岡正篤　片山杜秀
島田謹二　小林信行
前嶋信次　杉田英明
保田與重郎　谷崎昭男
*福田恆存　川久保剛
井筒俊彦　安藤礼二
佐々木惣一　松尾尊兊

*瀧川幸辰　伊藤孝夫
矢内原忠雄　等松春夫
福本和夫　伊藤　晃
*フランク・ロイド・ライト　大久保美春
大宅壮一　有馬　学
今西錦司　山極寿一

*は既刊
二〇一二年一〇月現在

*古賀謹一郎　小野寺龍太
*栗本鋤雲　小野寺龍太
*塚本明毅　塚本　学
*月　性　海原　徹
*吉田松陰　海原　徹
*高杉晋作　海原　徹
ペリー　遠藤泰生
オールコック　佐野真由子
アーネスト・サトウ　奈良岡聰智
緒方洪庵　米田該典
冷泉為恭　中部義隆

近代

*明治天皇　伊藤之雄
*大正天皇　F・R・ディキンソン
*昭憲皇太后・貞明皇后　小田部雄次
大久保利通　三谷太一郎
山県有朋　鳥海　靖
木戸孝允　落合弘樹
井上　馨　伊藤之雄
*松方正義　室山義正
北垣国道　小林丈広
板垣退助　小川原正道
長与専斎　笠原英彦
大隈重信　五百旗頭薫
伊藤博文　坂本一登
井上　毅　大石　眞
井上　勝　老川慶喜
*桂　太郎　小林道彦
渡辺洪基　瀧井一博
*乃木希典　佐々木英昭
林　董　君塚直隆
*児玉源太郎　小林道彦
*高宗・閔妃　木村　幹
山本権兵衛　室山義正
高橋是清　鈴木俊夫
小村寿太郎　簑原俊洋
*犬養　毅　小林惟司
加藤高明　櫻井良樹
加藤友三郎・寛治　麻田貞雄
牧野伸顕　小宮一夫
田中義一　黒沢文貴
内田康哉　高橋勝浩
石井菊次郎　廣部　泉
平沼騏一郎　堀田慎一郎
宇垣一成　北岡伸一
宮崎滔天　榎本泰子
*浜口雄幸　川田　稔
幣原喜重郎　西田敏宏
関　一　玉井金五
水野広徳　片山慶隆
広田弘毅　井上寿一
安重根　上垣外憲一
*グルー　廣部　泉
*永田鉄山　森　靖夫
東條英機　牛村　圭
今村　均　前田雅之
蔣介石　劉　岸偉
石原莞爾　山室信一
木戸幸一　波多野澄雄
*岩崎弥太郎　武田晴人
伊藤忠兵衛　末永國紀
五代友厚　田付茉莉子
大倉喜八郎　村上勝彦
*安田善次郎　由井常彦
渋沢栄一　武田晴人
山辺丈夫　宮本又郎
武藤山治　阿部武司・桑原哲也
西原亀三　森川正則
小林一三　橋爪紳也
大倉恒吉　石川健次郎
大原孫三郎　猪木武徳
*河竹黙阿弥　今尾哲也
イザベラ・バード　加納孝代
*林　忠正　木々康子
森　鷗外　小堀桂一郎
二葉亭四迷　ヨコタ村上孝之
夏目漱石　佐々木英昭
巌谷小波　千葉信胤
樋口一葉　佐伯順子
*島崎藤村　十川信介
泉　鏡花　東郷克美
有島武郎　亀井俊介
永井荷風　川本三郎
北原白秋　平石典子
菊池　寛　山本芳明
宮澤賢治　千葉一幹
正岡子規　夏石番矢
高浜虚子　坪内稔典
与謝野晶子　佐伯順子
*種田山頭火　村上　護
*斎藤茂吉　品田悦一
*高村光太郎　湯原かの子
萩原朔太郎　エリス俊子
*原阿佐緒　秋山佐和子
*狩野芳崖・高橋由一　古田　亮
竹内栖鳳　北澤憲昭
黒田清輝　高階秀爾
中村不折　石川九楊
横山大観　高階秀爾
*橋本関雪　西原大輔
小出楢重　芳賀　徹
土田麦僊　天野一夫
岸田劉生　北澤憲昭
松旭斎天勝　川添　裕
中山みき　鎌田東二
佐田介石　谷川　穣
ニコライ　中村健之介
出口なお・王仁三郎　川村邦光
島地黙雷　阪本是丸
*新島　襄　太田雄三
木下広次　冨岡　勝
嘉納治五郎　クリストファー・スピルマン
津田梅子　田中智子
*澤柳政太郎　新田義之
河口慧海　高山龍三
山室軍平　室田保夫
大谷光瑞　白須淨眞
*久米邦武　髙田誠二
フェノロサ　伊藤　豊
三宅雪嶺　長妻三佐雄
*岡倉天心　木下長宏
志賀重昂　中野目徹
徳富蘇峰　杉原志啓

法然　今堀太逸
慈円　大隅和雄
明恵　西山　厚
親鸞　末木文美士
恵信尼・覚信尼　西口順子
覚如　今井雅晴
道元　船岡　誠
叡尊　細川涼一
*忍性　松尾剛次
*日蓮　佐藤弘夫
一遍　蒲池勢至
夢窓疎石　田中博美
*宗峰妙超　竹貫元勝

南北朝・室町

後醍醐天皇　上横手雅敬
護良親王　新井孝重
*赤松氏五代　渡邊大門
*北畠親房　岡野友彦
楠正成　兵藤裕己
*新田義貞　山本隆志
光厳天皇　深津睦夫
足利尊氏　市沢　哲
佐々木道誉　下坂　守
円観・文観　田中貴子
足利義詮　早島大祐
足利義満　川嶋將生
足利義持　吉田賢司
足利義教　横井　清
大内義弘　平瀬直樹
伏見宮貞成親王　松薗　斉
山名宗全　山本隆志
日野富子　脇田晴子
世阿弥　西野春雄
雪舟等楊　河合正朝
宗祇　鶴崎裕雄
*満済　森　茂暁
一休宗純　原田正俊
蓮如　岡村喜史

戦国・織豊

北条早雲　家永遵嗣
毛利元就　岸田裕之
毛利輝元　光成準治
*今川義元　小和田哲男
*武田信玄　笹本正治
*武田勝頼　笹本正治
*真田氏三代　笹本正治
三好長慶　天野忠幸
*宇喜多直家・秀家　渡邊大門
*上杉謙信　矢田俊文
島津義久・義弘　福島金治
吉田兼倶　西山　克
山科言継　松薗　斉
*雪村周継　赤澤英二
織田信長　三鬼清一郎
豊臣秀吉　藤井讓治
*北政所おね　田端泰子
*淀殿　福田千鶴
前田利家　東四柳史明
*黒田如水　小和田哲男
蒲生氏郷　藤田達生
*細川ガラシャ　田端泰子
伊達政宗　伊藤喜良
*支倉常長　田中英道
ルイス・フロイス　エンゲルベルト・ヨリッセン
*長谷川等伯　宮島新一
顕如　神田千里

江戸

徳川家康　笠谷和比古
徳川家光　野村　玄
徳川吉宗　横田冬彦
*後水尾天皇　久保貴子
光格天皇　藤田　覚
崇伝　杣田善雄
春日局　福田千鶴
*池田光政　倉地克直
シャクシャイン　岩崎奈緒子
*田沼意次　藤田　覚
*二宮尊徳　小林惟司
末次平蔵　岡美穂子
*高田屋嘉兵衛　生田美智子
林羅山　鈴木健一
吉野太夫　渡辺憲司
中江藤樹　辻本雅史
山崎闇斎　澤井啓一
山鹿素行　前田　勉
*北村季吟　島内景二
貝原益軒　辻本雅史
松尾芭蕉　楠元六男
*ケンペル　B・M・ボダルト＝ベイリー
荻生徂徠　柴田　純
*雨森芳洲　上田正昭
石田梅岩　高野秀晴
前野良沢　松田　清
平賀源内　石上　敏
本居宣長　田尻祐一郎
杉田玄白　吉田　忠
上田秋成　佐藤深雪
木村蒹葭堂　有坂道子
*大田南畝　沓掛良彦
菅江真澄　赤坂憲雄
*鶴屋南北　諏訪春雄
良寛　阿部龍一
*山東京伝　佐藤至子
*滝沢馬琴　高田　衛
平田篤胤　山下久夫
シーボルト　宮坂正英
本阿弥光悦　岡　佳子
小堀遠州　中村利則
狩野探幽・山雪　山下善也
尾形光琳・乾山　河野元昭
*二代目市川團十郎　田口章子
与謝蕪村　佐々木丞平
伊藤若冲　狩野博幸
鈴木春信　小林　忠
円山応挙　佐々木正子
*佐竹曙山　成瀬不二雄
葛飾北斎　岸　文和
酒井抱一　玉蟲敏子
孝明天皇　青山忠正
*和宮　辻ミチ子
徳川慶喜　大庭邦彦
島津斉彬　原口　泉

ミネルヴァ日本評伝選

企画推薦
梅原　猛
ドナルド・キーン
佐伯彰一
角田文衞

監修委員
上横手雅敬
芳賀　徹

編集委員
石川九楊
伊藤之雄
猪木武徳
今谷　明
今橋映子
熊倉功夫
佐伯順子
坂本多加雄
武田佐知子
竹西寛子
西口順子
兵藤裕己
御厨　貴

上代

*俾弥呼　古田武彦
日本武尊　西宮秀紀
仁徳天皇　若井敏明
雄略天皇　吉村武彦
*蘇我氏四代　遠山美都男
推古天皇　義江明子
聖徳太子　仁藤敦史
斉明天皇　武田佐知子
小野妹子・毛人　大橋信弥
*額田王　梶川信行
弘文天皇　遠山美都男
天武天皇　新川登亀男
持統天皇　丸山裕美子
阿倍比羅夫　熊田亮介
柿本人麻呂　古橋信孝
*元明天皇・元正天皇　渡部育子
聖武天皇　本郷真紹
光明皇后　寺崎保広
孝謙天皇　勝浦令子
藤原不比等　荒木敏夫
吉備真備　今津勝紀
*藤原仲麻呂　木本好信
道　鏡　吉川真司
大伴家持　和田　萃
行　基　吉田靖雄

平安

*桓武天皇　井上満郎
嵯峨天皇　西別府元日
宇多天皇　古藤真平
醍醐天皇　石上英一
村上天皇　京樂真帆子
花山天皇　上島　享
*三条天皇　倉本一宏
藤原薬子　中野渡俊治
小野小町　錦　仁
藤原良房・基経　瀧浪貞子
菅原道真　竹居明男
*紀貫之　神田龍身
源高明　所　功
*安倍晴明　斎藤英喜
藤原実資　橋本義則
*藤原道長　朧谷　寿
藤原伊周・隆家　倉本一宏
藤原定子　山本淳子
清少納言　後藤祥子
紫式部　竹西寛子
和泉式部　ツベタナ・クリステワ
大江匡房　小峯和明
阿弖流為　樋口知志
坂上田村麻呂　熊谷公男
*源満仲・頼光　元木泰雄
平将門　西山良平
藤原純友　寺内　浩
空　海　頼富本宏
最　澄　吉田一彦
*空　也　石井義長
奝　然　上川通夫
*源　信　小原　仁
後白河天皇　美川　圭
式子内親王　奥野陽子
建礼門院　生形貴重
藤原秀衡　入間田宣夫
平時子・時忠　元木泰雄
平維盛　根井　浄
守覚法親王　阿部泰郎
藤原隆信・信実　山本陽子

鎌倉

源頼朝　川合　康
*源義経　近藤好和
源実朝　神田龍身
後鳥羽天皇　五味文彦
九条兼実　村井康彦
九条道家　上横手雅敬
北条時政　野口　実
熊谷直実　佐伯真一
*北条政子　関　幸彦
北条義時　岡田清一
曾我十郎・五郎　杉橋隆夫
北条時宗　近藤成一
安達泰盛　山陰加春夫
平頼綱　細川重男
竹崎季長　堀本一繁
西　行　光田和伸
藤原定家　赤瀬信吾
*京極為兼　今谷　明
*兼　好　島内裕子
重　源　横内裕人
*運　慶　根立研介
快　慶　井上一稔

刊行のことば

歴史を動かすものは人間であり、興趣に富んだ人間の動きを通じて、世の移り変わりを考えるのは、歴史に接する醍醐味である。

しかし過去の歴史学を顧みるとき、人間不在という批判さえ見られたように、歴史における人間のすがたが、必ずしも十分に描かれてきたとはいえない。二十一世紀を迎えた今、歴史の中の人物像を蘇生させようとの要請はいよいよ強く、またそのための条件もしだいに熟してきている。

この「ミネルヴァ日本評伝選」は、正確な史実に基づいて書かれるのはいうまでもないが、単に経歴の羅列にとどまらず、歴史を動かしてきたすぐれた個性をいきいきとよみがえらせたいと考える。そのためには、対象とした人物とじっくりと対話し、ときにはきびしく対決していくことも必要になるだろう。

今日の歴史学が直面している困難の一つに、研究の過度の細分化、瑣末化が挙げられる。それは緻密さを求めるが故に陥った弊害といえるが、その結果として、歴史の大きな見通しが失われ、歴史学を通しての社会への働きかけの途が閉ざされ、人々の歴史への関心を弱める危険性がある。今こそ歴史が何のためにあるのかという、基本的な課題に応える必要があろう。評伝という興味ある方法を通じて、解決の手がかりを見出せないだろうかというのも、この企画の一つのねらいである。

狭義の歴史学の研究者だけでなく、多くの分野ですぐれた業績をあげている著者たちを迎えて、従来見られなかった規模の大きな人物史の叢書として、「ミネルヴァ日本評伝選」の刊行を開始したい。

平成十五年（二〇〇三）九月

ミネルヴァ書房

《著者紹介》

渡邊大門（わたなべ・だいもん）

1967年　横浜市生まれ。
佛教大学大学院文学研究科博士後期課程修了。佛教大学博士（文学）。

現　在　歴史学者，大阪観光大学観光学研究所客員研究員。専攻は，日本中世政治史。

著　書　『中世後期山名氏の研究』（日本史史料研究会，2009年）。

『奪われた「三種の神器」――皇位継承の中世史』（講談社現代新書，2009年）。

『戦国期赤松氏の研究』（岩田書院，2010年）。

『中世後期の赤松氏』（日本史史料研究会，2011年）。

『宇喜多直家・秀家――西国進発の魁とならん』（ミネルヴァ書房，2011年）。

『戦国誕生――中世日本が終焉するとき』（講談社現代新書，2011年）。

『戦国の交渉人――外交僧・安国寺恵瓊の知られざる生涯』（洋泉社歴史新書 y，2011年）。

『戦国期浦上氏・宇喜多氏と地域権力』（岩田書院，2011年）。

『備前浦上氏』（戎光祥出版，2012年），ほか。

ミネルヴァ日本評伝選

赤《あか》松《まつ》氏《し》五《ご》代《だい》

――弓矢取って無双の勇士あり――

2012年10月10日　初版第1刷発行　〈検印省略〉

定価はカバーに
表示しています

著　者　渡　邊　大　門
発行者　杉　田　啓　三
印刷者　江　戸　宏　介

発行所　株式会社　ミネルヴァ書房
607 8494 京都市山科区日ノ岡堤谷町1
電話代表（075）581-5191
振替口座 01020-0-8076

共同印刷工業・新生製本

ISBN978-4-623-06475-5

Printed in Japan

人名索引

あ　行

か　行

さ　行

た 行

な 行

は 行

ま　行

や　行

ら　行

わ　行